なにわなんでも
大阪検定

大阪検定公式精選400問と出題傾向・対策

大阪の問題集ベスト選

＋要点集

橋爪紳也監修
創元社編集部編
〔協力〕大阪商工会議所

第2版

創元社

もくじ

本書の使い方

- 本書は「なにわなんでも大阪検定」の本試験で出題された全11回・約2700問の中から、約400問を精選して編んだ過去問題集です。
- 基本問題、頻出問題、良問を中心に厳選し、難問や時事的問題の多くは省きましたので、重要で繰り返し出題される事柄を集中的に学習できます。
- 問題は大きく次の６科目――「国語」「社会」「体育」「芸術・娯楽」「生活」「遠足その他」に分けた上で、テーマ・分野別に配列しました。類似テーマの問題を連続して解いていき、解説を読むことで、知識が立体化して整理され、まとまった情報が得られます。
- 正解以外のはずれの選択肢も、大阪に関する事柄であれば、形を変えて出題される可能性がありますので、解説を読み込んだり、自主的に調べてみることをおすすめします。
- 記述式問題は、最終章「遠足その他」の末尾にまとめました（記述式は上級試験にのみ出題されます）。
- 各科目の末尾に、すべての過去問題を集計・分析した「出題傾向・対策」、頻出キーワードを一覧にした「要点」として簡単にまとめました。学習指針や試験直前の速習用にご利用ください。
- この第２版では、第10～11回の比較的新しい問題を追加、または既存問題とさしかえをし、全体にわたって情報を更新しました。

凡　例

- **試験問題**……本書掲載にあたり、一部表記を改めた。
- **正答率**……問題の難易度の目安として、実際の試験実施データにもとづく正答率を、各問題・解説の後に掲載した。小数点以下の値は四捨五入した。
- **漢字表記**……人名・社名等の固有名詞は、原則として新字体を採用。ただし一部で例外的に旧字体や異体字を採用した。
- **大阪／大坂**……大坂の陣、大坂本願寺等の固有名詞、慣用句的な言葉のみ「坂」を採用し、他は「阪」に統一した。
- 記載内容・データは原則として、試験問題・解説とも各回試験実施時現在としたが、一部で2021年５月現在の最新情報に更新した。

1限目
国語

すべて択一問題です。各問題に１つのみ解答してください。

問題　吹き出しの空欄にあてはまる大阪ことばはどれでしょう？

なお、「大阪ことば」とは、「大阪府内で一般的に広く話されていることば」もしくは「大阪特有のことば」としてお考えください。以下同じ。

①いらち　②しぶちん　③げら　④ちょけ

はははははははは!!
そんなくだらん
話でよぉ笑える
なぁ。
あんたほんまに
(　　)やなぁ。

解説　大阪ことばには、人の性質を指す語が多い。「げら」とは、ゲラゲラとよく笑う人（笑い上戸）を指す語である。逆に、よく泣く人を「なき」と言う。動詞や形容詞などの語尾を省略して、人を指す語には、「がさ」（落ち着かない人）、「ごて」（ぐずぐず言う人）、「すね」（よくすねる人）、「ねそ」（むっつりしておとなしい人）、「ませ」（早熟な子供）など数多い。「ちょけ」もそのひとつで、よくふざける人を指し、動詞は「ちょける」である。

せっかちな人を指す「いらち」は、動詞の「いらつ」が転じた語で、同様の語に「しゃべり」（よくしゃべる人）などがある。けちを意味する「渋い」に由来する「しぶちん」は、けちな人のこと。「しぶんち」「しわんぼ」も同義語である。

▶第２回３級　正答率96％　【正解】③げら

問題　次の大阪ことばのうち、食べ物や食事に関することばでは<u>ないもの</u>はどれでしょう？

①べった　②かしわ　③なんきん　④にぬき

解説　『大阪ことば事典』による説明では以下のとおり。

牧村史陽編
『大阪ことば事典』
講談社学術文庫

「かしわ」は鶏肉のこと。茶褐色の鶏の一種の名。その色が柏（かしわ）の枯色に似ているからとも言う。
「なんきん」は南瓜・唐なすで、カボチャのこと。
「にぬき」は煮抜きで、ゆで卵のこと。
「べった」は、『日本国語大辞典』によれば、地方によっていくつかの意味があり、メンコ、粘土、牛の糞、びりのこと。大阪では「びり」の意で用いられることが多い。

▶第７回３級　正答率77％　【正解】①べった

問題　大阪では、一般的に「たぬき」とはどの食べ物をさすでしょう？

①油揚げの入ったそば　②油揚げの入ったうどん
③玉子の入ったそば　④玉子の入ったうどん

解説　甘辛く煮た油揚げがそばの上に載っている。大阪ではこれを「たぬき」と言い、うどんなら「きつね」ということになる。戦前には、大型の稲荷寿司を「たぬき」と言った。京都では、うどんに刻んだ油揚げを載せ、あんかけにしたものを「たぬき」と言う。さらに東京あたりでは、そば・うどんの上に揚げ玉を載せたものを「たぬきそば・うどん」と呼ぶようで、各地でさまざまな「たぬき」があるようだ。

▶第７回３級　正答率89％　【正解】①油揚げの入ったそば

問題　船場の商家で使われていた船場ことばのうち、通常、末娘を指すことばは次のうちどれでしょう？

①いとはん　②ごりょんさん
③なかんちゃん　④こいさん

解説　末娘は「こいさん」。「こいとさん」「こいちゃん」とも言う。「いとはん」はお嬢さんのこと。「いとけない」「いとしい児」の意味。「いとちゃん」とも言う。「ごりょんさん」は御料（寮）人様で、商家などの中流家庭の若奥様を指す。「なかんちゃん」は「なかいとはん」の意味で、娘のうち、次女を指す。

▶第6回2級　正答率68%　　【正解】④こいさん

問題　次の文章は、田辺聖子の『世間知らず』の文章の一部で、女性とその女性に言い寄る男とのやりとりです。（　　　）に入る大阪ことばはどれでしょう？

「ああ、大阪弁というのはじつにいいですなあ。美人が使うとよけい、いいですなあ」

「ウソばっかし」

「私は、ウソは申しませんよ」

「（　　　）なら、言いはりますのん」

①えらいさん　②おこりんぼ

③べった　④おべんちゃら

解説　文脈から察すると、何とか適当な会話をきっかけに、目の前の美しい女性にうまいこと取り入ろうとする男に対して、この女性はさほど好意を寄せていないことがわかる。したがって（　）内に入る言葉は、「おべんちゃら」（私に取り入ろうとして、私の容姿についてお世辞を言ってもだめですよ、の意）が適切である。

えらいさんは、社会的地位の高い人。おこりんぼは、よく怒る人。べったは、いろいろな意味があるが、大阪ことばでは「びり、最下位」または「ベッタン（メンコ）」の意。

▶第6回3級　正答率91%　　【正解】④おべんちゃら

問題　昔の歌文に見られる修辞法の一つ「枕詞」には、奈良にかかる「あをによし」、母にかかる「たらちねの」等があります。それでは難波にかかる枕詞は、次のうちどれでしょう？

①ちはやふる　②やくもさす
③ともしびの　④おしてるや

解説　「おしてるや」（押し照るや）は、光が一面に照るという意味。「や」は感動・詠嘆の助詞。地名の「難波」にかかる枕詞。『万葉集』巻6－977「直越の　この道にてし　おしてるや　難波の海と　名付けけらしも」などの用例がある。
「ちはやふる」（千早振る）は、地名「宇治」や「神」にかかる枕詞。『古事記』中巻応神天皇段「ちはやぶる　宇治の渡に　棹執りに　速けむ人し　我が許に来む」などの歌がある。
「やくもさす」（八雲さす）は、出雲にかかる枕詞。『万葉集』巻3－430「八雲さす　出雲の子らが　黒髪は　吉野の川の　沖になづさふ」がある。
「ともしびの」（灯火の）は「明石」にかかる枕詞。『万葉集』巻3－254「灯火の　明石大門に　入らむ日や　漕ぎ別れなむ　家のあたり見ず」がある。

▶第5回1級　正答率37%　【正解】④おしてるや

問題　天王寺区夕陽丘の地名の由来とも伝えられている夕陽庵を結んだ歌人は、「契りあれば難波の里にやどり来て波の入り日を拝みつるかな」という歌を残しています。この歌人は誰でしょう？

①藤原家隆　②藤原俊成　③藤原定家　④西行

解説　藤原家隆（かりゅう）（1158～1237）は鎌倉時代前期の歌人。『新古今和歌集』の選者の一人とされている。天王寺区夕陽丘町に家隆塚（伝藤原家隆墓）がある。
藤原俊成（しゅんぜい）（1114～1204）は平安時代末から鎌倉時代初期の歌人。
藤原定家（ていか）（1162～1241）は鎌倉時代前期の歌人。

西行（1118〜1190）は平安時代後期の遁世者であり歌人。

▶第５回１級　正答率54％　【正解】①藤原家隆

問題　大阪市の市章である「みおつくし」は小倉百人一首の元良親王の和歌や紫式部の源氏物語でも大阪を舞台にした場面で取り上げられるなど、古来より大阪人にとって非常に身近なものでした。さて「みおつくし」とはどのようなものでしょう？

①航路を示す標識　②街道の案内板

③町内の掲示板　④寺社仏閣を示す案内板

解説　「みおつくし」は漢字では「澪標」の字をあてる。澪は水脈、あるいは船の通った跡をいう。澪標は「澪の串」の意味。通行する船に水脈や水の深さなどを伝えるために目印として立てた杭のこと。海から河口へ、水深の浅くなるところに立てられる。『万葉集』3429番「遠江引佐細江の澪標吾を頼めてあさましものを」と、遠江＝浜名湖の澪標が文字史料では初出と思われる。しかし、一般的には難波（＝大阪）の海の澪標が有名。

大阪市の市章が澪標のデザインとなったのは1894年（明治27）４月。市章の意匠を一般公募したところ、大阪の「大」字を基にした図案が多かったが、「大阪の商都たる根本は港湾にあり。船舶に基き殷賑を極む」として澪標のデザインが採用された。

▶第３回３級　正答率58％　【正解】①航路を示す標識

問題　17世紀の元禄期に俳諧師、作家として活躍し、「好色一代男」を著すなど、浮世草子といわれるジャンルで数多くの名作を残した人物は誰でしょう？

①岡田米山人　②織田作之助

③近松門左衛門　④井原西鶴

解説　大阪に生まれた井原西鶴（1642〜1693）は、江戸時代前期

の浮世草子作者で俳人。西山宗因に学び、矢数俳諧で一昼夜で2万3500句をつくった。作品は、元禄期前後の享楽世界を描いた好色物や、町人の経済生活を描いた町人物などに特色がある。

▶第7回3級　正答率70%　　【正解】④井原西鶴

問題　江戸時代、大阪天満宮の連歌所の宗匠であった西山宗因は軽妙で新奇な句風で一時代を築きました。宗因が中心となり、延宝年間（1673年〜1681年）より大阪町人の間で広まった俳諧の一派を何というでしょう？

①談林派　②貞門派　③ホトトギス派　④蕪門派

解説　談林派、談林俳諧ともいう。江戸時代の俳諧の流派のひとつ。談林は「檀林」とも書く。「檀林」は仏教用語で、寺院に対する尊称。仏教の学問所の意味であり、俳諧の道場の意として転用したとされる。談林派は延宝期（1673〜1681）を中心に前後10年余りの間、俳壇の主流となった。

西山宗因向栄庵跡碑
（大阪天満宮）

寛永期（1624〜1644）以来半世紀にわたって流行していた貞門派は縁語・掛詞の使用や、故事・古典の利用などによる言語遊戯をもっぱらとしていた。このような作風は、形式的に過ぎる面がありマンネリ化していき、新風を求める動きが始まる。新風は経済力を大きくしていった商業都市大阪から興った。新風の中心となったのは大阪天満宮の連歌師西山宗因（1605〜1682）であった。天満宮を本拠地として活躍し、軽妙自在の特徴をもって俳壇に清新の風を吹き入れ、談林俳諧の宗匠と仰がれるようになる。若き日の松尾芭蕉（1644〜1694）も談林風に染まった一時期があった。

▶第5回2級　正答率76%　　【正解】①談林派

問題　江戸時代前期の俳諧師、松尾芭蕉は、蕉風と呼ばれる句風を確立し、全国を旅した紀行文を残しました。「旅に病んで夢は枯野をかけ廻る」を詠んだのは亡くなった大阪の旅宿でしたが、その旅宿は次のうち現在のどの場所の近くにあったでしょう？

①難波別院（南御堂）　②生国魂神社
③大阪星光学院　④住吉公園

解説　松尾芭蕉（1644～1694）は、現在の三重県伊賀市出身の俳諧師。本名を宗房、別号に桃青・風羅坊などがある。貞門派の北村季吟を通じて俳諧の道に進むが、自身の研鑽によって、蕉風と呼ばれるきわめて芸術性の高い句風を確立した。1684年（貞享元）以後は、『野ざらし紀行』（1685～86年頃）、『鹿島詣』（1687年）、『笈（おい）の小文（こぶみ）』・『更科紀行』（1688年）と旅による句作が多くなったが、なかでも1689年（元禄２）に出発した東北行をまとめた『奥の細道』（1702年）が最も有名だ。

最後の旅は長崎まで行く予定であったといわれているが、病を得て南御堂前の花屋仁右衛門の奥座敷にて51歳の生涯を終えた。御堂筋の緑地帯に「此附近芭蕉翁終焉ノ地」なる石碑があるとともに、南御堂境内には辞世となる「旅に病んで夢は枯野をかけ廻る」の句碑が立っている。

芭蕉終焉地碑（南御堂前）

ちなみに芭蕉ゆかりの場所として生国魂神社、住吉公園、大阪星光学院（構内の一角に料亭浮瀬（うかむせ）があった）にも句碑がある。

▶第３回２級　正答率57％　【正解】①難波別院（南御堂）

問題　現在の大阪市都島区に生まれ、俳諧中興の祖と称される与謝蕪村の俳句はどれでしょう？

①旅に病んで夢は枯野をかけ廻る
②雀の子そこのけそこのけお馬が通る
③桜散るあなたも河馬になりなさい
④菜の花や月は東に日は西に

解説　与謝蕪村（1716〜1783）は摂津国東成郡毛馬村に生まれた俳人・画家。出自については不詳であるが、20歳頃には江戸に出て、夜半亭早野巴人に師事し、俳諧や絵の修練を積んだ。はじめ宰町（さいちょう）、宰鳥の号を用いる。師の没後、関東・東北地方を放浪し、晩年は京に暮らしたが、一時、丹後に住んだこともある。絵に優れ、池大雅との共作「十便十宜図」などを描き、南画・俳画をよくした。その俳諧は「俗語を用いて俗を離るるを尚（とうと）ぶ」離俗論を唱え、非現実の世界に遊んだ。代表句に、「さみだれや大河を前に家二軒」「鳥羽殿へ五六騎いそぐ野分かな」「春の海終日（ひねもす）のたりのたりかな」などがある。都島区毛馬に「春風や堤長うして家遠し」の句を刻んだ句碑と、生誕地碑が建てられている。

与謝蕪村生誕地碑と句碑

選択肢①は、現在の大阪市中央区で没した松尾芭蕉の辞世の句、②は小林一茶の句、③は「三月の甘納豆のうふふふふ」などで知られる大阪府在住の俳人・坪内稔典の句である。

▶第２回３級　正答率49%　　【正解】④菜の花や月は東に日は西に

問題　江戸時代後期の読本作者であり、中国の古典を素材にした怪異小説の代表作「雨月物語」を著したのは誰でしょう？
①十返舎一九　②曲亭馬琴　③浅井了意　④上田秋成

解説　上田秋成（1734〜1809）は、江戸時代の小説家、歌人、国学者。大阪・曽根崎新地の茶屋に生まれ、幼くして堂島の紙油商・

上田茂助の養子となるが、天然痘にかかる。長じて家業を継ぐが、遊蕩する時期もあり、その間に俳句をたしなんだり古典に親しんだりした。

国学者の加藤美樹（宇万伎）らに師事し、1766年（明和３）、浮世草子の『諸道聴耳世間猿』を、翌年『世間妾形気』を刊行した。さらに、天満の医師・都賀庭鐘らと交遊して中国の白話小説の魅力に触れ、1768年（明和５）頃、代表作『雨月物語』を著した。怪奇的、幻想的な短編集で「浅茅が宿」「吉備津の釜」などの諸編からなる。のち町医師となり、戯作の『書初機嫌海』などを著し、また本居宣長と論争するなどした。晩年は京に移るが、妻を亡くし失明するなど苦しみ、そのなかで『胆大小心録』『春雨物語』などを残した。

『雨月物語』に掲載されている挿絵

十返舎一九、曲亭（滝沢）馬琴、浅井了意は、いずれも江戸時代の作家である。

▶第２回２級　正答率78％　　　　　　　　　　【正解】④上田秋成

問題　菓子商の三女として現在の堺市堺区に生まれ、第一歌集『みだれ髪』や出征した弟を思って詠んだ「君死にたまふことなかれ」で知られる、情熱の歌人といえば誰でしょう？

①樋口一葉　　②与謝野晶子　　③金子みすゞ　　④尾崎翠

解説　与謝野晶子（1878～1942）は現・堺市堺区甲斐町にあった駿河屋の娘に生まれた。与謝野鉄幹と知り合い、雑誌「明星」に掲載された短歌で注目され、『みだれ髪』（1901年）には浪漫主義的な短歌を収めた。1911年（明治44）、雑誌「青鞜」創刊号に女性解放を唱える「山の動く日来る」の一節を含む詩を発表した。

金子みすゞは山口県出身の童謡詩人、尾崎翠は『第七官界彷徨』

で知られる小説家である。

▶第６回３級　正答率95％　　【正解】②与謝野晶子

問題　大阪市中央区谷町には、大阪市に生まれ、代表作に『南国太平記』などがある作家の記念館があります。著名な文学賞にも名を残しているこの作家は誰でしょう？

①芥川龍之介　②直木三十五
③三島由紀夫　④山本周五郎

解説　空堀商店街にも近い谷町６丁目に、直木三十五記念館がある。直木三十五（1891〜1934）は、記念館の北にあたる南区内安堂寺町（現・中央区安堂寺町）に生まれた。早稲田大学を中退後、大阪に戻り、プラトン社の雑誌「苦楽」の編集に携わった。31歳の時、直木三十一の筆名で執筆。以後も年々改め、三十五で定着した。代表作は『南国太平記』で、時代小説を得意とした。没した翌年、親交のあった菊池寛により直木賞が創設されている。

▶第７回３級　正答率67％　　【正解】②直木三十五

問題　『夫婦善哉』は1955年（昭和30年）に映画化され、だらしない男の柳吉を森繁久彌、しっかり者の蝶子を淡島千景が演じました。この原作となった小説を書いた無頼派の大阪市出身の作家は次のうち誰でしょう？

①司馬遼太郎　②織田作之助
③北尾鐐之助　④梶井基次郎

解説　『夫婦善哉』を書いた作家は、大阪・生国魂神社の近くで生まれた織田作之助（1913〜1947）である。ユニークな人物を主人公とする短編小説を得意とし、終戦後には坂口安吾、太宰治らとともに無頼派と呼ばれたが、33歳で病没した。小説『青春の逆説』『蛍』『六白金星』『競馬』や評論『可能性の文学』などを残した。

北尾鐐之助は、大阪毎日新聞の写真部長などを務め、昭和初期の大阪を活写した随筆『近代大阪』を書いた。

▶第7回2級　正答率94%　【正解】②織田作之助

問題　現在の大阪市天王寺区で生まれた小説家の織田作之助は、出身地である大阪を舞台とした庶民の生活を描く作品を数多く残しています。次の小説のうち織田作之助の作品はどれでしょう？

①木の都　②卍　③ぼんち　④上方武士道

解説　『蔵の中』『苦の世界』などで知られる宇野浩二は、1936年（昭和11）に「木のない都」を書き、東京に比べて大阪は緑が少ないと述べた。一方、織田作之助（1913〜1947）は「木の都」（1944年）で、「大阪は木のない都だといはれてゐるが、しかし私の幼時の記憶は不思議に木と結びついてゐる」と記した。生国魂神社の巳（みぃ）さんが棲んでいる樟（くすのき）、北向八幡のイチョウの木、中寺町の松の老木、源聖寺坂や口縄坂の木々などを作之助は紹介する。彼は上町台地のそのあたりが原風景なので、宗右衛門町で育った宇野浩二とは感覚が異なっているのだろう。「木の都」について作之助自身は「このやうな淡い味の小説は作者の好みに合はぬが（中略）今となつてみれば失はれた大阪のある町をしのぶよすがともなる」と述べている。

『卍（まんじ）』は谷崎潤一郎の、『ぼんち』は山崎豊子の、『上方（ぜえろく）武士道』は司馬遼太郎の小説である。

▶第2回2級　正答率31%　【正解】①木の都

問題　幼少〜少年期を過ごした茨木市に文学館があり、茨木市名誉市民の称号が贈られ、日本人初のノーベル文学賞を受賞した作家は誰でしょう？

①梶井基次郎　②川端康成　③司馬遼太郎　④開高健

解説　日本人ではじめてノーベル文学賞を受賞した作家は、川端康成（1899〜1972）である。大阪市北区の生まれで、父母の死にともなって、祖父母の住む大阪府三島郡豊川村（現・茨木市）に移り住んだ。府立茨木中学校（現・府立茨木高校）に進み、文学を志す。

川端康成『雪国』創元社（初版本）

中学を卒業後、上京し、第一高等学校に入学。翌年、伊豆へ旅行し旅芸人たちと道づれになった。

東京帝国大学在学中に菊池寛らに認められ、文壇に出る。1926年（大正15）に発表した『伊豆の踊子』は代表作となった（のち田中絹代・吉永小百合・山口百恵らが主演し何度も映画化された）。1935年（昭和10）からは『雪国』を発表し、戦後も『古都』などを著して、1968年（昭和43）、ノーベル文学賞を受賞。記念講演は「美しい日本の私――その序説」。1972年（昭和47）に自ら命を絶った。

梶井基次郎、司馬遼太郎、開高健は、いずれも大阪市生まれの作家である。

▶第１回２級　正答率96％　　　　【正解】②川端康成

問題　右の写真は大阪市中央区道修町（どしょうまち）の少彦名（すくなひこな）神社にある春琴抄（しゅんきんしょう）の碑です。春琴抄は、幼少のころ失明した薬種商の次女を主人公として、船場を舞台に展開する物語です。関東大震災後に関西に移り住み、この作品を書いた小説家は誰でしょう？

①谷崎潤一郎　　②夏目漱石

③正岡子規　　④宮沢賢治

解説　谷崎潤一郎は東京に生まれ、関東大震災後、阪神間に移住した。関西の風土や女性に影響を受けた『卍』『春琴抄』『細雪』はその代表作である。『春琴抄』は1933年（昭和８）に発表された。道修町の薬種商の娘・琴（春琴）は幼くして失明し、琴や三弦を習得する。奉公人の佐助は弟子となってそばに仕える。結末に意外な仕掛けが用意されており、文体や物語構成とともに、谷崎の文学的意欲と女性への嗜好が存分に発揮された作品である。

▶第６回３級　正答率69％　　【正解】①谷崎潤一郎

問題　大阪市立大学卒業後、寿屋（現・サントリーホールディングス）に入社。宣伝部員としてPR誌の編集や商品のキャッチコピーを手掛け、芥川賞を受賞した『裸の王様』や『日本三文オペラ』などの作品がある大阪市出身の小説家は次のうち誰でしょう？

①開高健　②川端康成　③司馬遼太郎　④藤本義一

解説　寿屋在籍時にはPR誌「洋酒天国」の編集にあたり、軽妙なコピーでも知られる作家は開高健（1930〜1989）である。代表作は、大阪砲兵工廠跡のアパッチ族を描いた小説『日本三文オペラ』など。ノンフィクションの秀作も多く、ベトナム戦争に従軍取材した『ベトナム戦記』や『ずばり東京』。釣りを愛し『フィッシュ・オン』『オーパ！』を残した。人生相談『風に訊け』や自伝的長編『耳の物語』もあり、豪放磊落で作風多彩な作家である。

▶第７回３級　正答率37％　　【正解】①開高健

問題　大阪の老舗店の娘として生まれた山崎豊子は、大阪を舞台に描いた小説を多数執筆しています。生家がモデルと言われる山崎豊子のデビュー小説はどれでしょう？

①暖簾　②ぼんち　③女系家族　④花のれん

解説　山崎豊子（1924〜2013）は大阪生まれで、旧制京都女子専門学校（現・京都女子大学）卒業後、毎日新聞大阪本社学芸部に勤務。その傍ら生まれ育った大阪商家を舞台にした作品を発表。①『暖簾』（1957年）は船場もののデビュー作で、翌年、吉本せいをモデルにした④『花のれん』で第39回直木賞を受賞。同年、毎日新聞社を退社し、以後、執筆活動に専念する。②『ぼんち』（1959年）は老舗の足袋問屋の一人息子、喜久ぼんの女遍歴を描いたもので、③『女系家族』（1963年）は船場の老舗木綿問屋の家付き娘が婿養子をとる女系家族の物語。

▶第３回１級　正答率41％　　【正解】①暖簾

問題　2019年（令和元年）６月に亡くなった田辺聖子は大阪市福島区で生まれ、大阪弁を生かした軽妙な小説やエッセイを数多く著し、人気を博しました。田辺聖子の自伝的長編で、小学生時代を過ごした福島をはじめ、淀川・馬場町・鶴橋・梅田新道など街のさまざまな風景とともに少女時代のエピソードを綴った小説の題名は何でしょう？

①家族八景　　②大阪で生まれた女
③私の大阪八景　　④わたしのグランパ

解説　田辺聖子（1928〜2019）は大阪市生まれで、福島区にあった生家は写真館を営んでいた。樟蔭女子専門学校を卒業後、同人誌「文芸首都」や大阪文学学校での文学修業を経て、『感傷旅行（センチメンタル・ジャーニィ）』で第50回芥川賞を受賞。恋愛小説の名手として、また作品中の会話で巧みに大阪弁を採り入れる達人として知られる。自伝的小説『私の大阪八景』のほか、エッセイ『大阪弁おもしろ草子』『大阪弁ちゃらんぽらん』、軽妙なユーモアで人気の「カモカのおっちゃん」シリーズなど、多彩な著作を残した。2000年に文化功労者、2008年に文化勲章受章。2007

年に母校の大阪樟蔭女子大学内に田辺聖子文学館が開館した。『家族八景』と『わたしのグランパ』は、田辺聖子と親交のあった筒井康隆の小説。『大阪で生まれた女』はBOROのヒット曲。

▶第11回上級　正答率69％　　【正解】③私の大阪八景

問題　大阪生まれの作家には異なる分野にまたがって活躍した人物が数多くいます。1975年（昭和50年）に『土の器』で芥川賞を受賞した作家で、詩人としても知られ、大阪市阿倍野区に碑がある童謡「サッちゃん」の作詞者でもある人物は誰でしょう？

①島田陽子　　②阪田寛夫
③富岡多恵子　④野坂昭如

解説　阪田寛夫（1925～2005）は大阪市住吉区生まれの作家・詩人。東京帝国大学卒業後、朝日放送に入社し、ラジオ番組制作やドラマ脚本執筆に携わる。退職後は文筆業に専念し、小説、詩、童謡、絵本の翻訳など多彩に活躍。小説に第72回芥川賞受賞作『土の器』、大阪の地名をめぐる連作小説『わが町』、童謡に「サッちゃん」「おなかのへるうた」、絵本翻訳に「ぼうけんタンタン」シリーズなどがある。藤沢桓夫をはじめ庄野英二、庄野潤三、阪田寛夫らは近年、「帝塚山派文学」と呼ばれ再評価の機運がある。

島田陽子は大阪ことばを駆使した作風で知られる詩人。富岡多恵子は大阪市出身の作家・詩人で、近世文芸や近現代の芸能を下敷きにした作品が多い。野坂昭如は子供時代を神戸・大阪で過ごした焼跡闇市派で多芸多才の作家・歌手・作詞家・タレント。

▶第11回上級　正答率51％　　【正解】②阪田寛夫

問題　追手門学院大学卒業の芥川賞受賞作家である宮本輝は、いわゆる川三部作を著しました。『泥の河』、『螢川』とあと一つは何でしょう？

①東横堀川　②土佐堀川　③道頓堀川　④西横堀川

解説　宮本輝の川三部作は『泥の河』『螢川』『道頓堀川』。『泥の河』は自身の幼少期を題材としたデビュー作で、1977年（昭和52）30歳で、第13回太宰治賞を受賞している。『螢川』では翌1978年（昭和53）、第78回芥川龍之介賞を受賞。『道頓堀川』は1981年（昭和56）の作品である。三部作を収録した文庫本も出版されている。また三部作はすべて映画化されている（『泥の河』1981年東映、『道頓堀川』1982年松竹、『螢川』1987年松竹）。

▶第４回２級　正答率64％　【正解】③道頓堀川

問題　1960年代、日本のSFは黄金期を迎え、当時御三家といわれた三人の作家のうち二人が大阪市出身です。うち一人は筒井康隆ですが、もう一人の「日本沈没」や「復活の日」などの著書で知られる作家は誰でしょう？

①小松左京　②星新一　③眉村卓　④堀晃

解説　小松左京（1931〜2011）は、大阪市生まれのSF作家。1973年（昭和48）刊の『日本沈没』は映画にもなって大ヒット。『復活の日』『首都消失』など話題作が多い。また、日本万国博覧会や国際花と緑の博覧会のプロデュースにも関わっている。

大阪市出身の眉村卓は『なぞの転校生』『ねらわれた学園』で知られる。星新一は東京都出身、堀晃は兵庫県出身のSF作家。

▶第７回３級　正答率66％　【正解】①小松左京

問題　大阪府出身の小説家、町田康に関する説明のうち、<u>誤って</u>

いるものはどれでしょう？

①堺市出身で、バンドINUのボーカルとしても活動していた
②小説家としてのデビュー作は『くっすん大黒』である
③2000年（平成12年）に直木賞を受賞している
④代表作の一つに『きれぎれ』がある

解説　町田康は堺市出身の小説家、詩人、ミュージシャン。町田町蔵の名で歌手活動を開始し、結成したINUのボーカルとして活動、1981年（昭和56）に「メシ喰うな！」でメジャーデビューした。小説家デビューは1996年の『くっすん大黒』で、2000年には『きれぎれ』で芥川賞を受賞している。詩人としても活動し、2001年に、詩集『土間の四十八滝』で萩原朔太郎賞を受賞している。

▶第4回1級　正答率34％　【正解】③

問題　淀川の洪水で両親を亡くした少女が料理人として成長していく過程を描いた『八朔の雪』『想い雲』などで構成される高田郁による時代小説のシリーズ名は何でしょう？

①せんば料理帖シリーズ　②てんま料理帖シリーズ
③なにわ料理帖シリーズ　④みをつくし料理帖シリーズ

解説　高田郁（かおる）は、1959年（昭和34）、兵庫県宝塚市生まれの小説家。少女時代から山本周五郎などの時代小説に親しみ、漫画原作者を経て、2007年に『出世花』でNON短編時代小説賞奨励賞を受賞し、作家デビューした。2009年に「みをつくし料理帖」シリーズの第一編『八朔の雪』を上梓し、2014年の『天の梯』まで全10冊で完結した。大阪出身の少女・澪が江戸の料理店で研鑽する日々を描く。他の作品に、大阪を舞台にした『銀二貫』がある。

▶第6回2級　正答率42％　【正解】④みをつくし料理帖シリーズ

問題　2014年度（平成26年度）の下半期の第152回直木賞は和泉市

の中学校を卒業した西加奈子の『サラバ！』が受賞しました。彼女は2007年（平成19年）の第24回織田作之助賞も受賞しています。この受賞作品名は次のうちどれでしょう？

①ある一日　②通天閣　③お家さん　④阿蘭陀西鶴

解説　西加奈子は、1977年（昭和52）、イランに生まれ、エジプトや大阪で小学校時代を過ごした。2004年に『あおい』で作家デビュー。2007年、『通天閣』で織田作之助賞を受賞した。他の作品に『さくら』、映画化もされた『きいろいゾウ』、直木賞受賞作『サラバ！』などがある。選択肢は、いずれも織田作之助賞を受けた作品で、『ある一日』はいしいしんじ、『お家さん』は玉岡かおる、『阿蘭陀(おらんだ)西鶴』は直木賞作家・朝井まかての作品である。

▶第７回２級　正答率31％　【正解】②通天閣

問題　お笑いコンビ・ピースの一人で、売れないお笑い芸人とその先輩芸人との修業の日々を描いた小説『火花』を発表し、2015年度（平成27年度）の上半期の第153回芥川賞を受賞した寝屋川市出身の人物は誰でしょう？

①島田洋七　②綾部祐二　③又吉直樹　④田村裕

解説　2015年上半期の芥川賞作『火花』は、読書家としても知られ、お笑いコンビ・ピースで綾部祐二とコンビを組む又吉直樹の小説である。作品が「文學界」2015年２月号に掲載されると、雑誌が増刷されるほどの売れ行きとなり、単行本は同年８月時点で累計発行部数240万部を記録して、純文学としては異例の年間ベストセラーになった。

島田洋七にはシリーズ化したヒット作『佐賀のがばいばあちゃん』、田村裕には200万部を超えた『ホームレス中学生』がある。

▶第７回３級　正答率99％　【正解】③又吉直樹

〔国語の出題傾向と対策〕

大阪検定では、広い意味での「大阪ことば」に関する出題を「国語」科目に設定している。内容は大きく分けて「ことば（語彙）」と「文学（文芸）」の分野になる。

▶ことば（語彙）

主に標準語にない語彙、標準語と意味の違う語彙が出題されるが、大阪だけで使われる語彙に限定せず、関西全域で使われる語彙も含まれる。なかでも大阪らしい雰囲気や特徴のある語彙が優先され、生活関連の食べ物やモノの名称、人を表す名詞、身体に関する名詞がたびたび出題されてきた。喜怒哀楽などの感情や、物事の状態を表す動詞、形容詞も出題される。船場ことばも時おり出題されるが、人を表す名詞などに限定される。

これらの語彙は、現在一般的に話される言葉よりも、昭和の高度経済成長期以前に一般的であった古風なものから選ばれることが多い。現代の一般的な大阪ことばでは特徴が希薄になっているためであろう。

地元出身のいわゆるネイティブ・スピーカーで、かつ中高年層にとっては、特段勉強の必要のない分野と言っていい。しかし、地元出身でも若年層や、非ネイティブの人にとっては、古風で馴染みのない言葉が出題されることから、何らかの受験対策を必要とする。初級受験者には本書のような過去問題集と、『大阪の教科書』を使っての試験対策で充分。上級受験者はそれらに加え、『大阪ことば事典』（牧村史陽編、講談社学術文庫）などの代表的な参考図書を使用すると、難度の高い出題にも対応できる。なお、発音、文法はほとんど出題されない。

▶文学（文芸）

本書では、従来「国語」科目と「芸術・娯楽」科目に分かれて出題されていた「文学（近現代）」分野の問題を「国語」科目に配置している。時代区分として文学（文芸）を大きく「古代〜中世」「近世」「近現代」の3つに分けてみると、出題傾向が明解になる。

(1)文学（古代〜中世）

和歌からの出題が多い。みおつくし（澪標）、おしてるや（押し照るや）、なにわづ（難波津）など、大阪の古称や枕詞となる言葉がよく出題される。題材は『万葉集』『源氏物語』『土佐日記』や小倉百人一首など限定的で、ほとんどが地名・地誌に関するものとなっている。それゆえ古典文学に特化した試験対策は必要なく、他科目の「社会」「遠足その他」で学習する基礎知識で事足りる。

⑵文学（近世）

江戸時代前期の上方を中心に栄えた「元禄文化」に関する出題が圧倒的多数を占める。人物では井原西鶴、松尾芭蕉、近松門左衛門、竹本義太夫、米沢彦八、分野で言えば浮世草子、俳諧、人形浄瑠璃、落語となり、浮世草子、俳諧は「国語」科目で、人形浄瑠璃、落語は「芸術・娯楽」科目で出題されることが多い。「国語」の試験対策としては、井原西鶴の事績（浮世草子『好色一代男』、矢数俳諧など）を押さえ、松尾芭蕉と大阪との関わりのある部分（臨終の地など）を押さえておけば充分。

元禄期以降では、人物では与謝蕪村と、江戸後期の上田秋成（『雨月物語』）などが取り上げられるが、総体的に出題頻度は低い。

⑶文学（近現代）

上記の通り、近現代文学は「国語」と「芸術・娯楽」に分かれて出題されるが、その内容に科目別の違いはない。大阪出身または大阪ゆかりの作家であり、大阪を舞台にした著名作品が題材になる。近代文学の作家では、与謝野晶子、直木三十五、織田作之助、谷崎潤一郎、川端康成がその代表で、とりわけ織田作之助とその作品『夫婦善哉』は、小説、映画、観光素材とさまざまに形を変え、頻繁に出題される最重要人物となっている。谷崎潤一郎は、関東大震災後に関西に移住し、生み出された大阪色の強い作品『卍』『蓼喰ふ虫』『春琴抄』が題材になる。現代文学では、山崎豊子や司馬遼太郎、田辺聖子、開高健、小松左京、宮本輝がその代表で、大阪・船場を舞台にした初期三部作（『暖簾』『花のれん』『ぼんち』）で有名な山崎豊子が頻出する。直木三十五、川端康成、司馬遼太郎、開高健は大阪を舞台にした著名作品が少ないため、作品よりも人物の事績または関連施設（記念館、文学館）が出題される。小松左京は筒井康隆とともに日本SFの代表的作家として取り上げられる。

現役作家では、大阪出身または大阪ゆかりの作家で芥川賞、直木賞の受賞者も数多く出ており、近年話題に事欠かない。芥川賞、直木賞の受賞者でなくとも、大阪ほんま本大賞の受賞作や、大阪を舞台にした話題作やベストセラー、映画化などの際に、その作品と作家が出題されることもある。

これらの試験対策で、作家の名前や受賞作を丸暗記するのは苦痛でしかない。戦後に活躍し物故者となった大御所作家でも、試験に出題されるのは名作が多い。この機会に一読してみて損はない。また現在、主要文学賞の受賞者が相次ぎ、豊穣の時代を迎えている大阪文学において、どのような作風・才能が登場してきているか、または地元を舞台にしていたり大阪ことばを作品中でどのように使っているかに着目すると、試験勉強にとどまらず文学体験として実りの多いものになるだろう。

〔国語の要点〕

▶過去に出題された主なことば（語彙）

あじない、あて、あめちゃん、いきる、いちびり、いとはん、いらち、えらいさん、えんりょのかたまり、おいど、おいもさん、おちょくる、おっちゃん、おべんちゃら、かしわ、堪忍な、けったいな、げら、こいさん、ごりょんさん、さかむけ、さぶいぼ、しぶちん、すまんだ、殺生な、そげ、たぬき、だんない、ちょけ、でぼ、毒性な、なおす、なかんちゃん、なんきん、にぬき、へっついさん、べった、ほかす、ほたえる、むしやしない、めばちこ、もみない、ややこ、よめはん、わや

▶作家関連施設

直木三十五記念館（大阪・空堀）、川端康成文学館（茨木市）、司馬遼太郎記念館（東大阪市）

▶芥川賞作家と受賞作

庄野潤三（芥『プールサイド小景』）、開高健（芥『裸の王様』）、河野多惠子（芥『蟹』）、田辺聖子（芥『感傷旅行 センチメンタル・ジャーニィ』）、阪田寛夫（芥『土の器』）、三田誠広（芥『僕って何』）、宮本輝（芥『螢川』）、玄月（芥『蔭の棲みか』）、町田康（芥『きれぎれ』）、吉村萬壱（芥『ハリガネムシ』）、川上未映子（芥『乳と卵』）、津村記久子（芥『ポトスライムの舟』）、柴崎友香（芥『春の庭』）、又吉直樹（芥『火花』）

▶直木賞作家と受賞作

山崎豊子（直『花のれん』）、司馬遼太郎（直『梟の城』）、黒岩重吾（直『背徳のメス』）、藤本義一（直『鬼の詩』）、有明夏夫（直『大浪花諸人往来』）、難波利三（直『てんのじ村』）、高村薫（直『マークスの山』）、朱川湊人（直『花まんま』）、東野圭吾（直『容疑者Xの献身』）、朝井まかて（直『恋歌』）、黒川博行（直『破門』）、西加奈子（直『サラバ！』）

▶近年の話題作

朝井まかて『すかたん』『阿蘭陀西鶴』、有栖川有栖『幻坂』、高田郁『銀二貫』「みをつくし料理帖」シリーズ、万城目学『プリンセストヨトミ』、木下昌輝『天下一の軽口男』、大島真寿美『渦――妹背山婦女庭訓 魂結び』

2限目

社会

すべて択一問題です。各問題に１つのみ解答してください。

問題　1964年（昭和39年）、豊中市待兼山町の大阪大学豊中キャンパスの理学部周辺に露出する第四期・更新世中期の地層から、ある動物の骨の化石が出土しました。この動物の化石としては日本で初めて発見されましたが、この動物は何でしょう？

①マンモス　②トナカイ　③イルカ　④ワニ

解説　1964年（昭和39）、大阪大学理学部学舎の建設工事中にワニの化石が発見された。全長は約８mあり、ほぼワニの全体像がわかる良好な化石であった。40万年ほど前に生息していた大型のワニと推定された。現在の待兼山は標高約77mであるが、40万年前の当地周辺は、湿地帯が広がり、ワニやゾウ（トヨトミゾウ）が生きていた環境であったこともわかった。

発見されたワニの化石は、発見地の地名をとって「マチカネワニ」と命名された。

▶第６回２級　正答率71％　【正解】④ワニ

問題　大阪には約２万年前から人が住みついていたという痕跡が残されています。この時代は後期旧石器時代と呼ばれ、石器の加工により道具を作っており、讃岐石とも言われるサヌカイト製の旧石器が大阪府内のいくつかの遺跡で見つかりました。地図の①～④のうち旧石器が見つかった長原遺跡の位置はどれでしょう？

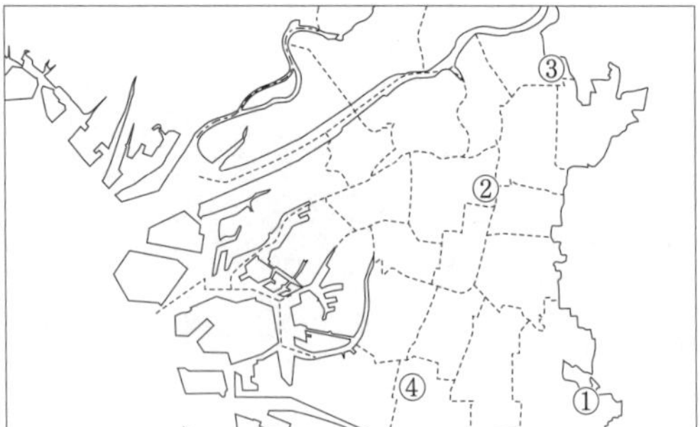

解説　長原遺跡は大阪市の南東部、平野区に所在する。東方の八尾市八尾南遺跡と一連の遺跡である。1973年（昭和48）に地下鉄谷町線の延伸工事の際に長原遺跡が発見された。旧石器は1979年（昭和54）に確認された。人の生活痕跡がないと考えられていた地山（ぢやま）の地層中から、サヌカイトを人工的に割った際に生ずる石屑（剥片）が確認されたのである。現在までの精密な調査と研究によって、２万5000年前に爆発した南九州の火山から飛来した火山灰（AT火山灰）の下層から石器が確認されているので、長原遺跡での人の痕跡は２万5000年前よりさかのぼることになる。

残念ながらこれまで石器しか確認されていないが、今後石器以外の人の生活痕跡、住居であるとか、墓などが発見されることを大いに期待するものである。

▶第３回１級　正答率75%　【正解】①

問題　JR森ノ宮駅の西側では西日本最大級のあるものが発見されています。縄文時代後期から弥生時代中期に至る、当時の大阪の姿を解き明かす上で重要な発見となりましたが、発見されたものは何でしょう？

①マンモスの化石　②ワニの化石
③カキなどの貝塚　④古代の貨幣

解説　森の宮遺跡では、縄文時代後期から弥生時代中期（約4000～2000年前）にわたって貝塚が形成される。縄文時代後期、下層の貝層はマガキが主体で、縄文時代晩期から弥生時代中期、上層の貝層は琵琶湖水系に生息するセタシジミが主体となっている。このことは縄文時代の後期までは森の宮遺跡の東側に広がっていた水域は海水であり、縄文時代の晩期以降には海水の入らない淡水となっていたことを示している。

▶第６回３級　正答率82%　【正解】③カキなどの貝塚

問題　泉大津市と和泉市にまたがり、鳥形木製品などが出土。隣接して大阪府立弥生文化博物館があり、奈良県の唐古・鍵遺跡や佐賀県の吉野ケ里遺跡などとともに、日本の代表的な弥生時代の遺跡は何でしょう？

①四ツ池遺跡　　②池島・福万寺遺跡
③池上曽根遺跡　④日根荘遺跡

解説　和泉市池上町と泉大津市曽根町などにまたがる池上曽根遺跡は、弥生時代の大規模な環濠集落跡が出土した遺跡である。明治時代より、池上在住の南繁則によって遺物の採集が行われていた。戦後、府立泉大津高校地歴部の調査や、第二阪和国道内遺跡調査会による発掘などが実施された。弥生時代中期の二重の環濠が発見され、大量の土器・石器・木製品・獣骨などが出土した。この中には、祖霊・穀霊を運んだとされる鳥形木製品なども含まれている。また、環濠の外側からは方形周溝墓（ほうけいしゅうこうぼ）群が発見されている。のちに、弥生時代中期の大型掘立柱（ほったてばしら）建物跡や丸太くりぬき井戸なども検出された。

池上曽根遺跡

国の史跡に指定され、1991年には隣接地に大阪府立弥生文化博物館が開設された。史跡公園内には池上曽根弥生学習館もある。

四ツ池遺跡は堺市に、池島・福万寺遺跡は東大阪市・八尾市に、日根荘遺跡は泉佐野市にある遺跡。

▶第１回２級　正答率82％　　【正解】③池上曽根遺跡

問題　2019年（令和元年）、世界文化遺産に登録された百舌鳥・古市古墳群は、三つの自治体にまたがって分布していますが、次の組み合わせのうち正しいものはどれでしょう？

①堺市・松原市・太子町　　②堺市・松原市・藤井寺市
③堺市・羽曳野市・藤井寺市　　④堺市・羽曳野市・太子町

解説　百舌鳥古墳群は堺市に位置し、東西・南北約4km四方に4世紀末から6世紀後半に造営された100基以上の古墳が分布していた。しかし、第二次世界大戦後に急速に進んだ開発によって過半数が消滅し、現存する古墳は44基ほどになった。墳丘長約486m、日本最大の規模である大山（だいせん）古墳（仁徳天皇陵古墳）をはじめ、同約365mの石津ケ丘古墳（履中天皇陵古墳）、同約300mのニサンザイ古墳などの200mを超える古墳が含まれる。

古市古墳群は藤井寺・羽曳野市の東西約2.5km・南北約4kmの範囲に、4世紀末から6世紀前半に造営された100基以上の古墳が分布していた（現存は46基ほど）。なかでも羽曳野市にある誉田山（こんだやま）古墳（応神天皇陵古墳）は墳丘長約425mで、大山古墳に次ぐ日本で2番目の規模である。墳丘長200mを超える古墳は7基ある。

▶第11回初級　正答率56％　　【正解】③

問題　高槻市には、古墳時代の大王陵としては、淀川流域に唯一築かれた古墳があります。右の写真のような高さが170センチもある日本最大級の家形埴輪が見つかったことでも知られ、現在は周辺を含め史跡公園として整備されているこの古墳の名称は何でしょう？

①闘鶏山古墳　　②大石塚古墳
③今城塚古墳　　④元稲荷古墳

解説　高槻市郡家新町に所在する今城塚古墳は、墳丘長約190mで二重の濠がめぐる淀川流域で最大級の前方後円墳。1958年（昭和33）に国の史跡となった。高槻市では史跡公園整備のために、1997

年から毎年発掘調査を行ってきた。内濠と外濠の間の堤内に東西62〜65m、南北約６mの方形の埴輪祭祀区角が発見された。この区角内からは家形埴輪15、棚形埴輪25、蓋形埴輪４、太刀形埴輪14、楯形埴輪１、靫形１、武人形埴輪２、鷹匠形埴輪２、力士形埴輪２、冠帽男子形埴輪１、座像男子形埴輪４、巫女形埴輪７、動物（馬など）形埴輪18、鶏形埴輪４、水鳥形埴輪13など、合計113点以上の形象埴輪が出土している。このうち高さ170cmにもおよぶ家形埴輪は類例のない大きさである。

復元整備事業は2011年に終了し、原寸大のレプリカによる埴輪祭祀区角が復元された。

▶第４回２級　正答率63％　【正解】③今城塚古墳

問題　大阪城の南側の法円坂に市街地としては広い公園があります。ここはかつてあるものがあった場所ですが、何があったとされているでしょう？

①難波宮と呼ばれた宮殿があった
②聖徳太子の屋敷があった
③大阪最古のため池があった
④蔵屋敷があった

解説　難波の地は大阪湾に面しているといった立地条件から、ヤマト王権にとって重要な地であり、応神天皇の大隅宮、仁徳天皇の高津宮、欽明天皇の祝津宮、孝徳天皇の難波長柄豊碕宮、天武天皇の難波宮、聖武天皇の難波宮などが置かれた。

一方、考古学の発掘調査によって上町台地の北端部で７世紀中頃から後半の宮殿跡（前期難波宮）と、８世紀中頃の宮殿跡（後期難波宮）が確認されている。前期難波宮の遺構は全域にわたって火災痕跡が認められることから、652年（白雉３）に完成した難波長柄豊碕宮で、686年（朱鳥元）の火災によって廃絶した天武朝の難波宮とする説が大勢を占めている。

1964年（昭和39）難波宮跡は国の史跡に指定された。2007年には追加指定され現在の史跡としての名称は「難波宮跡附(つけたり)法円坂遺跡」である。

▶第３回３級　正答率87％　【正解】①難波宮と呼ばれた宮殿があった

問題　聖徳太子が創建した四天王寺にある、日本三鳥居の一つとされる「石の鳥居」はどれでしょう？

①

②

③

④

解説　四天王寺は『日本書紀』によれば推古天皇元年（593）に建立が開始された日本最古の官寺である。西門の石鳥居は1294年（永仁２）忍性によって建立され、国の重要文化財に指定される。四天王寺の石鳥居は、奈良吉野の銅鳥居、安芸の宮島の木鳥居と並んで、日本三鳥居のひとつ。鳥居にかかる額には「釈迦如来　転法輪処　当極楽浄土　東門中心」とあり、この鳥居が極楽の東門に通じているという意味である。上町台地の上から西の海に沈む夕陽を念じて悟りを得るという日想観の広まりによって、西門には各地から念仏聖や比丘尼、多くの信者が集まった。

東大阪市に鎮座する石切劔(つるぎ)箭(や)神社（①）は、延喜式神名帳に記される河内郡の式内小社。

大阪市浪速区に鎮座する今宮戎神社（②）は、社伝によると推古天皇の時代に、四天王寺建立の際に聖徳太子が西方の守護神として勧請したとされる。

③は中央区本町橋に所在する生国魂神社の行宮（御旅所）の鳥居である。

▶第2回2級　正答率88%　　【正解】④

問題　右は、聖徳太子を葬った場所と伝わる寺にある多宝塔の写真です。「上の太子」と呼ばれているこの寺の名は何でしょう？

①野中寺　②葛井寺
③道明寺　④叡福寺

解説　写真の多宝塔があるのは、南河内郡太子町に所在する叡福寺である。叡福寺は正式には磯長山聖霊院と号しているが、下太子大聖勝軍寺（八尾市）、中太子野中寺とともに上太子の名で親しまれている。寺伝によれば推古天皇は622年（推古天皇30）に没した聖徳太子を当地に葬り、太子の墓を守護し、追福するために坊舎を営んだという。724年（神亀元）には聖武天皇の勅願によって6町四方の寺地が下賜され、東西2院の伽藍が整備された。東院を転法輪寺、西院を叡福寺と称したとされる。

承安年間（1171〜1175）に平清盛が大修理を行うが、1574年（天正2）の兵火によって焼失。その後、慶長年間（17世紀はじめ）に御陽成天皇の勅願により豊臣秀頼が伽藍の復興を行った。1603年（慶長8）に再建された聖霊殿（太子堂）と、1652年（承応元）に再建された多宝塔は国の重要文化財に指定されている。

▶第4回1級　正答率70%　　【正解】④叡福寺

問題　「船競ふ堀江の川の水際に来居つつ鳴くは都鳥かも」

大伴家持が難波の風景を詠んだこの歌は万葉集に収められています。ここで都鳥と詠んだ鳥は、次のうち何を指していると考えられているでしょう？

①ハト　②マガモ　③アホウドリ　④ユリカモメ

解説　伊藤博（『萬葉集釋注』）によれば、この歌（『万葉集』巻20－4462番）は「船が漕ぎ競う堀江の川の水際、この水際に降り立ち群がりながら鳴き立てるのは、都鳥なのかなあ」という意。「都鳥」の用例は上代にはこの歌のみで、どのような鳥かは明らかではないが、ユリカモメの鳴き声を「ミヤ」と聞いてこれに接尾語の「こ」を付けた語形がこの歌の「みやこどり」としたのではという説を肯定的に紹介している。

▶第6回2級　正答率58%　【正解】④ユリカモメ

問題　平安時代の大阪は、都に次ぐ位置づけの摂津職（せっつしき）から普通の国となり、かつての賑（にぎ）わいを失ったと伝えられていますが、上町台地の北端付近にある港は熊野街道の起点として多くの人に利用されていました。現在の天満橋から天神橋の間にあったとされるこの港とは次のうちどれでしょう？

①住吉津（すみのえのつ）　②渡辺津（わたなべのつ）　③中津（なかつ）　④大輪田泊（おおわだのとまり）

解説　渡辺津は摂津国の旧淀川（現・大川）河口に位置しており、窪津（くぼつ）とも呼ばれていた。7～8世紀に営まれた難波宮が廃絶した後も、水運によって、都（平安京）と各地とを結ぶ重要な中継地であった。

渡辺津は水運や経済の要衝といった面だけではなく、宗教的にも重要な場所であった。平安時代以降盛んになる天皇家や貴族による四天王寺や住吉大社への参詣、熊野詣の際には、京都から船で淀川を下り、ここで上陸し、陸路によって目的地を目指した。渡辺津近辺には熊野王子の1番目の王子・渡辺王子（窪津王子）が置かれたため、渡辺津が熊野詣の起点とされるようになった。

住吉津は海神を祀る住吉大社の南方、細江と呼ばれた入江にあったと考えられる。

中津は大阪市北区の地名。

大輪田泊は神戸市兵庫区にあった港。平清盛により修築された。

▶第5回3級　正答率64%　　【正解】②渡辺津

問題　「古事記」、「日本書紀」にもその名が記され、日本最古の溜池と言われている南河内地域にある池の名を何というでしょう？

①狭山池　②久米田池　③昆陽池　④満濃池

解説　大阪狭山市に所在する狭山池は、周囲約4kmのわが国最古のダム式溜池である。東側の羽曳野丘陵と西側の狭山丘陵との間にあり、南から北に流れる西除(にしよけ)川と三津屋(みつや)川を堰き止めてつくられた人工池である。『古事記』垂仁天皇段に築造記事が見えるのが初見。垂仁段の記事をそのまま認めることはできないが、7世紀はじめの推古朝頃に築造されたと考えられてきた。近年の発掘調査によって、北方の低地部に水を流すために設けられた木樋を年輪年代法によって測定したところ、7世紀前半に築造されたことが判明した。

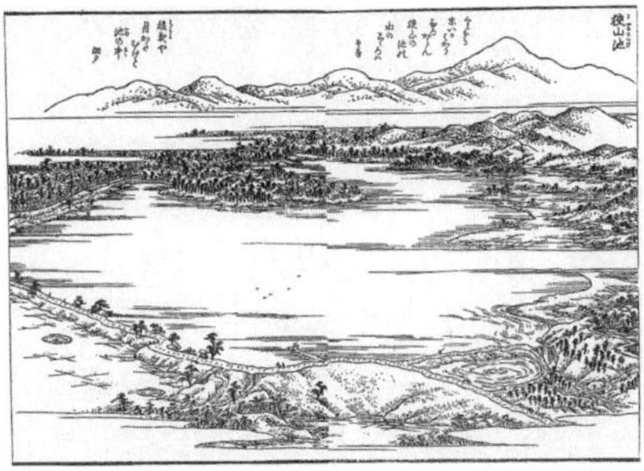
狭山池（『河内名所図会』）

久米田池は岸和田市に所在する府下最大、周囲約4kmの溜池である。奈良時代に行基（668～749）が和泉地方で開発した8か所の池のひとつ。725年（神亀2）に着工し、足掛け14年の歳月を経て、738年（天平10）に完成した。

昆陽(こや)池は兵庫県伊丹市に所在する溜池。731年（天平3）行基によって築造された。

満濃池は香川県に所在する、周囲約20kmの日本最大の溜池。

701年（大宝元）から704年（慶雲元）にかけて築造された。821年（弘仁12）には弘法大師空海によって改修されている。

▶第２回３級　正答率67％　　　　　　　　　　　【正解】①狭山池

問題　江戸時代、堺市中心部を起点に現在の羽曳野市、太子町を経由して二上山南麓を通り大和へいたる街道がありました。この街道は「日本書紀」にも記される、難波と大和を結んだ古代の官道の後身と考えられ、現在では一部国道として利用されています。この道は何という街道でしょう？

①京街道　　②奈良街道　　③竹内街道　　④東高野街道

解説　竹内街道は大阪の堺を基点として東方へ向かい、松原から羽曳野を経て、大阪府と奈良県の境をなす二上山の南麓の竹内峠を越えて、奈良県葛城市に所在する長尾神社に至る街道。大阪側は約23km、奈良側は約３km、総計約26kmの道のり。この街道は『日本書紀』推古天皇21年（613）条に「難波より京（当時の京は飛鳥）に至る大道を置く」と記された日本最古の官道である。長尾神社より東は、三輪山の南側まで、ほぼ一直線に通る横大路となる。三輪から東方へは伊勢街道となる。古代から中世、近世まで大阪と東方の諸国を結ぶ幹線であった。

京街道は、大阪京橋から淀川左岸を通り京都へ向かう道。

奈良街道（暗越(くらがりごえ)）は、大阪高麗橋（それ以前は玉造）から東へ向かい暗峠(くらがりとうげ)を越え、奈良に向かう道。

東高野街道は、京都の八幡から河内国の東部を通り、河内長野で堺を発した西高野街道と合流し、紀見峠を越え橋本を経て高野山に向かう道。

▶第２回２級　正答率59％　　　　　　　　　　　【正解】③竹内街道

問題　1333年（元弘３年、正慶２年）に、鎌倉幕府の大軍に攻められた楠木正成はこの城に籠城し、わずかの兵で戦い抜いて幕府軍を撤退させました。この城の名称は次のうちどれでしょう？
①高槻城　②岸和田城　③千早城　④小阪城

解説　千早城は四方を絶壁に囲まれた要害堅固の山城で、楠木正成が1332年（元弘２／正慶元）に築城した。1332年（元弘２／正慶元）11月に護良（もりなが）親王の吉野挙兵に応じて正成は千早城から挙兵した。これに対して幕府方は、翌1333年（元弘３年／正慶２）２月、畿内の兵に命じ千早城を取り囲んだ。正成方は1000人足らずで籠城すること３か月。ついに５月、幕府は倒れた。正成の戦いは日本合戦史の一頁として語り継がれている。

▶第７回３級　正答率73％　【正解】③千早城

問題　現在の千早赤阪村で生まれたとされる南北朝時代に活躍した楠木正成は、地元を中心に、親しみを持って何と呼ばれているでしょう？
①たいこうさん　②しょうこうさん
③けんこうさん　④なんこうさん

解説　楠木正成は、「楠公（なんこう）」あるいは「大楠公」と呼ばれる鎌倉時代末から南北朝時代の武将である。息子の正行（まさつら）は「小楠公」と呼ばれる。

河内国の赤坂（現・千早赤阪村）を根拠地としたが、その出自は明らかではない。鎌倉幕府打倒をめざす後醍醐天皇の挙兵にあわせ、正成も兵をあげ、赤坂城などで幕府軍と戦った。1333年（元弘３／正慶２）、後醍醐天皇の建武政権が成立すると、要職に就いた。1336年（延元元／建武３）、いったん九州に逃れていた足利尊氏らが再度挙兵すると、正成は摂津の湊川で足利軍と激突した（湊川の戦

赤坂城趾の碑

い)。戦いは足利方の勝利となり、正成は自害した。

明治時代以降、南朝が正統とされるに及び、正成は忠臣として「大楠公」と称され、湊川神社（神戸市）も創建された。正行との「桜井の別れ」も人口に膾炙（かいしゃ）し、1880年（明治13）には正一位を追贈された。皇居前広場には銅像も建立されたが、これは住友家が献納したものである。

▶第１回２級　正答率90％　【正解】④なんこうさん

問題　「大坂」（大阪）という地名は文献上、今から約500年前の手紙の中に初めて登場します。現在の大阪城の地に坊舎を建て、その手紙を書いた人物は誰でしょう？

①蓮如　②忍性　③契沖　④叡尊

解説　大阪の古名は難波・浪速・浪華などであった。「大坂」の初見は、浄土真宗の本願寺八代法主蓮如上人（1415〜1499）の1498年（明応７）11月21日付の消息に「摂州東成ノ郡生玉ノ庄内大坂」とある。その後の史料では「大坂」は「小坂」「尾坂」とも表記されるが、いずれもオサカと読んだらしい。「大坂」と「大阪」については、江戸時代は「大坂」が圧倒的に多く、明治以降「大阪」が多くなる。正式な法律で表記が定められたのではないが、1877年（明治10）以降「大阪」に統一されていったようである。

忍性は鎌倉時代の真言律宗の僧。鎌倉の極楽寺を開山した。叡尊の弟子として戒律復興、道路修築など幅広い活動を行った。

契沖は江戸時代中期の真言宗の僧で、古典研究者として有名。万葉集の注釈書『万葉代匠記』が代表作。

叡尊は鎌倉時代の真言律宗の僧。奈良の西大寺を復興した。

▶第２回３級　正答率72％　【正解】①蓮如

問題　大阪城が築城される前、その地にあった本願寺は、毛利や武田、上杉、朝倉など各地の大名とも連携し、1570年（元亀元年）

から1580年（天正８年）まで11年にわたって織田信長と戦いました。７カ条の講和条件に従い、大阪を退去した、本願寺の時の宗主は誰でしょう？

①蓮如　②顕如　③教如　④汝如

解説　顕如（1543〜1592）は本願寺十一代法主。1543年（天文12）十代法主証如の長男として生まれる。

本願寺教団は顕如の時代になると、農民層を中心とする独自の教団組織となり、管領の細川氏や京の公家衆との縁戚関係を深めていき、大坂（石山）本願寺を拠点として戦国大名と肩を並べるほどの勢力となった。京都を制圧した織田信長は、畿内の本願寺系末寺に矢銭（軍用金）を要求し、応じない場合にはこれを攻撃した。1568年（永禄11）信長は本願寺に対し、矢銭5000貫文を要求し、顕如はこれに応じた。信長が摂津・河内の三好三人衆を攻撃した際には、戦火が波及するのを恐れ、1570年（元亀元）９月12日に紀伊国の門徒らに信長に対して立ち上がることを命じた。以降、1580年（天正８）に信長が出した和睦の条件をのむまでの約10年間交戦状態が続いた。

蓮如（1415〜1499）は本願寺八代法主。本願寺中興の祖で、「蓮如上人」と尊称される。教如は東本願寺十二代法主。

▶第２回２級　正答率42％　【正解】②顕如

問題　豊臣秀吉が、淀川左岸の堤防工事を大名たちに命じ、その堤防上が大阪と京都を結ぶ安定した交通路「京街道」となりました。年号を冠したその堤の名称は次のうちどれでしょう？

①元亀堤　②天正堤　③文禄堤　④元和堤

解説　豊臣秀吉が伏見城築城に着手したのは1594年（文禄３）。その後、1596年（文禄５）に毛利輝元、小早川隆景、吉川広家に命じ、枚方〜長柄間の淀川左岸に堤を築かせた。これを文禄堤といい、京街道の起源とされている。

伏見～大阪間は淀川の船運、三十石船の往来も盛んであり、陸路である京街道の利用者は、大阪から京へ上る者が多かった。

▶第7回2級　正答率64％　【正解】③文禄堤

問題　次の和歌は1598年（慶長3年）に亡くなった豊臣秀吉が詠んだものです。（　　　）に当てはまる地名は何でしょう？

つゆと落ち　つゆと消えにし　わが身かな

（　　　）の事も　夢のまた夢

①なにわ　②かみがた　③いずみ　④せっつ

解説　豊臣秀吉は、1598年（慶長3）8月18日に伏見城で没した。秀吉が辞世として詠んだとされる和歌が「つゆと落ちつゆと消えにしわが身かな　なにはの事も夢のまた夢」である。「つゆ」は露、「なには」は難波の意味である。解釈はさまざまあり一概にはいえないが、「露のように生まれ落ちて露のように消え去っていく、はかないわが身であることよ。難波（大阪）のことも、夢の中で見る夢のようにはかないことだ」などの意味ともいえる。栄華を極めた秀吉の晩年を象徴するような歌とも受け取れる。

▶第5回3級　正答率52％　【正解】①なにわ

問題　右の写真は堺出身の茶人の像です。彼は、禅的な侘びの境地を茶道の理想として、小座敷の数寄屋を考案するなど、後の千利休の「侘び茶」の大成に多大な影響を与えました。この茶人は誰でしょう？

①村田珠光　②今井宗久

③荒木村重　④武野紹鷗

解説　武野紹鷗（じょうおう）は1502年（文亀２）大和国吉野郡に生まれる。父・信久は孤児になり、堺に移り三好氏の援護を受け、有力な町衆となる。信久は家名興隆のため、24歳の紹鷗を上洛させ学問に励ませた。31歳で出家剃髪。茶の湯に注目し、儀礼の茶から侘び茶への流れをつくった。36歳の時、信久の死に伴い堺に移る。弘治元年（1555）に享年54で没する。南宗寺に紹鷗の墓がある。

▶第７回２級　正答率42％　【正解】④武野紹鷗

問題　中世の堺は、貿易都市・自治都市として黄金の日日を迎え、町衆が茶の湯をたしなむようになりました。その堺に生まれ、豊臣秀吉に仕えながらもその後切腹を命じられたわび茶の大成者とは誰でしょう？

①高山右近　②村田珠光　③千利休　④片桐石州

解説　日本で茶を飲む習慣は早くから行われ、平安時代には貴族や僧侶の間で喫茶が行われていた。鎌倉時代になると禅宗の影響を受けて喫茶の風習が広まり、室町時代には賭博性のある闘茶も流行した。

これに対して、村田珠光は禅の精神を加味したわび茶をつくり出し、四畳半の茶室を創案して、茶の湯の祖とされた。その後、堺の武野紹鷗がわび茶を継承し、堺や京都で茶の湯が普及した。堺の納屋衆の家に生まれた千利休（宗易）は、武野紹鷗に学び、その大成者となった。織田信長や豊臣秀吉に茶頭として召し抱えられ、秀吉の時代には北野の大茶湯などの茶会を催した。しかし、のちに疎んじられ切腹を余儀なくされた。

高山右近は高槻城主のキリシタン大名で、国外追放されフィリピンのマニラで没した。片桐石州（貞昌）は大和小泉藩主で、茶道の石州流の祖として知られる。

▶第１回３級　正答率98％　【正解】③千利休

問題　1600年（慶長５年）、関ケ原の戦いの直前、石田三成は徳川家康方についた大坂城下の諸大名の屋敷から妻子を人質にとろうとしましたが、細川忠興の妻ガラシャは人質となることを拒み、邸内で悲劇の最期をとげました。現在、右の写真の位置に、その屋敷にあったと伝えられる井戸が残っています。この井戸は何と呼ばれているでしょう？

①肥後井　　②豊前井
③丹後井　　④越中井

解説　越中公園のあたりには、細川越中守忠興（ただおき）の邸宅があった。越中井はその邸宅内にあった井戸。1578年（天正６）、玉（たま）（珠）（1563～1600）は忠興の妻となる。

越中井

玉は、忠興が高山右近（1552～1615）を通して聞いたキリスト教に関心を抱き、1587年（天正15）に洗礼を受け、ガラシャとなる。1600年（慶長５）、忠興が徳川家康の上杉征伐に従って出陣している間、西軍の石田三成（1560～1600）は細川邸を包囲し、ガラシャを人質に取ろうとしたが、これを拒絶し、自ら命を絶った。

邸内の井戸は1925年（大正14）に道路工事で埋められたが、近隣の人々によって1937年（昭和12）に再掘され、原状に復された。

▶第７回２級　正答率62％　　　　【正解】④越中井

問題　大坂冬の陣で、真田幸村は、大坂城の弱点といわれる防御が手薄な場所に出城を築きました。この出城の名前は次のうちどれでしょう？

①六文丸　②真田丸　③南の丸　④五郎丸

解説　真田幸村（信繁。1567〜1615）は豊臣方の武将。1614年（慶長19）の大坂冬の陣の際に大坂城の弱点であった南方面を防御するために幸村は出丸を築いた。この出丸を真田丸と呼んでいる。真田丸の縄張りが三日月形であったとされる。12月4日の真田丸の合戦では、豊臣方は冬の陣最大の戦果をあげた。

真田丸の位置は、円珠庵の北東方向、現在の明星学園付近にあったと考えられる。

真田丸顕彰碑（明星学園前）

▶第7回3級　正答率76%

【正解】②真田丸

問題　真田幸村は、大坂夏の陣で徳川家康の本陣に攻め込むなど、鬼神のごとき活躍をみせます。しかしたび重なる激戦に兵力が尽き、大阪市内のある神社で最期を迎えたといわれますが、この神社はどれでしょう？

①大鳥大社　②住吉大社　③鵲森宮　④安居神社

解説　安居神社の創建年は不詳（少彦名神）だが、菅原道真が太宰府におもむく途中、休憩（安居）したことにちなみ、没後に道真の霊も祀るようになったといわれる。大坂夏の陣（1615年）の折、茶臼山に布陣した真田幸村は、徳川家康の本陣を急襲し、今一

真田幸村戦死跡碑

歩のところまで攻め込んだが衆寡敵せず、ついにここで戦死したといわれている。境内には幸村戦死跡碑の他、道真も口にしたといわれる天王寺の七名水のひとつ「癇鎮（かんしず）めの井」がある。

▶第6回2級　正答率69%　　【正解】④安居神社

問題　大坂夏の陣による落城の後、大阪城は1620年（元和6年）からおよそ10年をかけて再建され、江戸幕府の西日本支配の拠点となりました。この時、大阪城再建を命じた人物は誰でしょう？

①後水尾天皇　②徳川秀忠　③徳川綱吉　④新井白石

解説　豊臣秀吉の築いた大坂城は、1615年（慶長20）5月、大坂夏の陣で落城した。江戸幕府の2代将軍・徳川秀忠は、大阪を直轄地として大坂城に城代を置いて統治することとし、豊臣家の大坂城を破却して、その上に新たな大坂城を築くことにした。工事は、西日本の諸大名を動員して1620年（元和6）に始まり、三の丸・二の丸・外濠などを築造。ついで本丸・内濠などが造られ、1629年（寛永6）に竣成した。しかし天守閣は、1665年（寛文5）に落雷により焼失し、昭和まで再建されなかった。

▶第5回3級　正答率86%　　【正解】②徳川秀忠

問題　江戸時代の大阪の市街地は三つの組に分けて管理されていました。これを大阪三郷（さんごう）と言いますが、北組と南組とあと一つは何でしょう？

①東組　②西組　③船場組　④天満組

解説　大坂の陣で豊臣氏が滅ぶと、大阪の町は江戸幕府により復興された。この復興で、のちに中心地区となる船場なども市街地化していった。船場・島之内や大阪城寄りの上町は、若干の入り込みはあるものの、本町通より北で大川まで（中之島を含む）がほぼ北組とされ、本町通以南で道頓堀までがほぼ南組とされた。

また、堂島川より北の大阪天満宮を中心とする地域は、天満組となった。これらを大坂三郷と総称する。

大坂町奉行所の支配下、各組には惣会所が置かれ、有力な町人である惣年寄が町政を担った。1619年（元和５）には、北組に５人の惣年寄がいたとされる。これらは世襲であったが、交代もあって人数は変化した。惣年寄のもとには、補佐役の惣代がいた。1615年（元和元）には三郷合わせて７人であったが、1715年（正徳５）には18人に増加した。

1700年（元禄13）時点で、大坂三郷の町は548であったが、その後、堀江新地・曽根崎新地・難波新地などの新地が開発され、600町を超える数となった。

▶第３回３級　正答率53％　　【正解】④天満組

問題　大阪の橋に関する次の説明のうち、正しいものはどれでしょう？

①『日本書紀』には日本で最初の架橋として本町橋の記録が残っている

②浪華八百八橋といわれた大阪だが、江戸時代の大阪（現在の大阪市中心部）には808以上の数の橋が架けられていた

③大阪で江戸幕府が直接管理していた公儀橋は全部で12しかなかった

④なにわの三大橋と呼ばれた橋はいずれも町人が生活や商売のために架けた町橋だった

解説　公儀橋とは幕府が経費負担して架設した橋をいう。

大川には天満橋・天神橋・難波橋の３橋、鯰江川には野田橋・備前島橋の２橋、寝屋川には京橋、平野川には鴫野橋、東横堀川には高麗橋・本町橋・農人橋の３橋、長堀川には長堀橋、道頓堀川には日本橋、これら12橋が公儀橋である。

一方、公儀橋以外の橋が町橋で、有力な商人や橋近隣の町が支出する費用によって管理が行われていた。

『日本書紀』に最初に登場する橋は仁徳14年11月条の「猪甘津に橋わたす。（略）号（なづ）けて小橋という」の記述である。

大阪の橋の多さを「八百八橋」と表現するが、実際に808の橋があったのではない。天保年間（1830〜1844）の記録によれば当時の橋は205か所であった。

なにわの三大橋は大川に架かる天満橋・天神橋・難波橋で、いずれも公儀橋である。

▶第４回２級　正答率59%　　【正解】③

問題　右の図絵は、江戸時代に架けられた四ツ橋の様子が描かれたものです。４本の橋が、川の交差点に架けられていますが、交差する二つの川の名称として正しい組み合わせはどれでしょう？

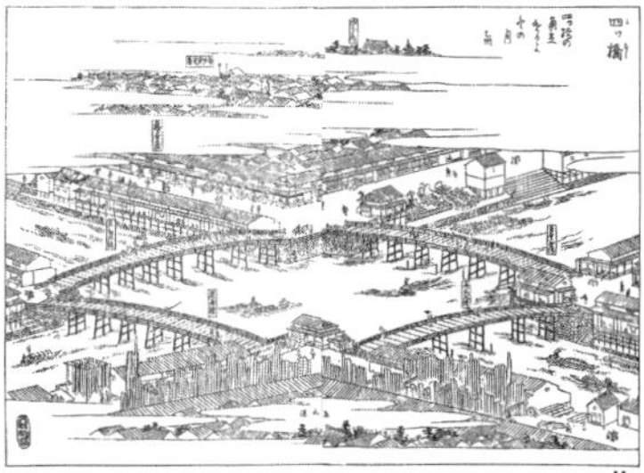

⇨北

①西横堀川　―　長堀川
②西横堀川　―　道頓堀川
③木津川　　―　長堀川
④木津川　　―　道頓堀川

解説　これは『摂津名所図会』の四ツ橋の場面。右下が北なので、

昭和初期の四ツ橋（『大大阪橋梁選集３』）

右下～左中は南北方向となり西横堀川。左下～右中は東西方向となり長堀川。交差部分に４つの橋が架けられていた。西横堀川の北側の橋は上繋(かみつなぎ)橋、南側の橋は下繋(しもつなぎ)橋。長堀川の東側の橋は炭屋橋、西側の橋は吉野屋橋である。

四ツ橋は明治以降も木橋のままであったが、1927年（昭和２）大阪市の第一次都市計画事業によってアーチコンクリート橋に架け替えられた。

西横堀川、長堀川とも昭和30～40年代に埋め立てられ、四ツ橋は姿を消した。

▶第６回３級　正答率51％　　　　【正解】①西横堀川 ― 長堀川

問題　豊臣秀吉の時代から1630年代頃までに、東横堀、西横堀、天満堀、道頓堀、阿波堀、京町堀、江戸堀、長堀などが次々と開削されました。堀川の開削や土地開発にあたったのは有力な町民でしたが、次のうち長堀の開削に中心的に携わったとされる人物とは誰でしょう？

①河村瑞賢　②安井道頓　③淀屋辰五郎　④岡田心斎

解説　長堀川は松屋町の末吉橋の南で東横堀川から分岐して、船場、島之内の境となって西に流れる。四ツ橋で西横堀川につながる。1622年（元和８）、京伏見から来た三栖清兵衛・池田屋次郎兵衛・伊丹屋平右衛門・岡田心斎らが幕命によって開削した。特に功績のあった岡田心斎は、長堀川の南側に土地をもらい、屋敷を建てる。私邸の前の長堀川に私費で架けた橋が初代の心斎橋である。心斎の家業は鼈甲(べっこう)屋で、1639年（寛永16）に65歳で没した。

河村瑞賢（1618～1699）は江戸前期の商人であり土木家。地理・土木の術に優れ、安治川・淀川・中津川の治水工事を行う。また、東廻り・西廻り航路を完成させた。

安井道頓（1533～1615）は安土桃山時代の土木家。豊臣秀吉に仕え、大坂城の築城や堀割の開削に貢献した。

淀屋辰五郎（広当）は元禄時代（1688～1704）の大阪の豪商。

豪奢を極め、1705年（宝永２）に財産没収、追放処分を受けた。

▶第３回２級　正答率43%　　【正解】④岡田心斎

問題　江戸時代、大阪は年貢米や特産物などをはじめ、全国の物資の集散市場となりました。当時、大阪と日本海側地域を結んでいた航路は何と呼ばれていたでしょう？

①東廻り航路　②西廻り航路
③内廻り航路　④外廻り航路

解説　江戸時代には、地方から江戸・大阪への物資の集散は主として海運によって担われていた。日本海沿岸の物資を運ぶためには２つのルートがあり、ひとつが西へ向かって関門海峡・瀬戸内海を経て大阪、さらに江戸へ至る西廻り航路で、いまひとつが津軽海峡から太平洋を南下して江戸に至る東廻り航路であった。

17世紀後半に幕府の命を受けた河村瑞賢は、幕府領の年貢米を江戸へ輸送するため、安全性の高いルートとして西廻り航路を開発し、寄港地を設定して入港税を免除するなどの方策を取った。これにより幕府や諸藩による年貢米輸送の安全性や利便性が増すとともに、諸藩の蔵屋敷が置かれた大阪への物資の集散が進展した。

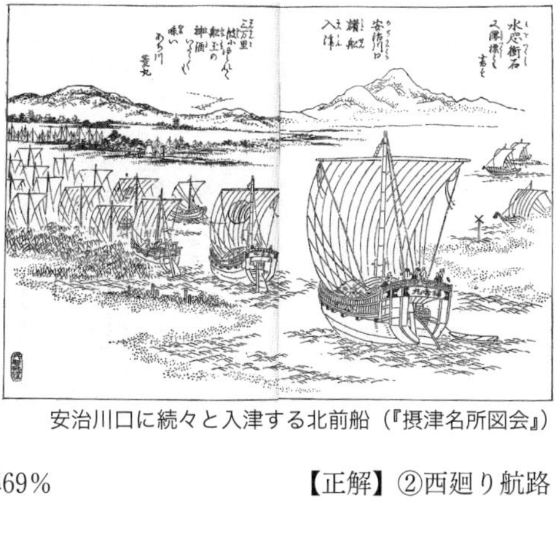

安治川口に続々と入津する北前船（『摂津名所図会』）

のちに、蝦夷地（北海道）と大阪とを結ぶ北前船が往来し、昆布・ニシンなどの海産物を大阪へ運んだ。

▶第１回３級　正答率69%　　【正解】②西廻り航路

社会

問題　江戸時代、菱垣廻船とならんで大阪から江戸に輸送するための重要な貨物船であり、腐敗しやすい酒などを中心に輸送した船は次のうちどれでしょう？

①樽廻船　②北前船　③剣先船　④茶船

解説　江戸時代に灘や伊丹、池田などで生産された酒を、大阪や西宮から江戸へ運ぶ酒専用船を樽廻船という。もともと酒樽は菱垣廻船に木綿や油、酢・醤油などと一緒に積み込まれていた。1627年（寛永４）、大阪に廻船問屋ができ、上方から江戸へ盛んに「下りもの」が運ばれた。寛文年間（1661〜1673年）に駿河の廻船を借り、伊丹の酒を主にして、酢・醤油・塗物・紙・木綿なども積み、江戸へ運んだのが樽廻船のはじまりとされる。本格的に酒専用の廻船が出現するのは享保（1716〜1736）末年の頃からである。

北前船とは江戸時代に北国地方の廻船に対する上方での呼び名。大阪から瀬戸内海、関門海峡を経て、日本海沿岸諸港を往来した。

剣先船は江戸時代に大和川水系で荷物運送にあたった川船。1690年（元禄３）の定めによれば、全長58尺、幅6.2尺、深さ1.4尺、２人で運航された。

茶船とは江戸時代の港湾で大型廻船の積み荷の陸揚げや、積み込み、積み下ろしを専門に行った船。港湾や河川で飲食物を売りまわる船も茶船とよばれた。

廻船の船卸しの様子（『摂津名所図会』）

▶第２回２級　正答率83％　【正解】①樽廻船

問題　江戸時代、現在の大阪市北区中之島には、諸藩の物資売買の拠点であり倉庫として、ある施設が立ち並んでいました。その施設とは何でしょう？
①寺　②神社　③蔵屋敷　④藩校

解説　蔵屋敷は、大名などが年貢米（蔵米）や特産物（蔵物）を売りさばくために設けた屋敷で、大阪をはじめ江戸・長崎などに置かれていた。大阪の場合、物資の出納にあたる蔵元は、寛文年間（1661〜1673年）以降から町人に任されることが多くなった。有力な町人蔵元には、鴻池や天王寺屋の一族があった。

1703年（元禄16）には95か所が設置され、天保年間（1830〜1844年）には124か所にのぼった。これらの多くは、中之島や堂島、土佐堀川南岸などに立地しており、中之島にあった広島藩・久留米藩などの蔵屋敷は、船入を設けて輸送の便をはかっていた。

蔵屋敷は蔵米などを売却するほかに、参勤交代時の藩主の宿泊所となったり、藩士と大阪町人・文人らの文化的交流の場にもなるなど、多様な役割を果たしていた。

藩校は、江戸時代に諸藩が設置した教育機関である。

蔵屋敷に運び込まれる米俵（『摂津名所図会』）

▶第１回３級　正答率96％　【正解】③蔵屋敷

問題　17世紀末から18世紀の初め、大阪では町人文化が大きく発展しました。井原西鶴などがこの時期の代表的な人物ですが、この時期の文化を何というでしょう？
①桃山文化　②寛永文化　③元禄文化　④化政文化

解説　江戸時代中期、元禄時代（1688〜1704）には各藩の蔵屋敷を介して商品流通が拡大し、経済活動が大きく発展した。このような社会的状況を背景にして、京・大阪などの上方を中心に新たな文化が興った。

それ以前の文化は、天皇を頂点とする公家層や僧侶、武家が中心であったが、新たな元禄文化は、経済活動を担った裕福な町人層が中心となった。貨幣商品経済の発展と封建制度の枠組みのもとで、町人的な感情と合理意識が表れていることが特色である。

▶第６回３級　正答率87％　　　　【正解】③元禄文化

問題　次の図は江戸時代に刊行された摂津国の通俗地誌である『摂津名所図会（ずえ）』の一部です。堂島にあった市場を紹介しているものはどれでしょう？

①

②

③

④

解説　堂島の米市場（図③）、天満の青物市場（図④）、雑喉場の魚市場（図①）は江戸時代、大阪の三大市場と称された。米市はもと淀屋橋の南詰、淀屋の門前で開かれ、北浜の米市と呼ばれて

いたが、1697年（元禄10）堂島へ移され、さらに1730年（享保15）に幕府から許可を得て堂島米市場が成立した。青物市場は、もと大坂（石山）本願寺の門前にあったが、その後位置は転々として、1653年（承応２）に天満へ移ってきたという。また雑喉場はもと鷺島と言ったが、雑魚を商う者が多くなりこの地名となったといい、さらに1679年（延宝７）に生魚商人が上魚屋町から移住しきて魚市場が成立した。なお、米市場は米穀取引所を経て1939年（昭和14）に、また青物市場と魚市場は1931年（昭和６）に大阪市中央卸売市場が成立したのを機に廃止された。なお図②は八軒家浜。

▶第４回３級　正答率65％　【正解】③

問題　以下の簡略地図には、江戸時代の大阪の三大市場と現在の大阪市中央卸売市場本場（おろしうりしじょうほんじょう）の位置を記しています。このうち江戸時代に魚市場があった場所はどこでしょう？

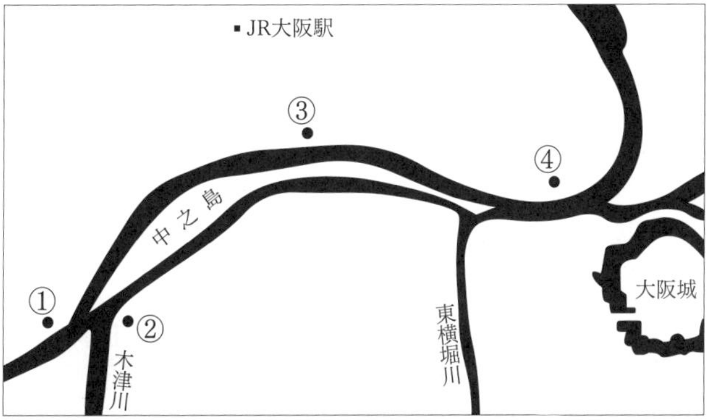

解説　江戸時代、大阪に置かれた三大市場とは、天満青物市場・雑喉場魚市場・堂島米市場を指す。

雑喉場魚市場は、百間堀川に沿った西船場西端の鷺島に設けられた卸売市場である。地点②の位置にあたる。生魚（鮮魚）を扱い、川魚や塩干魚は他の市場で取引された。

天満青物市場は青果物の卸売市場で、大川北岸の天神橋上流に設けられた。その起源は古く、大坂（石山）本願寺の門前市といわれ、大川右岸の地点④に移ったのは1653年（承応２）とされる。

この二つの市場は、1931年（昭和６）開設の大阪市中央卸売市場（地点①）に吸収された。

堂島に置かれた堂島米市場（地点③）は、諸藩の蔵屋敷が発行した米切手を売買する場所である。明治初期にいったん閉鎖されたが再興され、1893年（明治26）、大阪堂島米穀取引所と改称された。

▶第３回３級　正答率48%　　【正解】②

問題　江戸時代初期に中之島や北浜界隈を開発し、幕府から魚市、青物市、米市を開く特権を得た豪商で、生活の贅沢ぶりが目に余るとして財産没収処分となった豪商はどれでしょう？

①鴻池屋　②越後屋　③淀屋　④杵屋

解説　江戸時代の大阪の豪商には、鴻池新田を開発した鴻池家や、銅吹所を経営した住友家などがあるが、米市を立てて豪奢な生活により処分されたのは淀屋である。

淀屋は姓を岡本といい、初代常安は北浜に住み材木商を営んでいた。大坂の陣では徳川方につき、その後、中之島の開発を手掛けた。現在、土佐堀川に架かる常安橋や北区の常安町にその名を残す。

淀屋の屋敷跡碑

二代目の言当（个庵（こあん））は葭島新地の開発を行い、中国産生糸の輸入についての特権を獲得した。また、蔵元として諸藩の廻米を扱い、淀屋の店先には米市が立つようになった。これが堂島米市につながるものである。四代目の重当の頃には、ガラス張りの天井に水を入れて金魚を泳がすような放蕩な暮らしぶりもみられた。五代目・広当（辰五郎）の時、町人の分を過ぎた振る舞いとして闕所（けっしょ）（財産没収）、追放された。この顚末は近松門左衛門「淀鯉出世滝徳（よどごいしゅっせのたきのぼり）」などの題材となった。

▶第５回３級　正答率65％　【正解】③淀屋

問題　江戸時代の大阪は、商業とともに工業も発展していたことで知られています。ある金属の精錬は、当時ほとんど大阪で行われており、現在の大阪市中央区島之内にあった精錬工場は、日本最大の生産量を誇りました。この工場で精錬されていた金属は何でしょう？

①銅　②鉛　③錫　④銀

解説　江戸時代の大阪には泉屋（住友家）をはじめとし、大坂屋や平野屋などいくつかの銅吹屋（銅精錬業者）がいた。このうち最大だったのが泉屋であった。

泉屋は1623年（元和９）に内淡路町に銅吹所を開設し、1636年（寛永13）に長堀川に面した鰻谷に移転した。1690年（元禄３）には本店・居宅も移転し、明治に至った。1876年（明治９）に銅吹所は閉鎖されたが、跡地は住友家の本邸となった。

近年の発掘調査によって約80基の炉跡や銅の地金、坩堝（るつぼ）などが発見された。

▶第５回２級　正答率52％　【正解】①銅

問題　江戸時代中期以降、大阪では財力を蓄えた町人が学問を探究し、町人学者として文化の向上に寄与しました。現在の大阪市西区北堀江で酒造業を営みながら、多くの文人墨客が集まる文芸の一大サロンを築いた人物は誰でしょう？

①木村蒹葭堂　②近松門左衛門

③上田秋成　　④井原西鶴

解説　江戸期には珍しい笑顔の肖像画（谷文晁筆、国重要文化財、大阪府教育委員会蔵）の人物は、木村蒹葭堂（1736～1802）である。通称を坪井屋吉右衛門と言い、父の代から大阪の北堀江瓶橋北詰（現・大阪市西区）で、造り酒屋を営む町人であった。酒造業のかたわら、本草家、博物学者として、また詩文、書画、煎茶などをたしなむ文人として、諸国にその名を知られる有名人であった。彼の知識や所蔵する膨大なコレクションを目指し、大阪は言うに及ばず遠国からも多くの文化人が蒹葭堂を訪問した。『蒹葭堂日記』は、彼の交友関係がいかに広いものであったかを示すものとして注目されているが、「なにわの知の巨人」と呼ぶにふさわしい大阪を代表する文化人であった。

▶第11回初級　正答率36％　　【正解】①木村蒹葭堂

問題　大阪市天王寺区にある浄国寺には、江戸・吉原の高尾、京・島原の吉野と並び、天下の三大名妓と呼ばれた、大阪・新町のある太夫の墓があります。1678年（延宝６年）に25歳の若さで早逝したと伝えられ、井原西鶴の『好色一代男』にも登場するこの太夫は誰でしょう？

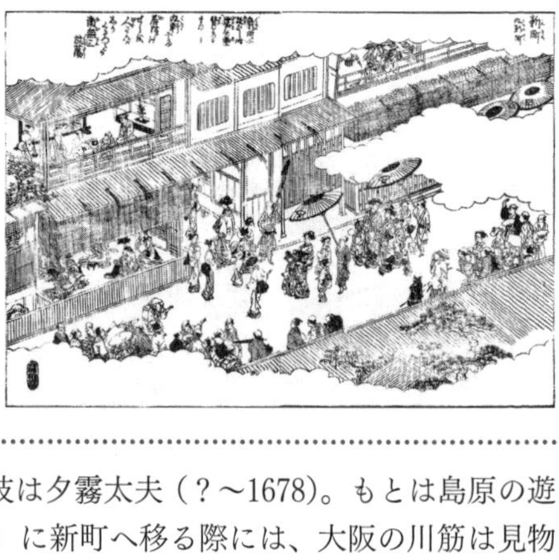

①夕霧太夫
②花扇太夫
③猿丸太夫
④松山太夫

解説　大阪・新町の名妓は夕霧太夫（？～1678)。もとは島原の遊女で、1672年（寛文12）に新町へ移る際には、大阪の川筋は見物で賑わった。全盛のなか病気となり、1678年（延宝６）正月に没した。評判の美人、聡明、諸芸に通じ、立ち居振る舞いはしとやかで、井原西鶴は「神代このかた、又類ひなき御傾城の鏡」（『好色一代男』巻六）と記す。数々の歌舞伎、浄瑠璃に脚色される人物である。

新町の太夫道中
（『摂津名所図会』。部分拡大）

松山太夫は新町の遊女で、松山を溺愛して家産を傾け、発狂、放浪の末に水死したという堺筋の豪商・椀屋久右衛門を劇化した椀久物の歌舞伎・舞踊・浄瑠璃に登場する。花扇太夫は現代の京都島原の太夫。猿丸大夫（太夫）は平安時代の三十六歌仙の一人。

▶第6回1級　正答率86％　【正解】①夕霧太夫

問題　江戸時代は、火消しの技術が未発達で、大火は都市に甚大な被害を与えました。次のうち、「大坂三度の大火」の一つに数えられ、南堀江から出火し、船場、島之内、天満、上町にかけて市中の約3分の2を焼失させた1724年（享保9年）の大火を何と呼ぶでしょう？

①妙知焼　②振袖焼　③新町橋焼　④清水焼

解説　1724年（享保9）3月21日大阪市中で起こった大火は、火元が南堀江橘通3丁目の金屋治兵衛の祖母妙知尼の家であったことから妙知焼と呼ばれている。南西からの強風に煽られ、市中の北方、東方に燃え広がった。当時の大阪市中は605町、家は1万7654軒であったが、このうち408町、1万1765軒が焼失したという。市中の3分の2が焼けたことになる。さらに、周辺農村部へも飛び火し、363軒の農家が焼けたという。

▶第6回2級　正答率37％　【正解】①妙知焼

社会

問題　江戸時代後期の儒学者広瀬旭荘は、当時の大阪の繁栄ぶりを次のように表しました。（　　　）に当てはまる言葉の組み合わせはどれでしょう？

天下の貨（　A　）は浪華にあり、浪華の貨（　A　）は（　B　）にあり

（A）		（B）	（A）		（B）
①七分	—	商家	③七分	—	舟中
②すべて	—	商家	④すべて	—	舟中

解説　広瀬旭荘（きょくそう）（1807～1863）は豊後国（大分県）に生まれた江戸時代後期の儒者。1836年（天保７）29歳の時、大阪で塾を開き、その後一時江戸へ出るも、1846年（弘化３）に大阪に戻る。

大阪時代の書『九桂草堂随筆（きゅうけいそうどうずいひつ）』（1855～1857年）の一節に「人云フ、天下ノ貨七分ハ浪華ニアリ、浪華ノ貨七分ハ舟中ニアリ」と記している。日本国内の富の７割が大阪にあって、しかもその内の７割は大阪に物資を運んでくる舟の中にあるという意味。

▶第６回２級　正答率58%　　【正解】③七分 — 舟中

問題　玉出の滝で知られる清水寺のそばにあった有名な料亭で、江戸時代には大阪商人が商売の接待にも使ったこの店は、大小さまざまな貝殻を盃にして有名になりました。何という料亭だったでしょう？

①八百善　②浜作　③浮瀬　④つる家

解説　天王寺七坂のうち清水坂にあったのが浮瀬（うかむせ）（現在の天王寺区伶人町の大阪星光学院構内）で、俳諧の松尾芭蕉や与謝蕪村をはじめ、大田南畝や滝沢馬琴など錚々たる文化人が訪れた名代の料亭である。江戸時代の観光ガイドである『摂津名所図会』や『浪華の賑ひ』にも掲載されるほか、『東海道中膝栗毛』にも登場する大阪屈指の有名店であった。

はじめは「晴々亭」と呼ばれたが、あわび貝でつくった「浮かぶ瀬」という大盃（7合5勺）をはじめとする奇盃が有名となり料亭名になったと言われる。

▶第3回1級　正答率72％　　【正解】③浮瀬

問題　右の錦絵は、江戸時代に安治川の浚渫（しゅんせつ）によってできた山で、当時は遊興地として整備され、大阪随一の新名所といわれました。この山の名を何というでしょう？

①茶臼山　　②昭和山
③真田山　　④天保山

解説　天保山は天保年間（1830〜1844）に築かれた人工の山。その当時、安治川は重要な水上交通路であったが、上流から流れ来る土砂の堆積によって水深が浅くなり、船運に支障をきたしていた。そのため、しばしば川浚えが行われた。特に1831年（天保2）の川浚えは大規模なもので、川浚えの労働は各町内に割り当てられた。町内の人々は揃いの半纏に股引を着け、大幟を先頭に太鼓や鉦（かね）を叩いて気勢をあげ川浚えに参加した。1日に2000人近い人々が奉仕したという。

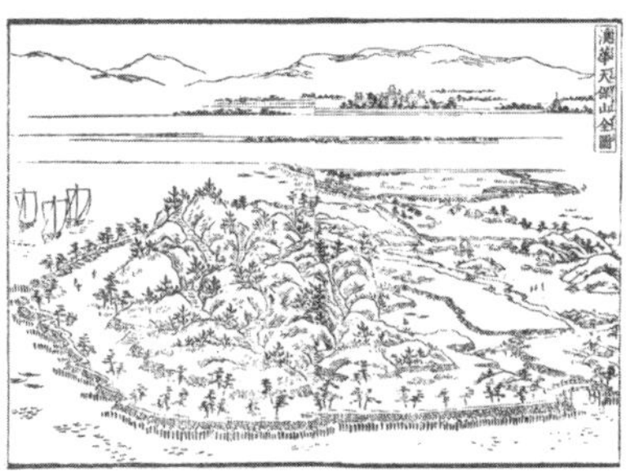

浪華天保山全図（『天保山名所図会』）

浚えた土砂は八幡屋新田に積み上げられ、高さ18m、周囲182mの小山となり、天保山と呼ばれた。後には樹木も茂り名所となった。

▶第6回3級　正答率83％　　【正解】④天保山

問題　江戸時代後期、大阪では豪商による物資の買い占めに反対し、国訴と呼ばれる請願運動が発生していました。そうした中、1837年（天保８年）に東町奉行所の組与力だった人物が門下とともに挙兵しました。この事件を何というでしょう？

①生田万の乱　②大塩平八郎の乱
③壬申の乱　④大逆事件

解説　大塩平八郎（1793～1837）は、江戸時代後期に大坂町奉行所の与力を務める。

1836年（天保７）の大飢饉の際には、大阪市中でも餓死者が続出する惨状であったが、大坂町奉行所は適切な対応をしなかった。大塩は町奉行に何度か救済策を上申したが受け入れられず、ついに1837年（天保８）２月19日、挙兵した（大塩平八郎の乱）。計画は事前に発覚しており、半日で鎮圧され、大塩は自害した。

▶第６回３級　正答率91％　【正解】②大塩平八郎の乱

問題　江戸時代後期、大阪で武装蜂起した元大阪東町奉行所の与力、大塩平八郎は陽明学者としても高名で、現在の大阪市北区天満の造幣局付近に私塾があったとされています。この大塩平八郎の私塾はどれでしょう？

①青山社　②懐徳堂　③洗心洞　④南明堂

解説　大塩平八郎は江戸時代後期の大坂町奉行所与力で儒学者。大阪天満に生まれ、幼くして両親を亡くした。13～14歳の頃から東町奉行所に与力見習いとしてつとめ、38歳で退職するまでの間、精励し、名与力の評判であった。

幕吏として励むかたわら、学問、特に陽明学を修め、学者としても広く知られた。早くから自宅に学塾「洗心洞」を開き、同僚の子弟や近在の富農層に学問を講じていた。

洗心洞は北区天満にあり、跡地は造幣局の官舎となっている。

洗心洞は玄関を上がって右手が塾、左手が講堂、その後ろが書斎であった。入塾にあたっては8か条の誓約をとり、少年には復習10回、読書10回、書写、詩誦、疑問を正すことを課した。

青山社は、頼山陽（1780～1832）の父、頼春水（1746～1816）の私塾で、山陽はここ（現・西区江戸堀）で生まれた。

懐徳堂は1726年（享保11）に中井甃庵が同志と開いた学問所。

南明堂は1719年（享保4）に京都の医師・行田義斎が中宮村（枚方市）に開いた私塾で、153年間続いた。

▶第2回2級　正答率39%　【正解】③洗心洞

問題　現在の大阪市中央区北浜には、かつて福沢諭吉や大村益次郎など幕末や明治維新期に活躍した人材を数多く輩出した蘭学塾の跡が下の写真の通り残っています。1838年（天保9年）に緒方洪庵によって開設され、後の大阪大学医学部の源流となったこの塾の名称は何でしょう？

①大阪塾
②適塾
③心学明誠舎
④関塾

解説　備中国足守（現・岡山市）に生まれた蘭方医・緒方洪庵は、北船場の過書町（現・大阪市中央区北浜）に適々斎塾を開いた。適塾の略称で知られる蘭学塾である。建物は国の重要文化財に指定されており、1階には土間や玄関の間のほか教室が2室あり、2階には塾生の寝室や、蘭和辞書「ズーフ・ハルマ」を備えたズーフ部屋などがあった。

心学明誠舎は、石田梅岩による石門心学の塾である。関塾は学習塾チェーン。

▶第6回3級　正答率78%　【正解】②適塾

問題　1868年（慶応４年）、堺の警備にあたっていたある藩の兵が、上陸しようとしたフランス兵を死傷させる堺事件が起こりました（写真は南海本線堺駅付近にある堺事件を伝える碑）。そのかどで、警備を務めたその藩の兵士11名が、妙国寺の境内で死刑（切腹）に処されました。切腹を命じられたのはどこの藩の兵士だったでしょう？

①薩摩藩　　②長州藩
③土佐藩　　④肥前藩

解説　1868年（慶応４）２月15日、堺の警備にあたっていた土佐藩士とフランス軍艦デュプレー号の水兵とが衝突した攘夷事件を堺事件と呼ぶ。軍艦から上陸した水兵らに土佐藩士が発砲し、11名を殺害した。事件は国際問題となり、フランス公使ロッシュは、藩士の処罰と賠償金15万ドルなどを要求した。政府はフランス側の要求を受け入れ、２月23日、妙国寺（堺市堺区）で藩士の切腹を行った。要求は20名であったが、六番隊長・箕浦猪之吉や八番隊長・西村佐平次ら11名が終えたところで中止された。残り９名は助命され、土佐へ流された。切腹した藩士らは宝珠院に葬られ、土佐十一烈士墓として現在は国史跡となっている。

土佐十一烈士墓標柱

▶第６回２級　正答率63％

【正解】③土佐藩

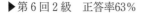

問題　1854年（安政元年）、ロシアのプチャーチンが突然、天保山沖に現れ、「大根をヲロシヤからみと皆人が、そば迄きたかとかけ

だしてゆく」という落首に歌われるほど、大騒ぎとなりました。その後、プチャーチンは下田に回航し、日露和親条約を結ぶこととなりますが、この船の名称は何でしょう？

①ディアナ号　　②サスケハナ号
③エルトゥールル号　　④エカテリーナII世号

解説　幕末の日本には開国を求める外国船が押し寄せ、1853年（嘉永6）のペリー来航は日米和親条約の締結につながっていった。ロシア船も、1793年（寛政5）以来、しばしば来航していたが、1854年（嘉永7）8月、箱館に寄港し、大阪に向かう旨を通知した。この船がディアナ号で、60門ともそれ以上ともいわれる大砲を備えたフリゲート艦であった。

9月18日、大阪の天保山沖に碇泊したので、大坂城代や町奉行らは警備を固めた。しかし、ディアナ号乗組員らはボートで安治川を遡行し、書簡を渡そうとするなど交渉を求めた。城代らは江戸に対応をうかがい、9月26日、幕府からの回答が到着した。3日後に申し渡された内容は、大阪は外交交渉の場ではないから下田港へ向かうようにというものであった。

ディアナ号は下田へ赴いたが、到着後、安政の大地震による津波に遭遇して大破、沈没した。

その後まもなく、日露和親条約が締結されることになる。

▶第5回2級　正答率35%　　　　【正解】①ディアナ号

問題　右の写真は「大地震両川口津浪記石碑」です。この石碑には1854年（安政元年）に発生した地震と津波によって犠牲となった人々の慰霊と、後世への警鐘について記されています。この石碑は、大阪市内のある橋の近くに置かれていますが、その橋はどれでしょう？

①水晶橋　　②松島橋

③大正橋　　④堂島大橋

解説　大地震両川口津浪記石碑は大阪市浪速区幸町３丁目、大正橋の東橋詰に立つ。この碑は1854年（安政元）11月４日・５日に発生した地震と、この地震による津波によって犠牲となった人々への慰霊と後世の人々への戒めが刻まれている。地震の起こった翌年の1855年（安政２）７月に長堀茂左衛門町の森氏が発起人となり、長堀茂左衛門町の家中と石碑が立つ幸町の人々が協力して建立したものである。碑文の内容は、地震の直後に余震を恐れた人々は船で避難する者もいた。翌５日にさらに強い地震があり、津波が起こり大きな被害があった。148年前の1707年（宝永４）にも大地震があり津波による大きな被害があった。地震が起これば津波が発生するということを忘れてしまっていた。今後はこのようなことを忘れないよう、後世に語り継いでほしいと結んでいる。2006年度に大阪市指定文化財（歴史資料）に指定された。

▶第４回２級　正答率47％　　【正解】③大正橋

問題　1871年（明治４年)、明治政府の官営工場として設置され、当初は硫酸、ソーダ、コークスなどを製造し、近代化学工業の起点ともなったと言われている施設はどこでしょう？

①大阪砲兵工廠　　②造幣寮（造幣局)

③大阪金属工業所　　④大阪工具製作所

解説　明治初期、富国強兵をめざす政府が大阪に置いた官営工場に、大阪砲兵工廠と造幣寮がある。砲兵工廠（設置時の名称は造兵司）は1870年（明治３）に、造幣寮（のちの造幣局）は1871年（明治４）に開業した。この２つの工場から民間に展開した人材と技術が、大阪の近代工業を大成させた。

造幣寮は、開業にあたってイギリスの技術を導入することとし、香港より英国人技師キンドル（造幣首長）らを招いて、工場の建設や機械の輸入を行った。建物の設計は、英国人技師ウォートル

造幣局（『浪花名勝』）

スが行った。このうち現存するものとして、貨幣鋳造所正面玄関や、応接所であった泉布観（せんぷかん）（いずれも国重要文化財）がある。

造幣寮は、貨幣の製造に必要な硫酸を内部で製造し、のちにソーダの製造も行った。これらの技術は、のちに大阪における民間の化学工業の基礎をつくることになった。

▶第１回２級　正答率36％　　　　【正解】②造幣寮（造幣局）

問題　1869年（明治２年）、オランダ人のハラタマ博士らを招聘し、日本で初めての理化学校「舎密局」が開設されました。現在、大阪市中央区大手前には右の写真の碑が立てられています。オランダ語で理・化学を意味する言葉から命名されましたが、「舎密局」の正しい読み方はどれでしょう？

①しゃみつきょく　②さみつきょく
③けみきょく　④せいみきょく

解説　1869年（明治２）、維新の混乱が続く東京を避けて、大阪に医学校と理化学校が開かれることになった。理化学校は大阪城の大手前（現・大阪市中央区大手前）に開校し、舎密局（せいみきょく）と呼ばれた。「舎密」の語は、オランダ語で化学を意味するchemieに由来する。

教頭には、オランダ人の軍医で、ユトレヒト大学で化学や医学を修めたクーンラート・W・ハラタマが着任した。文明開化に不可欠な学問として、ハラタマがオランダから取り寄せた実験器具を用いた教育が行われた。翌年、名称を理学校と改め、さらに大阪開成所と改称されたが、1872年（明治５）に閉校した。跡地には、大阪司薬場が設けられた。舎密局は、日本における理化学教育の嚆矢であり、第三高等学校（後の京都大学）の起源にもなっている。現在、大阪府警本部西側の樟の大樹のもとに、跡地碑とハラタマ像が建立されている。

▶第５回２級　正答率40％　【正解】④せいみきょく

問題　右の写真は、大阪市中央区法円坂に立てられているある人物の殉難報国之碑です。長州藩出身のこの人物は、医師・兵学者であり、日本の近代軍制の基礎をつくり上げました。適塾の塾頭を務めたこともあるこの人物は誰でしょう？

①木戸孝允　②大村益次郎
③高杉晋作　④久坂玄瑞

解説　大村益次郎（1824～1869）は、周防国の村医の子として生まれ、初め村田良庵、蔵六と称した。1846年（弘化３）、大阪に出て適塾に学んだ。長崎遊学後、再び適塾に戻って塾頭を務めるなど才能を示した。1853年（嘉永６）、伊予の宇和島藩に仕え、兵学書の翻訳や軍艦製造などに従事した。1856年（安政３）、江戸にのぼり、私塾・鳩居堂を開いて蘭学や兵学を講義しながら、蕃書調所教授方手伝、講武所教授として幕府に出仕した。

1860年（万延元）、長州藩に雇用され、蘭学教育や軍制改革に当たった。四国艦隊下関砲撃事件（1864年）の後には、語学力を生かして和平交渉の任に就いた。長州征討や戊辰戦争でも藩の軍政の中心的存在となり、明治維新後は新政府で兵部大輔を務めるなど、陸軍の近代化を主導した。1869年（明治２）、京都で浪士に襲撃され、大阪仮病院に運ばれたが、手術の甲斐なく没した。

▶第５回２級　正答率67％　　　　【正解】②大村益次郎

問題　大阪城築城にあたり、豊臣秀吉は天皇と朝廷に大阪へ移るよう要請したものの実現には至りませんでした。明治維新の際、同様に大阪へ首都を移すことを提案した人物は誰でしょう？

①岩倉具視　②伊藤博文　③西郷隆盛　④大久保利通

解説　明治維新の際、大阪に首都を移そうという提案を大阪遷都論と呼んでいる。提唱者は、薩摩出身の大久保利通であった。

大久保は、1868年（慶応４）１月、総裁・有栖川宮熾仁（たるひと）親王に対し、天皇の大阪行幸を行い、そのまま行在所を大阪にとどめて「朝廷之旧弊」を一新すべきだとする提言を行った。さらに、大阪に遷都を求める建白書を太政官の会議に提出した。そこでは、外交や富国強兵、軍事などの観点から「遷都之地は浪華に如（し）くべからず」と述べている。この意見に対し、木戸孝允や伊達宗城らは賛意を表明したが、京都にいる公家の多くは反対を唱え、対立の様相を帯びた。三条実美らは事態の収拾をはかるべく、天皇の大阪親征（行幸）を提案した。親征は３月21日から実施され、天皇は１か月半にわたり大阪にとどまったが、それに先立って大阪遷都論は否定された。

提案からわずか２か月で大阪が首都になる夢はついえ、政治的地位の低下を招いたのであった。

▶第２回１級　正答率57％　　　　【正解】④大久保利通

問題　明治期の大阪の経済界で重要な役割を果たした人物の一人が五代友厚でした。五代友厚について正しく述べているものは次のうちどれでしょう？

①長州藩士の子に生まれ、若くして欧州各地を視察した
②明治維新後は新政府役人として東京に在勤していた
③堂島米商会所、大阪株式取引所などの経済機構をつくりあげ

た
④大阪商法会議所の第二代会頭となって、大阪経済再生に取り組んだ

解説　明治時代、大阪の経済界で活躍した五代友厚（1835～1885）の銅像は、大阪商工会議所、大阪取引所、鹿児島市の泉公園などに建てられている。それほどに両市では著名な人物である。

五代は薩摩藩の儒官の家に生まれ、幼名を才助といった。藩の郡方書役になった後、長崎に遊学して航海術などを学んだ。1865年（慶応元）には藩命を受けてイギリスやフランスなどヨーロッパを歴訪し、フランス商社と兵器・機械類輸入の契約を結んだ。

帰国後、新政府の外国事務掛、外国事務所判事となって大阪に赴任し、造幣寮（現・造幣局）、通商会社、為替会社、金銀分析所、大阪活版所などの設立に尽力した。官を辞して、大阪を拠点に実業界に身を投じた。弘成館を創立して各地で鉱山開発を行い、製藍工場である朝陽館を開いた。また、藤田伝三郎らと大阪商法会議所（現・大阪商工会議所）を設立して初代会頭に就任したのは、1878年（明治11）のことである。他にも、大阪株式取引所（現・大阪取引所）、大阪商業講習所（現・大阪市立大学）などの設置を主導して商工業の近代化を推進した。

▶第3回2級　正答率71％　　【正解】③

問題　五代友厚は、その功績の大きさから大阪市内各地に像が立てられていますが、次の肖像写真のうち五代友厚はどれでしょう？

①

②

③

④

解説　正解は④で、五代友厚の肖像写真としては最も著名なもの。①は大久保利通、②は岩崎弥太郎、③は藤田伝三郎で、３人とも大阪の政財界に深い関係がある人物。

▶第11回初級　正答率58％　【正解】④

問題　五代友厚は、1885年（明治18年）に東京で亡くなりましたが、葬儀は本人の希望で大阪で行われました。その情景は伊集院静の小説『琥珀の夢 小説鳥井信治郎』にも描かれています。五代の墓がある大阪市の区はどこでしょう？

①淀川区　②中央区　③西区　④阿倍野区

解説　1885年（明治18）、東京で病没した五代友厚は大阪に運ばれ、中之島の自邸（現在の日本銀行大阪支店の場所）で葬儀が執り行われた。4000人を超える弔問客が葬列をなしたと言われ、その後、大阪市設南霊園（阿倍野墓地）に葬られた。現在も同霊園には、写真のようにひときわ背の高い墓石が佇んでいる。

▶第10回初級　正答率50％　【正解】④阿倍野区

問題　長州藩の出身で奇兵隊にも参加した後、大阪で阪堺鉄道や大阪商品取引所などの設立に関わり、大阪商法会議所の第２代会頭を務めた人物の邸宅跡が、大阪市都島区網島にあります。現在は大阪市公館、宴会・会議場、庭園、またその人物の名を冠した美術館などとして使われています。この人物は誰でしょう？

①稲畑勝太郎　②金森又一郎
③藤田伝三郎　④松本重太郎

解説　藤田伝三郎（1841～1912）は山口県出身。明治維新後、大阪へ出て藤田組を組織。関西財界の重鎮となる。邸宅跡地は戦後、公園となり、夏の蛍狩りで有名な宴会場の太閤園（2021年に営業終了）や、藤田の茶道具を中心としたコレクションを収蔵する藤田美術館、大阪市公館（2014年より結婚式場に）となっている。稲畑（いなばた）勝太郎は映画興行でも知られる稲畑産業株式会社の創業者。金森又一郎は近鉄の前身大阪電気軌道、参宮急行電鉄社長。松本重太郎は第百三十銀行頭取、南海鉄道社長。

▶第６回３級　正答率62%　　【正解】③藤田伝三郎

問題　鴻池家顧問や大阪電灯、日本生命、阪鶴鉄道、京阪電鉄、堂島米穀取引所など多数の企業・団体の設立や経営に携わった人物で、大阪商業会議所（現・大阪商工会議所）の第７代会頭を務めた写真の人物は誰でしょう？

①田中市兵衛
②磯野小右衛門
③浮田桂造
④土居通夫

解説　土居通夫（みちお）（1837～1917）は、明治・大正時代に大阪経済界をリードした実業家である。伊予国（現在の愛媛県）宇和島藩士の家に生まれ、藩校明倫館で学んだのち、1865年（慶応元）に脱藩、大阪に出る。鳥羽・伏見の戦いで糧米確保の功績が認められて、宇和島藩に復帰した。

　維新後の1869年（明治２）、大阪府権少参事に就く。1872年（明治５）には司法省に入り、大阪控訴裁判所判事など司法畑を歩んだ。1884年（明治17）、官職を辞し、鴻池家の顧問に就任。その後、大阪電灯会社社長をはじめ、電力、鉄道、紡績など幅広い業界にかかわった。1894年（明治27）には衆議院議員となり、翌年、大阪商業会議所の第七代会頭に就任した。

田中市兵衛、磯野小右衛門、浮田桂造は、いずれも明治時代の大阪の実業家で、大阪商業会議所の会頭を務めた人物。田中は第三代および五代、磯野は第四代、浮田は第六代会頭である。

▶第２回２級　正答率52％　　　　　　　　【正解】④土居通夫

問題　1882年（明治15年）に設立された大阪紡績の成功に刺激を受け、1887年（明治20年）以降には天満紡績、浪華紡績、平野紡績、金巾製織、摂津紡績、泉州紡績、尼崎紡績などが次々と設立されるなど、大阪は近代的な紡績産業が大きな発展を遂げました。日清戦争の頃には、こうした状況を称して、大阪は何と呼ばれていたでしょう？

①東洋のデトロイト　　②東洋のマンチェスター
③東洋のハンブルク　　④東洋のバーミンガム

解説　明治時代、大阪は日本の産業革命の中心地としてめざましく工業が発展した。

1882年（明治15）に渋沢栄一・藤田伝三郎・松本重太郎らによって大阪紡績が設立された。蒸気機関を動力とし、イギリス製の紡績機械を用いて昼夜二交替制で操業し、大規模な紡績会社として成功を収めた。これをうけて1887年（明治20）以降は、天満紡績などの紡績会社が相次いで設立され、国内の綿糸生産は急増し、1890年（明治23）には輸入綿糸を上回った。

紡績業を中心に大阪の工業は活況を呈し、日清戦争（1894〜

1895）の頃には「東洋のマンチェスター」と呼ばれるようになった。マンチェスターはイギリスの商工業都市である。

のち、1914年（大正３）には大阪紡績と三重紡績が合併し、1918年（大正７）には尼崎紡績と摂津紡績が合併して、日本を代表する紡績会社となった。

▶第１回３級　正答率92％　　【正解】②東洋のマンチェスター

問題　明治期の大阪は、繊維産業の興隆にともない、「東洋のマンチェスター」と呼ばれるようになりました。摂津紡績と尼崎紡績の合併により誕生した巨大紡績企業は鐘淵紡績、東洋紡績と共に三大紡と呼ばれていましたが、その企業の名称は何でしょう？

①大大阪紡績　　②亜細亜紡績
③大日本紡績　　④帝国紡績

解説　1918年（大正７）、摂津紡績と尼崎紡績が合併して誕生した会社は大日本紡績である。戦後は化学繊維の製造も行い、1964年（昭和39）にニチボーに改称。貝塚工場（ニチボー貝塚）の女子バレーボール部は強豪で「東洋の魔女」として一世を風靡した。1969年（昭和44）、日本レイヨンと合併し、ユニチカとなった。

▶第４回３級　正答率69％　　【正解】③大日本紡績

問題　大阪は、日本陸軍創設の地として位置づけられ、大阪市内には1871年（明治４年）に設けられた右の写真の日本最古の陸軍墓地があります。１万5000m²を超える敷地には、わが国の軍関係者、役務関係者のみならず、第一次世界大戦などによる他国の俘虜の病死者の墓碑も見

られます。この墓地がある場所は、どこでしょう？
①北霊園（北区）　②南霊園（阿倍野区）
③茶臼山　④真田山

解説　1871年（明治4）、旧帝国陸軍により設立された真田山陸軍墓地は、日本最大にして最古の陸軍軍人墓地。大村益次郎は大阪城周辺に多くの軍事施設を建設したが、そのひとつが真田山陸軍墓地である。

敷地面積1万5077m²、墓石数およそ5300基。墓石は将校を祀った巨大なものから集団で祀られている兵卒のものなどさまざま。

また多くは和泉砂岩でできており、近年碑面の剝落が問題になっている。戦死者だけでなく陸軍関係者や敵国として戦った俘虜も祀られている。

墓石の大半は日露戦争以前のものであり、日中戦争以降の戦死者数の激増により、1943年（昭和18）、仮忠霊堂が建設され、4万3000柱もの遺骨が納骨された。

▶第6回1級　正答率68%　【正解】④真田山

問題　大阪の開港とともに現在の大阪市西区川口界隈は、外国人居留地として定められ、街路樹や街灯、洋館が並ぶ西洋の街へと整備され賑わいました。キリスト教の宣教師もこの地に定住して布教活動を行い、その活動の一環として病院や学校を次々と設立しました。次のうち、川口の外国人居留地発祥でない学校はどれでしょう？
①桃山学院　②プール学院
③大阪信愛女学院　④大阪学院

解説　江戸幕府と英米など列強との間で、1867年（慶応3）、大阪と兵庫に外国人居留地を置くことが定められた。大阪では、安治川と木津川に挟まれた戎島（現・大阪市西区川口）の北端にその場所が設定され、翌年1月1日に大阪の開市が実施された。これが、川口居留地である。

川口居留地は26区画に分割されて競売が行われ、イギリス・アメリカ・プロシアなどの貿易商らが落札した。コロニアル様式の洋館などが建てられ、新大橋によって市街地と結ばれた。貿易商たちは、のちに神戸に移り住むものが多く、そのあとには英米の宣教師らが移住して、教会や学校が数多く建てられた。居留地ゆかりの学校には、平安女学院・プール学院・桃山学院・大阪女学院・大阪信愛女学院などがあり、聖バルナバ病院なども当地に端を発している。

川口居留地跡碑と川口基督教会（左奥）

大阪学院大学は、1940年（昭和15）に創設された関西簿記研究所にはじまる。

▶第２回１級　正答率70％　　【正解】④大阪学院

問題　1903年（明治36年）、天王寺と堺の大浜で国際的な博覧会が行われました。天王寺会場ではイルミネーションが登場し、大浜会場には水族館もつくられたこの博覧会の名称は何でしょう？

①第３回日本国内博覧会　②第４回日欧国際博覧会
③第５回内国勧業博覧会　④第６回日本産業博覧会

解説　殖産興業の一環として明治時代に開催された内国勧業博覧会は、第１回から第３回までが東京、第４回が京都で開催された。第５回は、1903年（明治36）３月から７月にかけて、大阪で開かれた。天王寺会場では、工業館、機械館、通運館、農業館などの展示館が建てられて、海外からの出展もあった。堺市の大浜会場には、本格的な水族館がつくられて話題を呼んだ。

終了後、天王寺会場の跡地は天王寺公園や、通天閣をシンボルとする新世界となった。

▶第６回３級　正答率67％　　【正解】③第５回内国勧業博覧会

問題　近代の大阪に関する以下の重要な出来事のうち、最も後に起こった出来事はどれでしょう？

①大阪商法会議所設立　　②大阪・堺に市制施行

③大阪―神戸間に鉄道開通　　④第５回内国勧業博覧会開催

解説　1874年（明治７）５月、大阪―神戸間に官営鉄道が開業し、蒸気機関車が１日８往復運行した。大阪駅は、当時市街の北のはずれだった場所（現在の梅田）につくられた。位置は現在地とは異なり、西梅田の旧中央郵便局付近であった。

現在の大阪商工会議所の前身にあたる大阪商法会議所の設立は、1878年（明治11）のことである。初代会頭は、五代友厚。1891年（明治24）に大阪商業会議所、1928年（昭和３）に大阪商工会議所と名称が変遷している。

市制の公布をうけて、1889年（明治22）に全国に市が誕生し、大阪と堺にも市制が敷かれた。ただし、大阪市には市制特例が適用され、市長の職務を府知事が行い、市庁舎も府庁舎内に置かれた。当時の人口は、大阪市が約47万人、堺市が５万人弱であった。

内国勧業博覧会に設けられていたアトラクション、ウォーターシュート
（『第五回内国勧業博覧会』関西写真製版印刷出版部）

第５回内国勧業博覧会は、1903年（明治36）、現在の天王寺公園周辺で開催された。153日間に内国勧業博覧会史上最高の約435万人が来場した。

▶第２回２級　正答率36％　　【正解】④第５回内国勧業博覧会開催

問題　大阪の象徴とも言うべき大阪城は、築城以来、幾重もの歴史を経ています。現在の天守閣（天守）は何代目でしょう？

①初代　②二代目
③三代目　④四代目

解説　豊臣秀吉は、上町台地北端の大坂（石山）本願寺のあった地に、1583年（天正11）、築城工事を開始した。まず本丸の造営がはじめられ、ついで二の丸・惣構（そうがまえ）、さらには三の丸が築造されていった。天守は外観５層の本瓦葺きの建物で、外壁は黒く塗られ、飾り瓦には金箔が施された壮麗なものであった。

秀吉の死後、1614年（慶長19）の大坂冬の陣が終結すると、徳川方は惣構や三の丸・二の丸の堀まで埋め立てた。そして翌年の大坂夏の陣で大坂城は炎上した。

江戸時代になると、幕府によって新たな築城が行われた。1620年（元和６）から開始され、諸大名が動員されて石垣普請が行われた。櫓や本丸の造営も行われ、外観５層の天守が完成した。しかしこの天守も、1665年（寛文５）に落雷によって焼失した。

その後、天守閣が復興するのは、1931年（昭和６）のことで、鉄筋コンクリート造で建築された。昭和天皇の即位礼にともなって企画された記念事業で、建設費は市民の募金でまかなわれた。

▶第１回３級　正答率69％　【正解】③三代目

問題　現在の大阪城天守閣は、1931年（昭和６年）に市民から集まった寄付金を利用して建てられました。天守閣の建設費のうちどの程度が、この寄付金によって賄われているでしょう？

①約25％　②約50％　③約75％　④100％

解説　昭和天皇即位の御大典記念事業として、時の市長関一（せきはじめ）は大阪城天守閣の再現を市民の手で実施することを提案し、建設費として150万円の寄付金が集められた。しかし、当時の城内は軍用地として陸軍が使用しており、陸軍との協議の結果、約80万円は陸軍が使う建物の建設に充てられ、残り70万円で天守閣建設と公園整備が行われた。これが現在の天守閣で、豊臣時代の姿に復元されて1931年（昭和６）に竣工した。

▶第５回３級　正答率44%　　【正解】④100%

問題　三代目となる現在の大阪城天守閣は、大阪市民の寄付金で建てられました。当時の金額で約150万円が集まり、天守閣に約47万円、公園整備に約23万円が使われました。残りの寄付金約80万円は当時、大阪城を使用していた軍隊が使う建物の建設に充当されましたが、この建物の竣工当初の名称は次のうちどれでしょう？

①大阪陸軍被服支廠　②大阪陸軍造兵廠本館
③陸軍第四師団司令部庁舎　④大阪砲兵工廠本館

解説　昭和天皇即位を記念して、大阪では関一市長が大阪城天守閣の復興および大阪城公園の整備を唱え、その資金として市民から150万円の寄付金が集められた。しかし、当時城内には陸軍第四師団の建物が点在していたことから、それらを集約した司令部庁舎を大阪市が建設することになり、寄付金のうち約80万円を用いて、1931年（昭和６）に鉄筋コンクリート造３階建ての庁舎が竣工した。これが現存する建物である。

▶第７回１級　正答率93%　　【正解】③陸軍第四師団司令部庁舎

問題　1931年（昭和６年）に竣工した大阪城天守閣は近代的工法による復元天守の国内第一号で、国の登録有形文化財となっています。大阪城天守閣は、現存する（　Ａ　）期の石垣の上に、天守閣は（　Ｂ　）期の天守をモデルに設計されました。（　Ａ　）（　Ｂ　）に入る正しい組み合わせはどれでしょう？

①（A）豊臣 —（B）豊臣　②（A）豊臣 —（B）徳川
③（A）徳川 —（B）豊臣　④（A）徳川 —（B）徳川

解説　徳川２代将軍秀忠による大坂城再建では、豊臣期の本丸の上に盛り土をして新たな地盤が造成され、また天守の位置も本丸の東北隅から中央寄りへ移された。したがって、現在地表に見える本丸の石垣等は徳川期のものである。

1931年（昭和６）に再建された現在の天守閣は、この地盤の上に豊臣期の姿を復元したものである。復元に際しては、「大坂夏の陣図屏風」に描かれた天守や、全国の桃山期天守の細部などが参考にされた。

▶第７回２級　正答率76%　【正解】③（A）徳川 —（B）豊臣

問題　大阪城天守閣の外壁にはある動物が２種類描かれています。その動物の組み合わせとして正しいものはどれでしょう？
①サギ — 鹿　②ツル — 虎
③サギ — 虎　④ツル — 鹿

解説　1931年（昭和６）に竣工した現在の大阪城天守閣は、「大坂夏の陣図屏風」を参考にして、大阪市土木局建築課の古川重春が外観の設計を行った。意匠は天沼俊一、構造は波江悌夫と片岡安、施工は大林組が行った。設計を担当した古川重春は、建築の考証のため全国の城郭建築を訪ね、さらに文献史料などの調査も綿密に行い設計にあたった。一連の調査・研究の成果は古川の著書『錦城復興記』として残されている。

大阪城天守閣の虎と鶴

大阪城の復興天守閣は、初層から４層までは徳川（江戸）

時代に一般的な白漆喰壁となっている。最上層の５層目の壁は、白漆喰壁ではなく、一時代前の豊臣時代風に黒漆を塗っている。このような徳川時代と豊臣時代を折衷した形には批判もある。さらに、最上層の黒壁の上には金箔を用いて、最上部に飛鶴、廻縁下に虎の絵を描いている。このような意匠の天守閣は他にない。

▶第３回３級　正答率46％　　【正解】②ツル ― 虎

問題　大正時代から昭和初期にかけて、現在の大阪の都市基盤（御堂筋・地下鉄等）が整備されましたが、こうした政策を進めたこの時期の大阪市長は誰でしょう？

①関一　②中馬馨　③関淳一　④平松邦夫

解説　関一（せきはじめ）（1873〜1935）は、第７代大阪市長で、大正時代から昭和初期の大阪市政をリードした。静岡県の生まれで、東京高等商業学校（現・一橋大学）の教授であった。1914年（大正３）、池上四郎市長のもと大阪市高級助役に就任し、1923年（大正12）、市長となった。３期選出され約11年にわたり市長を務めたが、在任中の1935年（昭和10）１月26日、室戸台風の災害復旧のなか病没した。後任の市長には、助役であった加々美武夫が着任した。

関市長は、学者として都市政策の専門家であり、大阪市政でもその知識を発揮した。都市を改造する都市計画事業に取り組み、在任中には、御堂筋や地下鉄の建設、大阪商科大学の設立、中央卸売市場の開場など、重要な施策を実施した。

中馬馨は第13代、関一の孫である関淳一は第17代、平松邦夫は第18代市長である。

▶第１回３級　正答率73％　　【正解】①関一

問題　大阪城公園の大手門の近くには、ある災害によって亡くなった教育関係者や児童を慰霊する目的で建てられた教育塔があります。教育塔設置の発端となった災害とは何でしょう？

①淀川大洪水［1917年（大正6年）］
②室戸台風［1934年（昭和9年）］
③阪神地方大風水害［1938年（昭和13年）］
④ジェーン台風［1950年（昭和25年）］

解説　教育塔は、大阪城公園の南西隅あたり、外堀の外側にある。塔といっても、近代に造られた慰霊施設である。

1934年（昭和9）9月21日、関西地方を室戸台風が襲った。上陸時の中心気圧が911.6ヘクトパスカル、瞬間最大風速60m以上の猛烈な暴風を伴う台風で、大阪でも四天王寺の五重塔が倒壊するなど甚大な被害を与えた。暴風のピークが午前8時頃だったため、学校では木造校舎が倒壊し、登校してきた児童や教職員の尊い命が失われた。

1936年（昭和11）10月、物故者の慰霊のため、ひろく寄付金を募って帝国教育会により教育塔が建立された。塔の高さは約30m、上部には水煙を戴き、表面は花崗岩貼りになっている。台座部分にはレリーフが取り付けられ、子供を守る教師の姿などが浮き彫りにされている。戦後は、日本教職員組合により管理され、教育関係の殉職者などが合葬されてきた。毎年10月30日に塔の前で教育祭が開催されている。

▶第4回1級　正答率75%　　【正解】②室戸台風

問題　戦前、最先端の製造技術を誇っていた大阪砲兵工廠がかつてあった場所に、現在あるのは、次のうちどれでしょう？

①ATC　②WTC　③OAP　④OBP

解説　OBPは大阪ビジネスパークの略称。戦前、大阪城公園の東・北側部分には、東洋最大の軍需工場・大阪砲兵工廠があった。1870年（明治３）、造兵司として設置され、山砲・野砲などを製造する工場として敷地を拡大した。1945年（昭和20）８月14日に激しい空襲を受け、壊滅的な打撃を被った。

戦後、1960年代末から再開発の計画が立てられ、1980年代後半にはツイン21などが竣工、1990年代にも松下IMPビルなどが完成し、超高層ビルが林立する街区となった。

社会

▶第３回３級　正答率72％　　【正解】④OBP

問題　大阪市西区の靱公園は四つ橋筋からなにわ筋を越えてあみだ池筋に至る公園です。ここは、戦後GHQ（連合国軍最高司令官総司令部）に接収され、別の用途に利用されていました。その用途とは次のうちどれでしょう？

①GHQの植物園　②GHQのスポーツ施設
③GHQの常用飛行場　④GHQの住宅

解説　太平洋戦争が終結した直後の1945年（昭和20）９月、大阪にも連合国軍が進駐してきた。師団の司令部は当初は住友本店に、のち御堂筋沿いの日本生命ビルに置かれた。市内の多くの施設が連合国軍に接収され、大阪を統治する大阪軍政部は四つ橋筋沿いの石原産業ビルに設置された。また、民間検閲班は朝日ビルに、購買部（PX）は心斎橋のそごう百貨店に置かれるなどした。

飛行場は戦時中、軍用となっていた大阪府中河内郡の大正飛行場（現・八尾空港）に置かれ、市内では現在の靱公園の場所も飛行場となった。ここは戦前、海産物市場があったが、空襲によって被災していた。接収は、1952年（昭和27）まで続いた。

飛行場だった頃の靱公園（『写真で見る大阪市100年』大阪都市協会）

返還後、都市計画公園として整備され、1955年（昭和30）に完成した。テニスコート、サッカー場や、バラ園などが設けられた。

▶第１回２級　正答率44％　【正解】③GHQの常用飛行場

問題　初代通天閣は、第５回内国勧業博覧会の会場跡地に建設されました。しかし、第二次世界大戦中、近隣にあった映画館の火災により強度不足となり解体され、姿を消します。その後、1956年（昭和31年）に再建された二代目通天閣の場所は初代の場所と少し異なります。初代通天閣から見て二代目通天閣はどの方角に建てられたでしょう？

①東　②西　③南　④北

解説　第５回内国勧業博覧会（1903年）跡地は、東方が天王寺公園、西方が新世界として再開発された。1912年（明治45）に完成した新世界は、北の区画に放射状の街路が延びており、その中心点やや南に道路をまたぐ形で通天閣が建てられた。これは、現在の位置より少し南になる。通天閣の脇には映画館や劇場が建てられ、南側には遊園地ルナパークが開かれた。1943年（昭和18）、近隣の映画館の火災により初代通天閣は延焼し、取り壊された。

▶第７回１級　正答率40％　【正解】④北

問題　右の写真は、第二次世界大戦による大阪最後の大空襲により被災したことを示した「京橋駅爆撃被災者慰霊碑」です。米軍の爆弾により当時の国鉄京橋駅に避難していた乗客をはじめ多数の市民が犠牲となりました。この大空襲の時期は1945年（昭和20年）の何月でしょう？

①3月　②6月　③7月　④8月

解説　終戦前日の1945年（昭和20）8月14日午後1時、大阪陸軍造兵廠（大阪砲兵工廠）を空襲するため、B29爆撃機144機が飛来した。高度2万2100～2万5100フィート（6700～7650m）から1t爆弾575個、500kg爆弾282個を投下、死者359名、重軽傷者33名、行方不明者79名、被災家屋1843戸、被災者数2967名の被害が出た。この空襲により造兵廠は壊滅、付近の京橋駅でも多くの被害が出た。京橋駅には1t爆弾4個が命中、二百数十人が犠牲となった。

▶第7回2級　正答率35%　【正解】④8月

問題　1970年（昭和45年）千里丘陵で開催された日本初の国際博覧会「大阪万博」の総入場者数は次のうちどれでしょう？

①約2541万人　②約3951万人
③約5261万人　④約6422万人

解説　日本万国博覧会は、1970年（昭和45）、吹田市の千里丘陵で開催された。3月14日に開会式が行われ、翌日から9月13日までの183日間で、6421万8770人の観覧者が来場した。1日平均で約35万人が来場した国内最大の博覧会であった。

1日あたりの最高の人出は、会期末に近い9月5日の83万5832人で、会場内で寝泊まりする人も出るほどの混乱ぶりであった。パビリオンに入る待ち行列も長くなり、博覧会のテーマ「人類の進歩と調和」をもじって「辛抱と長蛇」とも揶揄された。

迷子の数も多く、会期を通じて約4万8000人も出た。来場者に配布された「迷子ワッペン」も有名で、迷子照会システムが機能していた。落とし物は5万件あまり、窃盗も約2000件あったという。今日ほど環境への配慮もなかったためか、ゴミ収集量は2万t近くにおよんだ。

▶第1回2級　正答率48%　【正解】④約6422万人

問題　1970年（昭和45年）に千里丘陵で開催された日本万国博覧会は、会期中に約6400万人もの入場者を数えました。当時、三波春夫が歌っていたこの博覧会のテーマ曲は何でしょう？

①世界の国からこんにちは　②日本の国でこんにちは
③握手をしようこんにちは　④さて皆さんこんにちは

解説　1970年（昭和45）の日本万国博覧会（大阪万博）のテーマソングは、「世界の国からこんにちは」。島田陽子作詞、中村八大作曲で、三波春夫のほか、坂本九、吉永小百合、山本リンダ、弘田三枝子、西郷輝彦、倍賞美津子、ボニー・ジャックスらが歌い、レコードは各社の競作で発売された。
「さて皆さんこんにちは」は、ラジオパーソナリティや映画評論等で活躍する浜村淳の語りから取った選択肢。

▶第5回3級　正答率96%　【正解】①世界の国からこんにちは

問題　アジアで初めて開催された万国博覧会は1970年（昭和45年）に開催された日本万国博覧会（大阪万博）です。「人類の進歩と調和」をテーマに様々なパビリオンで当時の最先端技術が紹介されました。さて、テーマ館のシンボルとして岡本太郎により制作された太陽の塔の裏面には何が描かれているでしょう？

①青い月　②黒い太陽　③赤い星　④黄色い地球

解説　1970年（昭和45）3月から9月にかけて、大阪・千里丘陵で開催された日本万国博覧会は、約6422万人の来場者を集める当時最大の万国博となった。

総合プロデューサーに就任した芸術家の岡本太郎（1911〜1996）は、テーマ館のメインに太陽の塔を建設した。その地下・地上・空中で「生命の神秘」「現代のエネルギー」「未来の空間」を表現。暗い塔の内部につくられた「生命の樹」は、進化の過程を表した作品として来場者に強い印象を与えた。太陽の塔の“表の顔”は、上部が目玉から光線を出す「黄金の顔」であり、下部が彫塑的な「太陽の顔」であった。そして“裏の顔”は直径約８ｍの「黒い太陽」で、信楽焼の黒色タイル貼りでつくられている。三つの顔は、それぞれ未来・現在・過去を象徴する。また、テーマ館の地下展示室には「地底の太陽」も展示された（「生命の樹」と「地底の太陽」は、2018年に復元され、一般公開されている）。

太陽の塔（背面）

▶第３回３級　正答率49％　　【正解】②黒い太陽

問題　1970年（昭和45年）に開催された日本万国博覧会（大阪万博）は、世界から77か国と14団体、国内から32団体が参加し、総入場者数は6421万人を超えました。万博開催に向けて大阪の都市改造や交通網の整備も進みましたが、1970年（昭和45年）に実施されたのは次のうちどれでしょう？

①御堂筋・堺筋・四つ橋筋・松屋町筋の一方通行化
②東海道新幹線の全線開通
③名神高速道路の全線開通
④国鉄（現JR）大阪環状線が環状運転を開始

解説　大阪万博を目がけて、大阪の市街地は大規模な都市改造が行なわれた。御堂筋・堺筋・四つ橋筋・松屋町筋の一方通行化もそのひとつで、1960年代から激しい交通マヒに見舞われることもあった幹線道路の渋滞緩和を目的とし、御堂筋・松屋町筋は南行きの、堺筋・四つ橋筋は北行きの一方通行となった。阪神高速道路も急ピッチで整備され、高速道路の下につくられた船場センタービルも大阪万博の年に開業している。

なお、②③④はすべて東京オリンピック時期の出来事である。

▶第11回上級　正答率59％　　【正解】①

問題　住友の大番頭として別子銅山の近代化を果たし、事業多角化と殖産興業に取り組んだほか、関西経済界のリーダーとして大阪商船など多数の企業や組織を設立した人物は誰でしょう？
①渋沢栄一　②広瀬宰平　③西園寺公望　④岩崎弥太郎

解説　広瀬宰平（さいへい）（1828～1914）は滋賀県出身。11歳で別子銅山に奉公にあがり、38歳で別子銅山の総支配人に昇進した。明治維新以後、各地の鉱山が官営化される中、別子銅山における住友の経営権を守り、さらにフランスの技師を招いて指導を仰ぐなど別子銅山の近代化を達成した。渋沢栄一は日本資本主義の父といわれ、第一国立銀行、東京証券取引所などを設立した。西園寺公望は公家出身の政治家で、２次にわたって総理大臣となった。岩崎弥太郎は三菱グループの礎である日本郵船創立者。

▶第６回３級　正答率34％　【正解】②広瀬宰平

問題　大阪市西区江戸堀に本社を置く大同生命保険は、1902年（明治35年）、大阪のある豪商が中心となり京都の朝日生命保険、東京の護国生命保険、北海道の北海生命保険の３社合併によって誕生しました。ある豪商とは次のうちどれでしょう？
①加島屋　②末吉家　③天王寺屋家　④食野家

解説　大同生命保険は、朝日生命、護国生命、北海生命の３社が合併して1902年（明治35）に発足し、「小異を捨てて大同につく」を社名の由来とした。その合併に関わり、初代社長に就任したのが広岡久右衛門であった。広岡家は、江戸時代には有力な両替商で、堂島米市場の運営に関与し、諸藩の蔵元も務めた豪商として知られ、屋号を加島屋（かじまや）という。維新後は、1888年（明治21）に加島銀行を設立した。

▶第５回１級　正答率59％　【正解】①加島屋

問題　1889年（明治22年）、滋賀県出身の弘世助三郎らが中心的役割を果たして創業し、現在大阪市に本社（本店）を置く業界最大手の企業はどれでしょう？

①三井住友銀行　　②日本生命保険

③コクヨ　　　　　④野村證券

解説　近代的な生命保険の発祥は、18世紀のイギリスにさかのぼる。日本では、明治初年に福沢諭吉が紹介したことが知られ、1881年（明治14）に明治生命が国内ではじめて設立された。1889年（明治22）に大阪で創立した日本生命保険は、帝国生命につぐ国内３番目の生命保険会社である。滋賀県出身の銀行家で、彦根に本店を置く第百三十三国立銀行（現・滋賀銀行）頭取を務めた弘世（ひろせ）助三郎が、岡橋治助ら大阪財界の協力を仰いで誕生した。社長には大阪を代表する豪商の鴻池善右衛門幸方（ゆきかた）が就任し、副社長にはのちに大蔵大臣になった片岡直温（なおはる）が就いた。２年後、株式会社となり、1898年には契約者へ最初の利益配当を行った。

三井住友銀行は、合併前の住友銀行が大阪の豪商住友家により設立された銀行、コクヨは黒田善太郎により創業された大阪の大手文具・事務機器メーカー、野村證券は野村徳七により創業された野村銀行（現・りそな銀行）から誕生した証券会社である。

左：昔の日本生命旧社屋（1891～1902年）、右：同・旧本館（1902～1959年）
（ともに『日本生命七十年史』日本生命保険）

▶第１回２級　正答率62％　　【正解】②日本生命保険

問題　滋賀県出身の実業家である伊藤忠兵衛（二代）は、父が呉服店として創業した店を発展させ、ある二つの商社の基礎を大阪で築きました。一つは伊藤忠商事ですが、もう一つの商社の現在の企業名は何でしょう？

①兼松　②蝶理　③丸紅　④双日

解説　二代伊藤忠兵衛は、初代から事業を受け継ぎ、さらに近代的な経営体へと導いた。1914年（大正3）、それまでの個人経営を脱却し「伊藤忠合名会社」が設立され、翌年には新しい本店ビルが竣工。そして1918年（大正7）、営業部門は2つに分割され、本店と京店を母体とした伊藤忠商店と、糸店、神戸支店および海外店を母体とした伊藤忠商事が設立された。両社が現在の丸紅と伊藤忠商事の前身である。

▶第4回2級　正答率57%　【正解】③丸紅

問題　NHK連続テレビ小説「あさが来た」のヒロインのモデルとされる広岡浅子は、女性実業家の草分けとして知られています。広岡浅子が創業に参画した企業は次のうちどれでしょう？

①大同生命保険　②千趣会　③松竹　④吉本興業

解説　広岡浅子は1849年（嘉永2）、京都で生まれた。1865年（慶応元）、数え17歳で京都の三井家より大阪の豪商加島屋広岡家へと嫁いだ。夫は広岡家8代当主正饒の次男信五郎。幕末維新期の大阪は経済的に混乱を極め、多くの商家が廃業した。加島屋も同様に幾度も経営危機を迎えるが、浅子の機転と努力により炭鉱事業経営などで打開していった。やがて両替商であった加島屋は加島銀行となり、大同生命保険を創立。現在も連綿と続いている。

▶第7回2級　正答率86%　【正解】①大同生命保険

問題　大阪府には、特定の企業の事業所や工場などで発展した企業城下町が多く見られます。この中で企業名を冠した地名で実際にあるのはどれでしょう？

①高槻市サンスター町　②東大阪市ハウス町
③堺市堺区シマノ町　④池田市ダイハツ町

解説　企業が本社や工場を置き、その発展に支えられる町を企業城下町と呼ぶ。また、その土地に置かれる企業名が市町村名などになっている地区もある。全国的には、トヨタ自動車が本社を置く愛知県豊田市トヨタ町が有名である。大阪でも、ダイハツ工業本社の所在地名は池田市ダイハツ町であり、三洋電機本店の所在地名は大東市三洋町となっている。

ダイハツ工業は、軽自動車を中心に製造している自動車メーカーで、1907年（明治40）に創業した。創業時の社名は発動機製造株式会社で、「大阪発動機」を略した「大発」が社名の由来となった。戦前から三輪自動車を製造し、1957年（昭和32）に軽三輪自動車ミゼットを発売してヒットした。現在では、ムーヴ、タントなどが主要車両である。

サンスターは高槻市朝日町に、シマノは堺市堺区老松町に本社を置き、ハウス食品は東大阪市御厨栄町に大阪本社を置く。

▶第１回２級　正答率75％　【正解】④池田市ダイハツ町

問題　1879年（明治12年）に設置された大阪砲兵工廠からは、次々に技術者が独立し、その後の大阪の機械工業の発展を支えました。山田晁（あきら）もその一人で、1924年（大正13年）に大阪金属工業所を設立しましたが、この企業の現在の社名は何でしょう？

①ダイキン工業　②LIXILグループ
③コロナ　④山田産業

解説　大阪砲兵工廠は、1870年（明治３）、造兵司として開業し、主に山砲、野砲や砲弾類など製造する東洋一の規模の軍事工場であった。その技術は、転出者によって民間に伝わり、特に機械工業や金属加工業への影響が大きかった。山田晁は、工廠の薬莢工場長などを経て退職し、大阪金属工業所を設立して飛行機部品や信管などの製造を手掛けた。現社名の「ダイキン」は「大」「金」の読みからとったものである。

▶第６回３級　正答率94%　　【正解】①ダイキン工業

問題　1890年（明治23年）、鋳物メーカーとして創業し、その後、水道管の国産化や農業の機械化等に取り組んだ、大阪市浪速区に本社を置く企業はどれでしょう？

①ヤンマー　②コマツ　③イセキ　④クボタ

解説　クボタは、1890年（明治23）、久保田権四郎（1870～1959）により鋳物メーカー大出鋳造所として創業。久保田鉄工を経てクボタとなる。国産初の直管の鋳鉄管製造に成功、「日本の水道管の歴史はクボタの歴史」といわれた。

ヤンマーは1912年（明治45）、大阪市北区で石油発動機のメーカーとして創業。コマツは1917年（大正６）、石川県で鉱業機械メーカーの小松鉄工所として創業。イセキは1926年（大正15）、愛媛県で農業機械メーカー「井関農具商会」として創業。

▶第６回２級　正答率81%　　【正解】④クボタ

問題　明治期から大正期にかけて、大阪では多くのニュービジネスが勃興（ぼっこう）しました。次のうち、企業家とその企業家が創立した企業の現在の名称の組み合わせとして、誤っているものはどれでしょう？

①黒田善太郎（くろだぜんたろう）　—　コクヨ
②上山英一郎（うえやまえいいちろう）　—　大日本除虫菊
③山岡孫吉（やまおかまごきち）　—　ヤンマー

④伊藤忠兵衛（いとうちゅうべえ）　―　イトーキ

解説　黒田善太郎は、社名が「国誉」に由来するコクヨの創業者。1905年（明治38）、和式帳簿の表紙を製造する黒田表紙店を興し、大正時代には洋式帳簿や伝票の製造を始めた。上山英一郎は、蚊取り線香「金鳥」で知られる大日本除虫菊の創業者。1902年（明治35）に渦巻き型の蚊取り線香を発売した。山岡孫吉は、ヤンマーの創業者。1912年（明治45）、山岡発動機工作所を興し、ディーゼルエンジンの開発で発展を遂げた。

伊藤忠兵衛は総合商社・伊藤忠商事の創業者であり、事務用品販売などを行うイトーキは伊藤喜十郎が創業した。

▶第4回3級　正答率65％　　【正解】④伊藤忠兵衛 ― イトーキ

問題　大阪には、社会インフラの整備や教育の充実など社会貢献活動にも力を尽くした企業・企業家が数多いといえます。右の写真のJR大阪駅と梅田駅を結ぶ梅田新歩道橋も、ある企業の寄付によってつくられたものです。その企業の現在の社名は何でしょう？

①サントリー　　②パナソニック
③伊藤忠商事　　④りそな銀行

解説　JR大阪駅前広場と阪急ビル・阪神ビルを結ぶ梅田新歩道橋のうち、南側のL字形部分は1964年（昭和39）に建設された。当時、大阪駅前交差点は交通混雑がひどく、交通事故も多発していたことから、大阪市では歩道橋建設を計画していたが資金調達に行き詰まっていた。それを知った松下電器産業（現・パナソニック）の創業者松下幸之助が歩道橋を建設し寄付したもの。当時としては日本最大の歩道橋で、また名称は梅田歩道橋が別の場所にあったことから「新」が付されたという。

▶第6回2級　正答率46%　【正解】②パナソニック

問題　大和ハウス工業は、パネル工法の技術を活かし、わずか3時間でできあがる勉強部屋として、1959年（昭和34年）、一戸建てプレハブ住宅の販売を開始しました。全国27カ所のデパートで販売するなど、大きな反響を呼んだこのプレハブ住宅の商品名は何でしょう？

①インスタントハウス　②ミゼットハウス
③カンタンハウス　④パパットハウス

解説　大和ハウス工業は1959年（昭和34）、組み立て式の勉強部屋としてミゼットハウスを発売した。今日のプレハブ住宅の原点で、軽量鉄骨の柱に内壁と外壁を一体化したパネルを嵌め込むことにより、3時間で組み立てが完了するというものであった。また手頃な価格であったことから、爆発的に売れたという。2011年には国立科学博物館により、「日本で花開いたプレハブ建築技術の先駆け」として、重要科学技術史資料に登録された。

▶第6回2級　正答率83%　【正解】②ミゼットハウス

問題　大正初期から昭和初期にかけて、大阪はガラス工業の先進地域で、その後関連する新たな産業が興ってきました。大阪ガラス発祥の地とされる大阪市北区に現在は本社を置く、あるガラス関連製品の製造メーカーは次のうちどれでしょう？

①積水ハウス　②象印マホービン
③メガネの愛眼　④ニッタ

解説　大阪天満宮の社頭には、「大阪ガラス発祥之地」と刻まれた石碑があり、宝暦年間（1751～1764）にガラス製造が始まったことが記されている。ガラス関連の魔法瓶製造も大阪の地場産業のひとつで、象印マホービン（大阪市北区)、タイガー魔法瓶（門真市)、ピーコック魔法瓶工業（大阪市福島区）などが本社を置く。象印マホービンは1918年（大正７）に市川兄弟商会として創業し、現在では魔法瓶のほかに炊飯器、ホットプレートなども製造する。

▶第６回２級　正答率75％　　【正解】②象印マホービン

問題　1924年（大正13年）京都・大阪府境の山崎の蒸留所で生産を開始し、1929年（昭和４年）に本格国産ウイスキー第１号を発売。今では日本を代表する酒造メーカーとなった企業はどこでしょう？

①ニッカウヰスキー　　②メルシャン
③キリンディスティラリー　　④サントリー

解説　サントリーは日本を代表する洋酒・ビールを中心とする飲料メーカーで、本社を大阪市北区堂島浜に置く。1899年（明治32)、鳥井信治郎がぶどう酒の製造・販売をはじめ、1907年（明治40）に赤玉ポートワインを発売、ヒット商品となった。

大正時代には寿屋を創立し、山崎工場でウイスキーの蒸留を開始した。その成果は、1929年（昭和４)、サントリーウイスキー白札として結実した。また、翌年にはオラガビールを発売し、ビール事業にも乗り出した。戦後は、オールド、トリスなどを発売し、洋酒の大衆化に貢献。トリスのCMは話題を呼んだ。「やってみなはれ」の社風で知られ、文化支援事業にも積極的に取り組む。

ニッカウヰスキーは、サントリー出身の竹鶴政孝が創業した。メルシャンは、ワインを中心としたメーカー。キリンディスティラリーは、キリンビールが出資する企業である。

▶第１回３級　正答率94％　　【正解】④サントリー

問題　1909年（明治42年）に創業したレンゴーの井上貞治郎は、

タイミング、チャンス、商機を逃さず、人・モノ・金と心を大切に経営をせよとする「きんとま哲学」を実践し、会社を急成長させました。井上貞治郎が製造に成功し、今や広く普及している製品は次のうちどれでしょう？

①ノート　②段ボール　③封筒　④付箋

解説　井上貞治郎（1881〜1963）は兵庫県出身。高等小学校を卒業後、1895年（明治28）から神戸の商家で丁稚奉公を始める。その後、職を転々としつつ単身満州へと旅立つ。帰国後、三盛舎を創業、「段ボール」の実用新案を取得。国産段ボールの大量生産と強固な段ボール箱の開発に成功し、「日本の段ボールの父」と評される。井上の経営哲学として「きんとま」が知られる。大切なのは「きん」はお金と固い意志、「ま」は真心と時間とした。

▶第６回２級　正答率89％　【正解】②段ボール

問題　1870年（明治３年）に小西屋として創業した現在のコニシは、1952年（昭和27年）にある製品を発売し、日本を代表する接着剤メーカーとなりました。現在もコニシを代表するその製品ブランド名はどれでしょう？

①ボンド　②セメダイン
③アロンアルファ　④フエキ糊

解説　大阪市中央区道修町に本社を置くコニシは、小西儀助が1870年（明治３）に薬種商として創業。アルコール製造に早くから取り組み、1884年（明治17）に朝日麦酒の製造を開始したが、これは現在のアサヒビールの前身とされる。1888年（明治21）には大阪洋酒醸造会社を設立して

旧小西家住宅

ビール、ウイスキー、ブランデーなどを製造し、ぶどう酒は赤門印として販売された。サントリーの創業者・鳥井信治郎は、小西儀助のもとで調合を学び独立した。

小西は1903年（明治36）には、堺筋と道修町の北東角に用地を求め、表屋造の店舗兼住宅を建築した。これが旧小西家住宅（国重要文化財）で、大阪市内に残る歴史的な商家建築として価値が高い。戦後は化学方面の強みを生かして、1952年（昭和27）に合成接着剤ボンドを開発し、代表的商品に育てた。ボンドの名は、つなぐ、接着するの意味に由来するという。

▶第５回３級　正答率46％　　【正解】①ボンド

問題　1935年（昭和10年）に大阪市内で洋服店として石本商店を創業した石本他家男は、戦後、野球用品を手掛け、1953年（昭和28年）には、カラーユニフォームを世に送り出し、その後多くのプロ野球球団に採用されました。現在は、野球用品だけでなく、スキー、ゴルフ、水泳など幅広いスポーツウェアを展開するほか、介護・医療分野にも進出している、この企業はどれでしょう？

①ミズノ　②アシックス　③デサント　④エスエスケイ

解説　1935年（昭和10）に、石本他家男（たけお）によって創業されたメーカーは、デサントである。石本商店としてスタートし、1961年（昭和36）、フランス語で「滑降」を意味する現社名に変更した。本社は、大阪市天王寺区にある。戦後、海外ブランドのスポーツウェアの代理店として、マンシングウェア、アディダス、アリーナ、フィラなど著名ブランドを取り扱い成長した。プロ野球のユニフォームも手掛け、カラーユニフォームやメッシュ地のユニフォームなどを提供してきた。現在では、デサントヘルスマネジメント研究所を開設し、健康・介護分野にも取り組んでいる。

ミズノは、大阪市に本社を置く総合スポーツ用品メーカーの老舗。アシックスは神戸市に本社を置き、シューズなどに強みを持つ。大阪市に本社を置くエスエスケイは、野球のSSKブランドで知られる。

▶第５回２級　正答率40％　　【正解】③デサント

問題　大阪では、多くの企業家が様々な新商品を開発しました。1956年（昭和31年）、岡田良男が、ガラスの破片と板チョコからヒントを得て世界で初めて開発した文房具とは何でしょう？

①ホッチキス　　②カッターナイフ
③セロハンテープ　　④付箋紙

解説　オフィス用品として欠かせないカッターナイフは日本のオリジナルで、岡田良男が1956年（昭和31）、ガラスの破片と板チョコからヒントを得て、刃先をポキポキ折ることで最後まで切れ味を持続させる方式を開発した。こうして世界初の「折る刃式カッターナイフ」が誕生した。1984年（昭和59）、社名も「折る刃」からオルファ（OLFA）となった。現在、世界100か国以上に輸出されるだけでなく、オルファの刃のサイズ、折れ線の角度は世界標準となっている。

▶第４回２級　正答率83％　　【正解】②カッターナイフ

問題　八尾市には、1971年（昭和46年）創業のアパレル企業の本社があります。現在、出版・教育・外食事業なども手がけているこの企業は、次のうちどれでしょう？

①ファミリア　　②西松屋チェーン
③帝人　　④ミキハウス

解説　1971年（昭和46）、八尾市にベビー子供服製造の三起産業が創業した。現在、ミキハウスは「子どもたちのことを第一に考えたものづくり」を原点に子ども関連商品の企画・製造・販売、および出版・教育・子育て支援など多角的な文化事業を展開する。夢に向かって努力を続けるスポーツ選手を支援することで子どもたちにメッセージも届ける同社だが、柔道の金メダリスト野村忠宏選手は有名だ。

▶第4回2級　正答率78%　【正解】④ミキハウス

問題　江戸時代以来薬種商が集まり、現在でも武田薬品工業や塩野義製薬、小林製薬等が本社を置いているのは大阪市中央区道修町です。さて「道修町」は何と読むでしょう？

①どしゅうまち　②どしょうまち
③どうしゅうまち　④どうしょうまち

解説　道修町は「どしょうまち」と読む。古くは道修谷であったらしく、読みも「どうしゅだに」であったと考えられる。その後、道修町となり、転訛して「どしょうまち」と読むようになったようである。なお、町名の由来には、道修寺という寺院があったという説や、北山道修という医師が住んでいたという説などがあるが、定かではない。

道修町は、江戸時代より薬種仲買業が集まる町で、武田薬品工業、塩野義製薬、大日本住友製薬や、明治末に名古屋から進出した小林製薬などの老舗企業が並んでいる。また、かつて樟脳で知られた藤沢薬品工業（現・アステラス製薬）なども当地に本社を置いていた。

少彦名神社

薬の神さま「神農さん」として知られる少彦名（すくなひこな）神社が崇敬を集めている。11月22、23日の神農祭では、薬の箱などを付けた笹が通りに飾られ、賑わいをみせる。

▶第2回3級　正答率75%　【正解】②どしょうまち

問題　江戸時代より薬のまちとして知られ、現在も製薬業が集積している「道修町」の位置は次のうちどれでしょう？

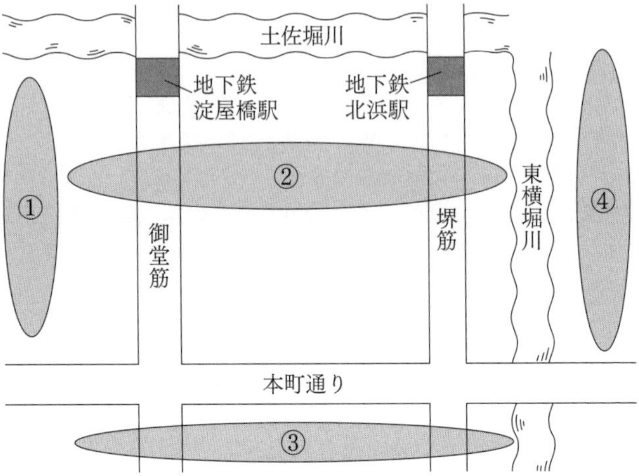

解説　道修町は、江戸時代以来、薬種仲買業が集まる地域で、大阪市中央区にある。船場の町なかを東西に延びる通りに沿った町である。上の地図で言えば②の位置にあたる。1781年（天明元）創業の武田薬品工業、1878年（明治11）創業の塩野義製薬、明治末に名古屋から進出した小林製薬など、老舗企業が多数所在する。また、田辺三菱製薬や大日本住友製薬、扶桑薬品工業なども当地に本社を置いている。

▶第３回３級　正答率63％　【正解】②

問題　大阪の道修町には複数の製薬企業が本社を置いています。次のうち道修町に一度も本社を置いたことがない企業はどれでしょう？

①塩野義製薬　②小野薬品工業
③武田薬品工業　④ロート製薬

解説　大阪には、卸売問屋などで特定の業種が集中する地区が多く、道修町は代表格といえる。江戸時代から薬種仲買業が集まる地域で、薬の神さま・少彦名神社（神農さん）が信仰されてきた。100年以上続く老舗企業も多く、現在も本社を置くものが多い。

塩野義製薬は、1878年（明治11）、道修町で薬種問屋・塩野義三郎商店として創業した。1919年（大正８）、株式会社に改組。「シオノギ」のカタカナ表記も行われ、テレビの音楽番組「シオノギ・ミュージックフェア」（フジテレビ系）は長寿番組となっている。一般用の代表薬は「セデス」。

小野薬品工業は、本社を大阪市中央区久太郎町に置くが、登記簿上は道修町が本店所在地となっており、かつては当地に社屋を構えていた。1717年（享保２）、伏見屋市兵衛の創業にかかり、戦後、株式会社化して現社名となる。

武田薬品工業は、1781年（天明元）、近江屋長兵衛によって始められた薬種仲買商が興りである。近代になると洋薬にも取り組み、製薬事業へ発展させた。

ロート製薬は、1899年（明治32）、山田安民が清水町（大阪市中央区）で開いた薬房が発祥で、1909年（明治42）にロート目薬を発売した。本社は、大阪市生野区にある。

テレビCMでもお馴染みの
ロート製薬本社屋

▶第３回２級　正答率83％　　【正解】④ロート製薬

問題　江戸時代、道修町（どしょうまち）の薬種商として創業し、1954年（昭和29年）に「アリナミン」を発売するなど、国内トップの製薬メーカーへと発展を遂げた企業の現在の社名はどれでしょう？

①第一三共　②大塚製薬
③武田薬品工業　④常盤薬品工業

解説　ビタミン剤「アリナミン」、かぜ薬「ベンザブロック」などで知られる製薬会社は武田薬品工業である。江戸中期、近江屋長兵衛が道修町で和漢薬の薬種仲買をはじめた。明治時代以降は、

海外からの輸入薬品の販売や製薬事業を手掛け、1925年（大正14）に株式会社武田長兵衛商店となった。1943年（昭和18）に現社名となっている。

▶第6回3級　正答率83%　【正解】③武田薬品工業

問題　チキンラーメンは日清食品の創業者が48歳の時に、天ぷらの原理を応用し、製品化したインスタントラーメンです。「中華そば」に代わり「ラーメン」という言葉が普及するきっかけになったといわれるチキンラーメンを製品化した人物は誰でしょう？

①安藤百福　②江崎利一　③早川徳次　④佐治敬三

解説　代表的な即席ラーメンのひとつであるチキンラーメンは、日清食品の創業者・安藤百福（ももふく）によって開発され、1958年（昭和33）に発売された。値段は当時35円で、家庭で手軽に食べられるラーメンとして話題を呼んだ。発売後半世紀以上を経た現在でも、生めん風など競合が多種出るなか、定番商品の座を維持している。

▶第5回3級　正答率71%　【正解】①安藤百福

問題　大阪には多くの大手菓子・食品メーカーが本社を設置していますが、大阪市内に本社を設置している企業は次のうちどれでしょう？

①森永製菓　②不二家　③江崎グリコ　④明治製菓

解説　江崎グリコは、大阪市西淀川区歌島に本社を置く菓子・食品メーカーである。

創業者の江崎利一は、1921年（大正10）、栄養菓子グリコをつくり、合名会社江崎商店を設立した。グリコの名は、カキの煮汁から抽出したグリコーゲンに由来する。おまけをつけて販売することで人気を得た。1933年（昭和8）には、酵母菓子ビスコを発売し、ロングセラーとなった。他の主な商品に、「一粒で二度おいしい」で知られるアーモンドグリコや、ポッキー、プリッツなどがある。また、1970年（昭和45）から、夢路いとし・喜味こいしが司会を務める買物番組「がっちり買いまショウ」（毎日放送）のスポンサーとなった。

道頓堀川に架かる戎橋の南詰には、ランナーの意匠で親しまれているグリコの広告塔がある。1935年（昭和10）に掲げられ、ミナミの観光名所になっている。

森永製菓・不二家・明治製菓（現・明治）は、いずれも東京に本社を置く菓子等のメーカーである。

▶第１回３級　正答率91%　　【正解】③江崎グリコ

問題　大阪市中央区平野町にある湯木美術館は1987年（昭和62年）に開館し、初代館長である湯木貞一が収集した、茶道具を中心とする美術工芸品を収蔵、展示しています。生涯をかけて、日本料理を追求した湯木貞一が創業した店は次のうちどれでしょう？

①吉兆　②本家柴藤　③花外楼　④大乃や

解説　湯木貞一は1901年（明治34）神戸市花隈（現・神戸市中央区花隈）の料亭に生まれる。父親が始めた料亭で板前修業を始める。24歳の時に茶人として知られる松平不昧（ふまい）の著書『茶会記』を読んだことから茶道に傾倒し、料理のレベルを高めるために茶懐石を取り入れることを試みる。30歳の時に独立し、大阪新町（現・西区新町）に割烹「御鯛茶處吉兆」を開業した。この店が現在まで続く吉兆グループのスタートとなる。

本家柴藤（しばとう）は享保年間（1716～1736年）創業の鰻料理店。花外楼（かがいろう）は天保年間（1830～1844年）創業の料亭。大乃やは1951年（昭和26）創業の料亭。

▶第７回２級　正答率65%　　【正解】①吉兆

問題　高級食である寿司を安価に美味しく提供してくれる回転寿

司。回転寿司のルーツは大阪にあります。次のうち大阪に本社を置く回転寿司チェーンではないのはどれでしょう？

①あきんどスシロー　　②無添くら寿司
③かっぱ寿司　　　　　④廻る元禄寿司

解説　いまや市民権を得た回転寿司は、日本から世界へ進出中である。この回転寿司のルーツは大阪にある。1958年（昭和33）東大阪の元禄産業株式会社が「廻る元禄寿司」を布施にオープンしたのが最初だ。ビール工場の製造ラインで使用されるベルトコンベアにヒントを得て開発されたという「旋回式食事台」が、高級食といわれた寿司の大衆化に一石を投じた。安くて早く子供には選ぶ楽しみもあって休日には家族連れでにぎわう人気のスポットとなった。それゆえに商売としての可能性を見越して大手チェーンの参入が相次いだ。

現在、「廻る元禄寿司」以外に大阪に本社を置く企業としては「スシロー」（株式会社あきんどスシロー）。「無添くら寿司」（株式会社くらコーポレーション）があり、ともに多店舗展開を繰り広げている。

「かっぱ寿司」は会社名がカッパ・クリエイト株式会社で、本社は神奈川県横浜市にある。

▶第３回２級　正答率68％　　　　　【正解】③かっぱ寿司

問題　1918年（大正７年）、桐山政太郎によって設立され、1928年（昭和３年）に国内で初めてイースト菌発酵によるパンの製造、量産を成功させた企業の本社は、現在、大阪市東淀川区にあります。パンや洋菓子の製造・販売を行うこの企業はどれでしょう？

①山崎製パン　　②神戸屋　　③フジパン　　④第一屋製パン

解説　「神戸のパン」を大阪に配達、販売していた桐山政太郎は、1918年（大正７）、出入橋に神戸屋合資会社を創業した。1928年（昭和３）、それまでのホップス種から、国内で初めてイースト菌醱酵による製パン方法を用いた。1932年（昭和７）、神戸屋となり、1939年（昭和14）、大手企業で初めてパンを包装して販売した。山崎製パンは1948年（昭和23）、飯島藤十郎が千葉県で創業。フジパンは1922年（大正11）、舟橋甚重が名古屋市で創業。第一屋製パンは1947年（昭和22）、細貝義雄が東京都で創業。

▶第６回２級　正答率67％　【正解】②神戸屋

問題　里井円治郎が生産方法を開発し、大阪の泉州地域が全国有数の生産地となっている商品とは何でしょう？

①タオル　②魔法瓶　③マッチ　④つまようじ

解説　愛媛県今治市と並ぶ国内の主要タオル産地が、泉佐野市、熊取町、泉南市などの泉州地域である。大阪タオル工業組合には、82社が加盟している（2020年現在）。この地域は、江戸時代から木綿織物の産地で、白木綿とよばれて大阪の問屋に出荷されていた。1887年（明治20）、泉佐野の里井円治郎は、輸入タオルの研究を通して、打出機によってパイルをつくりだすことに成功した。また、タオルを織ったあとに晒しをかける後晒しの技法を開発し、吸水性を高めた。明治後期にはタオル生産は飛躍的に伸び、里井を会長とする佐野タオル共同会も設立された。

魔法瓶、つまようじは、大阪の地場産業とされる。象印マホービン、タイガー魔法瓶、ナショナル魔法瓶工業などの主要メーカーは、大阪府に本社を置く。つまようじは、国内生産のほとんどを独占する。マッチは、明治初期より大阪でさかんにつくられた工業製品である。

▶第２回３級　正答率71％　【正解】①タオル

問題　大阪では、生活に関連した産業でも高い国内シェアを占めている分野があります。河内長野市が国産では日本一の生産量を誇る商品は次のうちどれでしょう？

①和包丁　②つまようじ　③歯ブラシ　④手ぬぐい

解説　河内長野の名産品として国内生産量日本一を誇るつまようじ（爪楊枝）は、仏教伝来とともに日本に渡来したといわれる。元来、僧侶が口を清めるため、身につけたものであり、歯ブラシの元祖ともいえる。明治10年代、現・河内長野市の大宅長平が、クスノキ科の黒文字などを用いて製品化し、農家の副業として盛んに生産されるようになった。やがて原料として北海道産の白樺が主流となり、河内長野では国産初の機械生産が行われた。

なお和包丁（特にプロ料理人用）、手ぬぐいは堺市、歯ブラシは八尾市が主要産地で、いずれも国内トップクラスの生産量を誇る。

▶第７回２級　正答率75％　【正解】②つまようじ

問題　大阪には地域に密着したスーパーマーケットが多数あります。次のスーパーマーケット事業を展開する企業のうち、現在大阪市内に本社を置く企業はどれでしょう？

①コノミヤ　②平和堂

③オークワ　④関西スーパーマーケット

解説　スーパーマーケットといえば地元密着型のチェーンが多い。和歌山といえばオークワ、滋賀といえば平和堂が有力店である。

関西スーパーマーケットは大阪府内にも40近い店舗を構えるが、本社は兵庫県伊丹市である。

コノミヤは、1962年（昭和37）に衣料スーパーとして創業したチェーンで、本社は大阪市鶴見区。現在は総合スーパーとして大阪府内で約40店舗を展開。この他、中部地方にも店舗を持つようになったが、依然、大阪色の濃いスーパーである。

▶第６回２級　正答率33％　【正解】①コノミヤ

問題　全国紙を発行する主要５社のうち、３社は大阪で創業しています。次のうち創業の地が大阪ではない新聞社はどれでしょう？
①朝日新聞　②産経新聞　③読売新聞　④毎日新聞

解説　朝日新聞は、1879年（明治12）、大阪で村山龍平らによって創刊された。コラム「天声人語」、夏目漱石の連載、岡本一平の漫画、夏の高校野球などで大衆をひきつけた。毎日新聞は、1882年（明治15）、日本立憲政党新聞として大阪で創刊され、1888年（明治21）に大阪毎日新聞と改題した。両紙は「大朝」「大毎」と略称され、激しい競争を展開した。

産経新聞は1933年（昭和８）、前田久吉により大阪で発刊された日本工業新聞を前身とし、のちに産業経済新聞と改題された。

読売新聞は、1874年（明治７）、東京で創刊され、昭和初期からプロ野球団を持つなどして部数を伸ばした。

▶第10回初級　正答率64％　【正解】③読売新聞

問題　次の地図は約5500年前の大阪の様子です。現在の大阪城の場所はどこにあるでしょう？

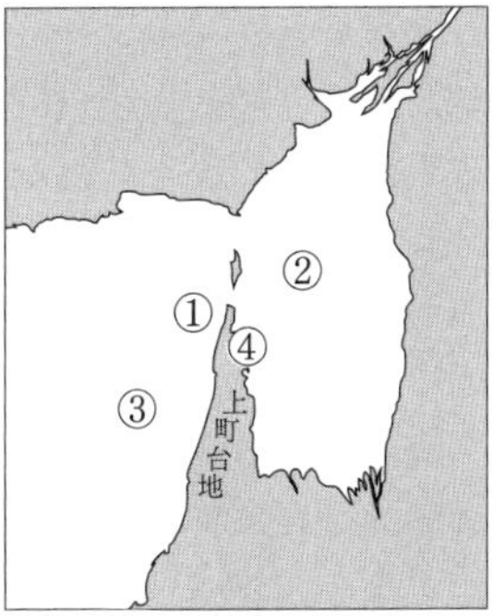

解説　上町台地は、住吉区の住吉大社付近から大阪平野の中央部を南から北に貫く12kmほどの台地である。縄文時代中頃（約5500年前）には、上町台地の東側、奈良県との境となる生駒山地までの間には入海・河内湾（②の水域）が広がっていた。上町台地の西側には海（③の水域）が広がり、当時の海岸線は、現在の谷町筋と松屋町筋の間くらいにあったものと思われる。したがって、

上町台地は東側の河内湾、西の大阪湾に挟まれた半島であった。半島の北端は現在の天満橋のあたりであった。

上町台地の北端近くが最も高所（④の地点あたり）で、現在でも20m前後の標高を測る。海に突き出た半島の先端は交通の要衝であり、7世紀後半から8世紀代には難波宮が置かれ、15世紀末には蓮如によって大坂（石山）御坊、後の大坂（石山）本願寺が置かれた。その後、この地は天下統一を果たした豊臣秀吉によって、1583年（天正11）から大坂城の築城が開始された。

①は現在のJR大阪駅付近にあたる。

▶第3回3級　正答率61%　　【正解】④

問題　約5500年前、現在のJR西日本・大阪駅一帯はどんな風景だったと推測されているでしょう？

①湿原であった　　②海の底だった

③湖の底だった　　④丘陵地だった

解説　縄文時代中頃（約5500年前）は南から北に延びる上町台地の東側、奈良県との境をなす生駒山地との間、現在の大阪の平野部には入海が広がっていた。上町台地の西側、現在の谷町筋と松屋町筋の間くらいに海岸線があったものと思われる。したがって、上町台地は東側の入海と、西側の大阪湾に挟まれた半島であった。半島の北端は現在の天満橋のあたりで、それより北側は海で、現在の大阪駅も海の中だった。考古学の発掘調査によって、上町台地の東の水域は、縄文時代の地層から海水に生息する魚や貝類が発見されるので、海水であったことが確認できる。

この入海は現在の奈良県から流れ出た大和川の運んでくる土砂によって徐々に埋まり、淡水化していく。JR森ノ宮駅西側、森の宮遺跡の発掘調査で最下層からは海水に生息するカキが、中層からは汽水域で生息するヤマトシジミが、上層からは淡水に生息するセタシジミが見つかっている。

大阪駅周辺が陸化するのは中世以降と思われる。

▶第２回３級　正答率73％　　　　　　　　　　　【正解】②海の底だった

問題　大阪市の中央に南北に背骨のように突き出たこの台地は、大阪城、難波宮、四天王寺、住吉大社など数多くの歴史遺産があることでも知られています。この台地の名称は次のうちどれでしょう？

①谷町台地　　②上町台地　　③松屋町台地　　④蛍町台地

解説　上町台地は住吉区の住吉大社付近から大阪平野の中央部を南から北に貫く長さ12kmほどの台地である。

台地の北端近く、大阪城の周辺が最も高所で20m前後の標高を測る。海に突き出た半島の先端は、交通の要衝であり、７世紀後半から８世紀代には難波宮が置かれ、15世紀末には蓮如によって大坂（石山）御坊、後の大坂（石山）本願寺が置かれた。その後、この地は豊臣秀吉によって大坂城が築城された。

▶第７回３級　正答率88％　　　　　　　　　　　【正解】②上町台地

問題　1885年（明治18年）に発生した淀川の大洪水の惨状を見て、生涯を淀川の治水事業に尽力しようと決意。1896年（明治29年）、「河川改修法案」の国会通過に貢献するとともに、自らも淀川屋さんと呼ばれるほど治水対策のために私財を投じるなど、「淀川治水の父」といわれた現在の大阪市鶴見区出身の大阪府議会議員は誰でしょう？

①大橋房太郎　　②中甚兵衛　　③関一　　④デ・レーケ

解説　大橋房太郎は1860年（万延元）現在の大阪市鶴見区放出（はなてん）に生まれた。1885年（明治18）の大洪水は、６月下旬から豪雨が続き、７月２日には宇治川から大阪市内の支流まで、各所で堤が決壊し、市中の橋もことごとく流された。被害状況を見た房太郎は淀川治水事業に取り組むことを決意する。1891年（明治24）に大阪府議会議員に当選した房太郎は、淀川改修運動の先頭に立って活動した。1896年（明治29）に淀川改修予算が国会を通った時には、帰阪した房太郎を1000人もの人が旗を振って出迎えたという。

▶第６回２級　正答率53％　　【正解】①大橋房太郎

問題　「水の都」と称される大阪では、経済都市を支える舟運の交通路として「川」や「堀」が利用されてきました。しかし、モータリゼーションの発達や経済成長に伴い、次々と川や堀が埋められ道路に変わっています。こうした中、今も大阪市の中心部をロの字型に囲む川が残り、「水の回廊」と呼ばれています。次のうち、この「水の回廊」に含まれない川はどれでしょう？

①木津川　②道頓堀川　③東横堀川　④神崎川

解説　2009年に行われたイベント「水都大阪2009」では、大川・東横堀川・道頓堀川・木津川という「ロ」の字形の川筋を「水の回廊」と呼び、水の都をアピールした。

歴史的にみれば、大阪の川筋は「ロ」の字形をしていたわけではなく、河川や人工的に開削された堀川が縦横に走っていた。これらは水運による交通路になったが、堀川には掘削による土砂を宅地造成に用いる目的で開かれたものも多かった。

江戸時代初期に開削された主な堀川には、大川から南に向かう東横堀川・西横堀川、東横堀川から木津川に至る長堀川・道頓堀川、西横堀川から西に向かう江戸堀川・京町堀川・阿波座堀川・立売堀（いたちぼり）川・堀江川があり、阿波座堀川から分流する海部堀川・薩摩堀川などがあった。

神崎川は、淀川から分流して大阪湾に注ぐ一級河川である。

▶第１回３級　正答率68％　　【正解】④神崎川

問題　中之島は江戸時代から現在に至るまで、政治・経済・文化の発信基地として機能してきた、東西に細長い形状の中州です。

中之島は堂島川と何川に挟まれているでしょう？
　①東横堀川　②西横堀川　③阿波堀川　④土佐堀川

解説　大川が市中に入って堂島川と土佐堀川に分かれ、この両川にはさまれた、東西に細長い中州が中之島である。江戸時代には中之島の東端は現在の中央公会堂のあたりであった。当時東端の地には備中国成羽藩山崎家蔵屋敷があったので、俗に「山崎の鼻」と呼ばれていた。その後、上流からの土砂の堆積で洲ができ、1767年（明和４）にこの洲に築地を行い、端が東方へ延びた。当時の人々は東へ延びたその新しい土地を「風邪ひき新地」と呼んだ。「山崎の鼻」から鼻汁が出たという洒落である。1879年（明治12）、端はさらに東に延び、難波橋から東へ突き出るようになった。1915年（大正４）には難波橋が東側の堺筋に付け替えられた際に、天神橋の上手（かみて）までが埋め立てられ、先端をコンクリートで固めほぼ現在に近い形となった。1891年（明治24）には、中之島に大阪市で最初の公園である中之島公園が開設された。

現在の中之島の東端（剣先とも言う）

▶第４回３級　正答率88％　　【正解】④土佐堀川

問題　現在の地下鉄四ツ橋駅付近には、長堀川と西横堀川が埋め立てられるまで、二つの川の交差点にロの字型に四つの橋が架けられていました。以下のうち、実際に四つの橋のいずれかに存在した名前はどれでしょう？
　①中卯橋　②松屋橋　③吉野屋橋　④数寄屋橋

解説　堀川の交点に４つの橋が架かる四つ橋は、江戸時代以来、大阪名所のひとつとして知られる。小西来山の句「涼しさに四ツ橋を四ツわたりけり」も、つとに有名で、句碑も建てられている。

4橋のうち、長堀川に架かる橋が炭屋橋と吉野屋橋、西横堀川に架かる橋が上繋(かみつなぎ)橋と下繋(しもつなぎ)橋である。江戸時代には、それぞれおよそ30mから40m程度の木橋であった。明治時代になり、市電の敷設によって1908年（明治41）に上繋橋が鋼桁に架け替えられた。さらに1929年（昭和4）、すべての橋が架け替えられている。上繋橋は縁切り橋といわれ、夫婦で渡ると離縁するという言い伝えがあったという。戦後、1963年（昭和38）から堀川の埋め立てがはじまり、すべての橋が姿を消した。

ちなみに、選択肢の橋名は、牛丼店の名前をもじった洒落とか。

▶第1回2級　正答率27%　　【正解】③吉野屋橋

問題　大阪の橋は個性があり、デザイン性にすぐれたものが数多くあります。右の写真の橋は4箇所の橋の親柱にライオンの像が施されています。堺筋に架かるこの橋は次のうちどれでしょう？

①鶴橋　　②天神橋
③難波橋　④日本橋

解説　大川に架かる三大橋（天満橋、天神橋、難波橋）のうち、難波橋は1915年（大正4）、市電の敷設にあわせて新造された。意匠は建築家・宗兵蔵が担当し、施工は大林組が手掛けた。市章が入った高欄などは花崗岩で美しく仕上げられ、橋詰の隅にはライオン像が設置された。原型は彫刻家の天岡均一(あまおかきんいち)が制作し、施工した石工は熊取谷澱南と銘板に記されている。口を開いた阿形(あぎょう)と口を閉じた吽形(うんぎょう)が2体ずつ置かれている。

▶第7回3級　正答率62%　　【正解】③難波橋

問題　中之島に架かる橋には、近松門左衛門が書いた「女殺油地獄」の舞台となっているものがあります。江戸時代初期に架けられた右の写真の橋の名称は何でしょう？

①大江橋　②淀屋橋

③鉾流橋　④梅檀木橋

解説　問題に掲載されている写真の橋は、土佐堀川に架かる梅檀木橋（せんだんのき）を南側から撮影したものである。北詰にある大阪市中央公会堂が見える。中之島に多くあった諸藩の蔵屋敷の連絡用として江戸時代初期に多くの橋が架けられ、梅檀木橋もそのひとつと考えられている。現在の橋は1985年（昭和60）に掛け替えられたもので、「浪速の名橋50選」（土木学会関西支部）のひとつ。近松の「女殺油地獄」豊島屋油店の段では、河内屋与兵衛がお吉殺害の凶器に用いた脇差を川に捨てる場面に登場する。

大江橋と淀屋橋は、梅檀木橋の西側の堂島川、土佐堀川に架かる橋。現在の両橋は2008年に国の重要文化財に指定。大江橋は「心中天網島」の道行にも登場する。

鉾流橋（ほこながし）は、東洋陶磁美術館北側の堂島川に架かる。1918年（大正７）に架けられ、名称は天神祭の鉾流（ほこながし）神事がここで行われるのに由来する。現在の橋は1929年（昭和４）に完成。

▶第５回２級　正答率84％　【正解】④梅檀木橋

問題　現在の大阪府域は、中世では三国によって構成されていました。では現在の大阪市域の大部分は、いずれの国に属していたとされているでしょう？

①摂津　②河内　③和泉　④大坂

解説　現在の大阪府は、かつては摂津・河内・和泉の３国からなっていた。この三つを合わせて、摂河泉（せっかせん）と略称する。

摂津国は、現在の大阪市を含む大阪府北部と兵庫県南東部を占めていた。河内国は大阪府東部に広がる。和泉国は大阪府南部を占め、旧郡名にもとづく泉北・泉南という地域区分も用いられる。

古くは、摂河泉３国の境界は堺市の三国ケ丘にあったが、明治時代以降は和泉と摂津の境界は大和川となった。

▶第３回３級　正答率66％　　【正解】①摂津

問題　右の地図の■■■の部分は明治維新期に廃藩置県が行われた後、合併によって誕生した現在の大阪府東・南部と奈良県のほぼ全域を含む大きな県を表しています。この県の名称は何だったでしょう？

①大和県　　②阪奈県
③泉大和県　　④堺県

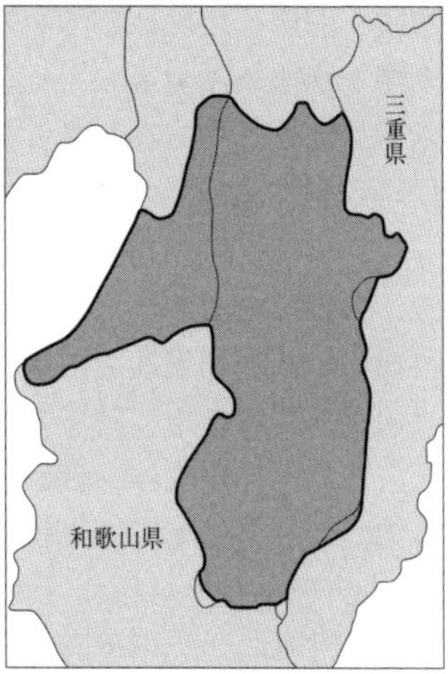

解説　明治維新後の1868年（慶応４）５月２日に大阪府が設置され、６月22日には和泉国にあたる部分に堺県が誕生した。初代知事には小河一敏（おごうかずとし）が就いた。翌年に河内県、狭山藩を合併し、1871年（明治４）の廃藩置県後には県となった岸和田県、丹南県、伯太県、吉見県などを合併して、大阪の南部を占める県となった。1876年（明治９）４月、問題の図のように奈良県を合併し、和泉、河内、大和にわたる広大な県が成立した。しかし、1881年（明治14）２月に、比較的狭小であった大阪府に統合されることになり、堺県は廃止された。なお、大阪府に属した大和の部分は、1887年

（明治20）に再び奈良県となっている。

▶第６回２級　正答率67％　　　　　　　　　　　【正解】④堺県

問題　次のうち大阪府の鳥として大阪府に指定されている鳥はどれでしょう？

①つる　　②しぎ　　③さぎ　　④もず

解説　『日本書紀』に、仁徳天皇の陵を造営した際に、野の中から急に鹿が出てきて、役民の中に入り倒れて死んだ。その鹿の耳から百舌鳥（もず）が出てきて飛び去ったという故事が記されている。大阪の地と鳥を記した最初の記述であることから、1965年（昭和40）６月25日にモズを大阪府の鳥として指定した。

日本にはツル科の鳥としてはタンチョウ、マナヅル、ナベヅルがいる。タンチョウを単にツルとも言う。タンチョウは北海道の鳥に、ナベヅルは山口県の鳥に指定されている。サギと名のつく鳥のうち、シラサギは徳島県の鳥に、カササギは佐賀県の鳥に指定されている。シギと名のつく鳥は県鳥には指定されていない。

▶第２回３級　正答率59％　　　　　　　　　　　【正解】④もず

問題　大阪市章は、船が航行する時の標識として、航路を示す目的で設置されていた「みおつくし」が由来となっています。次のうち現在の大阪市章に最も近い形はどれでしょう？

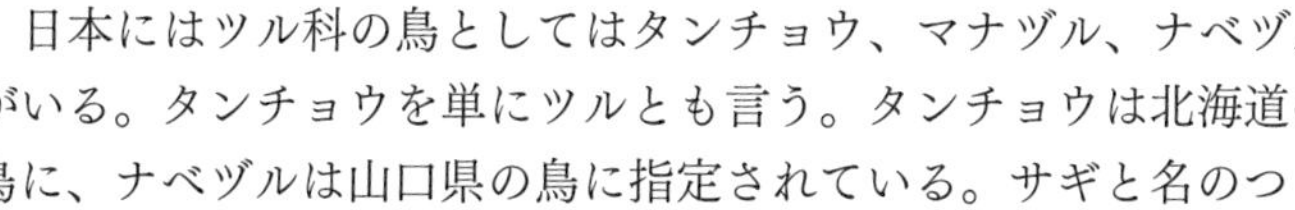

解説　大阪市の市章が澪標（みおつくし）に定められたのは、1894年（明治27）４月のことである。大阪湾から河口をめざして航行してくる船に行き先を示す澪標は、水の都・大阪らしいシンボルだった。

市章の選定は、1893年（明治26）に懸賞募集の形で始まり、それをもとに市会で検討された。デザインは星形（五芒星）をもとにしたもので、原案を含む4案で投票が行われたが、いずれにも決しなかった。翌年、驚くべきことに3000余のデザインを調査した結果、古来から大阪湾頭に立っている商都の象徴・澪標が、最も適当であるという報告がなされた。「不」の文字に似ているなどの反対意見も出て、はては千成瓢箪にしてはどうか、という意見まで飛び出したが、結局、澪標に決定し今日に至っている。

▶第4回2級　正答率55%　　【正解】②

問題　次のうち、本検定の共催者である大阪府の府章はどれでしょう？

①　②　③　④

解説　②が大阪府章。豊臣秀吉の「千成瓢箪」を図案化し、大阪の頭文字「O」で上に伸びる3つの円を描き、希望（明るく）・繁栄（豊かで）・調和（住みよい）を表している。1968年（昭和43）6月21日の「府政100年の日」に制定された。

①は大阪商工会議所の章で、英略称の「OCCI」(The Osaka Chamber of Commerce and Industry）に分銅と歯車を組み合わせた意匠である。

③は大阪市章。難波江の浅瀬に立てられていた水路の標識である澪標をかたどったもの。大阪の繁栄に関わってきた港や舟運にゆかりの深いことから、1894年（明治27）4月に制定された。

④は堺市章で、1895年（明治28）に摂津、河内、和泉の3つの国境に発達した都市という意味で、「市」の字を3つ組み合わせた市章が制定された。

▶第1回3級　正答率82%　　【正解】②

問題　1994年（平成6年）に開港した関西国際空港は、現在2本の滑走路を擁する国際拠点空港で、行政区域が三つにまたがっています。次のうち、関西国際空港を行政区域としていないのはどこでしょう？

①泉佐野市　②阪南市　③田尻町　④泉南市

解説　関西国際空港は、泉州沖の大阪湾に浮かぶ人工島につくられた24時間空港で、行政区域では泉佐野市・田尻町・泉南市にまたがっている。「関空」と略称されることが多い。鉄道によるアクセスは、JR西日本と南海電鉄が利用でき、それぞれ特急列車の「はるか」「ラピート」を運行している。

この空港の構想は1960年代にはじまり、大阪国際空港（伊丹空港）だけでは担い切れない航空需要の拡大に対応するもので、大阪湾内の各所で立地の調査が実施された。1970年代半ばに泉州沖が建設地とされ、漁業補償なども行われて、1987年（昭和62）より空港島の建設が開始された。旅客ターミナルビルは、イタリア人建築家レンゾ・ピアノによる設計である。1994年に竣工し、同年9月4日に開港した。その後、2期工事が行われ、2007年には第2滑走路の使用が開始された。

▶第1回2級　正答率69％　【正解】②阪南市

問題　大阪府内には関西国際空港、大阪国際空港の他に、もう一つ空港があります。この空港は寺内町の街並が残ることでも知られる市に置かれていますが、それは何市でしょう？

①茨木市　②高槻市　③八尾市　④藤井寺市

解説　市内に久宝寺、八尾、萱振（かやふり）の3か所の寺内町を持つ八尾市は、その町並み景観も含めて大阪府内でも貴重な場所といえる。その八尾市には空港法におけるその他の空港として八尾空港がある。日本では珍しい交差滑走路を持つが、住宅地の中にあるため、運航に伴う安全上の問題を抱えている。

▶第５回３級　正答率93％　　　　　　　　　　【正解】③八尾市

問題　次の図は大阪市の中心部を抜き出したものです。正しい行政区の組み合わせはどれでしょう？

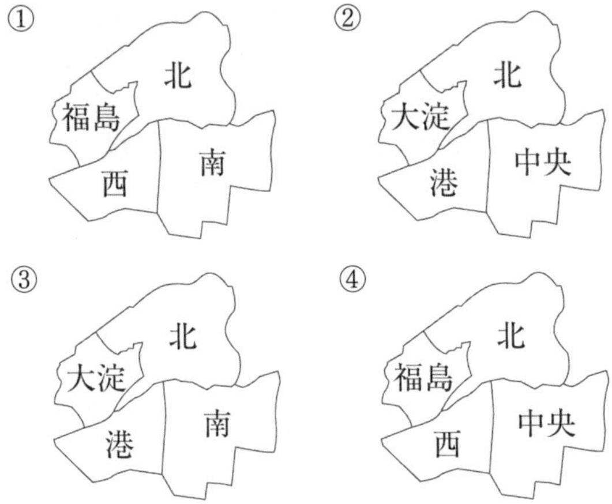

解説　大阪市の市制施行は1889年（明治22）のことである。その際に設けられた区は、東・南・西・北の４区であり、およそ江戸時代の大坂三郷に相当する。1897年（明治30）には第一次市域拡張が実施されたが、区には変更がなかった。

大きな変更が生じたのは、1925年（大正14）に実施された第二次市域拡張の際で、新旧あわせて13区に増加した。天王寺・港・浪速・此花の各区がそれまであった区から分区され、編入された新市域に東淀川・西淀川・東成・西成・住吉の各区が新設された。

1943年（昭和18）、22区への分・増区の際に、福島区や大淀区などが生まれた。戦後、1974年（昭和49）には淀川・平野・鶴見・住之江の各区が誕生し、最多の26区となった。1989年、北区と大淀区が合併して北区となり、東区と南区が合併して中央区となった。これにより、現在の24区になったのである。

▶第１回２級　正答率89％　【正解】④

問題　大阪府には現在43の市町村があります。その内訳として市町村ごとの数の組み合わせで正しいのは、次のうちどれでしょう？

①30市・12町・１村
②31市・11町・１村
③32市・10町・１村
④33市・９町・１村

解説　このような設問の際には、認知度は高いが数の多い市から数えるか、数の少ない町から数えるかは、人それぞれであろう。唯一の村である千早赤阪村（南河内郡）はよく知られている。数の少ない町は、北から能勢町・豊能町（豊能郡)、島本町（三島郡)、太子町・河南町（南河内郡)、忠岡町（泉北郡)、熊取町・田尻町・岬町（泉南郡）の９町である。

ちなみに、平成の大合併においては、大阪府の市町村数に大きな変動はなく、2005年に美原町（南河内郡）が堺市に編入されたぐらいであった（１町マイナスとなった)。それ以前となると、阪南町が市制を施行し阪南市になった1991年にさかのぼる。

▶第９回上級　正答率57％　【正解】④33市・９町・１村

問題　大阪市の人口は、2018年（平成30年）１月現在の住民基本台帳人口統計によると約270万人です。同統計による大阪府の人口はオーストリアの人口とほぼ同じですが、最も近い数値は次のうちどれでしょう？

①約585万人　②約885万人
③約1,085万人　④約1,385万人

解説　大阪府の人口は、平成時代を通じて870～880万人台で推移しているが、2011年以降は減少傾向にある。2021年の大阪府の推計人口は約880万人。2040年には750万人まで減少するとの予測も出ている。大阪市の人口は、平成時代を通じて260～270万人台で推移しており、こちらは微増傾向にあるが、長期予測では減少に転じるとされている。2021年の大阪市の推計人口は約275万人。

ちなみにオーストリアの人口は2020年現在で約890万人である。

▶第10回初級　正答率51％　　【正解】②約885万人

問題　八尾市、柏原市、松原市、羽曳野市に四方を囲まれているのはどの地方自治体でしょう？

①藤井寺市　②太子町　③富田林市　④東大阪市

解説　大阪府には、33市９町１村がある。そのうち、政令指定都市は大阪市と堺市、村は千早赤阪村である。

府の東部は、旧国名でいえば河内であり、北河内、中河内、南河内に分けられる。旧中河内郡には、東大阪市、八尾市、松原市、柏原市の一部がある。旧南河内郡には、富田林市、河内長野市、羽曳野市、藤井寺市、大阪狭山市、柏原市の一部と堺市美原区（旧美原町）、南河内郡に属する太子町、河南町、千早赤阪村がある。富田林市と南河内郡の３自治体については、2002年に合併協議会が設置されたが、合併には至らなかった。

藤井寺市は、人口約６万4000人、面積8.89km^2で、周囲を八尾市、柏原市、松原市、羽曳野市に囲まれている。市名の由来でもある西国三十三所の第５番札所・葛井（ふじい）寺や、誉田山（こんだやま）古墳（応神天皇陵古墳）を中心とする古市古墳群がある。

▶第２回３級　正答率65％　　【正解】①藤井寺市

問題　次の文章は、大阪府下のある自治体が公式ホームページに紹介している内容です。どの自治体を紹介しているでしょう？

大阪府の北東部にあり、木津川・宇治川・桂川が合流する淀川右岸に位置し、全体の約７割を山岳丘陵地が占め、丹波山地先端の天王山南側の平坦地に市街地を構成しています。～　中略　～
また、大阪・京都の中間で交通の便もよく、豊かな緑や水という良好な生活環境から、衛星都市のベッドタウンとして発展を遂げています。
①高槻市　②島本町　③枚方市　④茨木市

解説　島本町の現名称は1940年（昭和15）からで、それ以前は島本村。1889年（明治22)、町村制施行によって山崎・広瀬・東大寺・桜井・尺代・大沢・高浜の７か村が合併して成立した。島本町は大阪府の北東端、東は京都府の大山崎町と接する。木津川・宇治川・桂川が合流して淀川となる地点の右岸に位置していることから、古くから交通の要衝であった。このため近代化の波を早くから受けた。1876年（明治９）に大阪―向日町間に鉄道が開通し、翌1877年（明治10）には大阪―京都間が全線開通したことによって、旧来の駕籠や馬を用いた陸上の運搬機関は衰退していった。淀川を利用した舟運は、1910年（明治43）に天満橋―京都五条間を結ぶ京阪電鉄が対岸に開通するまでは盛んであった。

▶第２回１級　正答率49％　【正解】②島本町

問題　次の図は大阪府の市町村の一つを抜き出したものですが、この形の市町村はどれでしょう？

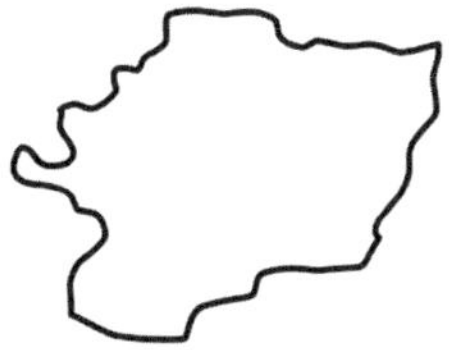

①能勢町　②八尾市
③岸和田市　④河内長野市

解説　正解の八尾市は大阪府の中央部東、中河内地域にある。西は大阪市に、北は東大阪市に、南は柏原市・松原市・藤井寺市に、東は生駒山系を境にして奈良県に接する。1948年（昭和23）に市制施行。1957年（昭和32）までの編入で現在の市域となった。

能勢町は大阪府最北部に位置し、1956年（昭和31）に、歌垣、田尻、西能勢の3か村が合併して能勢町が誕生。3年後の1959年（昭和34）に東郷村を編入して現在の姿となる。

岸和田市は、大阪府南部の泉南地域にある。1922年（大正11）に市制施行。東西は和泉市・貝塚市に隣接し、南は和泉葛城山脈で和歌山県に接する。1948年（昭和23）の泉北郡山滝村編入を最後に現在の市域となった。

河内長野市は、大阪府南東部、南河内地域にある。1954年（昭和29）に長野町、三日市村、高向村、天見村、加賀田村、川上村が合併して誕生、同年に市制を施行した。

▶第1回3級　正答率44％　【正解】②八尾市

問題　大阪府内にある政令指定都市は大阪市と堺市の2都市ですが、次のうち、堺市にあって大阪市にない区の名前はどれでしょう？

①北区　②大浜区　③西区　④中区

解説　北区と西区は大阪市と堺市の両方にある。中区は堺市にあって大阪市にない。大浜区は架空のもの。

政令指定都市の要件は人口が50万人以上である。堺市は2006年4月1日に日本で15番目の政令指定都市となった。面積約150km²、人口82万6000人である。中区をはじめ、7つの行政区がある。中区と聞くと、区内に市役所が所在し、堺市の行政の中心的な地域と思われがちであるが、市役所が所在するのは堺区である。中区は堺市の地理的な真ん中の地域といった意味である。他の政令指定都市、横浜市・浜松市・名古屋市・岡山市・広島市にも中区があり、これらの市では中区に市役所が置かれている。堺市のような中区の名称でありながら、市役所が置かれていないのは岡山市である。大阪府下のもうひとつの政令指定都市である大阪市は、面積約225km²、人口約275万4000人である。24の行政区があり、市役所は中央区ではなく、北区にある。

▶第１回２級　正答率59％　　　　　　　　　　　　　　　【正解】④中区

問題　東大阪市は東京都の大田区と並び、大都市型産業集積の地として全国的に有名ですが、東大阪市は1967年（昭和42年）に布施市、枚岡市ともう一つの自治体との合併により誕生しました。この自治体はどれでしょう？

①八戸ノ里市　②瓢箪山市　③河内市　④額田市

解説　東大阪市は大阪平野の東部に広がる大阪府第３の都市。人口は約49万人。中小企業の活動が盛んで、中核市に指定されている。市章は、市名の頭文字「ひ」を鳩の形に意匠化したもの。

現在の東大阪市は、1967年（昭和42）に布施市、河内市、枚岡市の３市が合併して誕生した。布施市は1937年（昭和12）に布施町、小阪町などが合併して成立した市で、東大阪市の西部に位置した。市の中央部にあたる河内市は、1955年（昭和30）に盾津町、玉川町などが合併して生まれた。東大阪市誕生当初の市庁舎は、元の河内市役所であった。また同年、枚岡町、縄手町、石切町と孔舎衙（くさか）村が合併して、生駒山麓に枚岡市が誕生している。

八戸ノ里、瓢箪山、額田（ぬかた）はいずれも東大阪市にある近鉄の駅名。

▶第２回３級　正答率57％　　　　　　　　　　　　　　　【正解】③河内市

問題　次のＡ～Ｃの説明文に一致するのは大阪市何区でしょう？

Ａ 中央区に隣接する

Ｂ 区域に寝屋川、第二寝屋川、城北川が流れる

Ｃ 京阪本線「関目」駅がある

①都島区　②東成区　③城東区　④鶴見区

解説　城東区は西に中央区と隣接し、時計回りに都島区、旭区、鶴見区、東成区と隣接する。面積は8.38m^2、人口は約16万7000人で１km^2あたりの人口密度は約２万人。大阪市24区のうちで人口

密度の高さは1、2を争う。

現在の城東区域は明治時代には東成郡に属していた。1897年（明治30）に大阪市に編入され東成区の一部となる。1943年（昭和18）に東成区北部と旭区南部が分離し城東区となる。1955年（昭和30）、北河内郡茨田町を編入する。1974年（昭和49）に東半が鶴見区となり、現在の区域となる。

区内にはJR片町線（学研都市線）、大阪メトロ、京阪電気鉄道が走る。1895年（明治28）に片町－四条畷間に浪速鉄道が開通したことで、農村地帯に工場・商店・住宅が進出する。1888年（明治21）から1912年（大正元）にかけての人口増加率は229％といった高い数字である。区内を流れる河川はしばしば氾濫したが、抜本的な治水対策が行われたのは戦後になってからである。

▶第３回２級　正答率71％　　【正解】③城東区

問題　大阪には難読の地名が数多くあります。次の地名（駅名）の読み方で間違いはどれでしょう？

①私市（きさいち：交野市）
②牧落（まきおち：箕面市）
③御幣島（みへいじま：大阪市西淀川区）
④淡輪（たんのわ：泉南郡岬町）

解説　正解は③御幣島で「みてじま」が正しい。大阪市西淀川区の神崎川左岸に位置し、難波八十島（なにわやそしま）のひとつとして古代からある地名で、祭祀の御幣（みてぐら）に由来する。江戸時代には御幣島村だった。

私市（きさいち）は交野市の中央部に位置する。地名の由来は隣接する私部（きさべ）（「きさいべ」とも呼ぶ）と同じく、皇后領であったことに由来するとされる。江戸時代は私市村であった。

牧落（まきおち）は箕面市南部、千里丘陵北側にあり、地名は古代の「右馬寮豊嶋牧」に属したことに由来する。江戸時代は牧落村であった。

淡輪（たんのわ）は泉南郡岬町北部、阪南市との境界に位置する。「日本書紀」雄略天皇９年５月条に「田身輪邑（たむわのむら）」として初見。中世には淡輪荘という荘園があり、江戸時代は淡輪村で、近代に入っても1955年（昭和30）に合併して岬町になるまでは淡輪村であった。

▶第1回3級　正答率79％　　【正解】③御幣島（みへいじま）

問題　18世紀初めに大和川が付け替えられ、現在のように柏原市から西に流れ大阪湾に注ぐようになりました。その結果、それまで川床だったところは畑として生まれかわり、織物の原材料となる作物の耕作が盛んになりました。この作物は何でしょう？

①綿　②麻　③へちま　④桑

解説　大和川は、奈良県に水源を発し、大阪府に流れ込んだのち、大阪市と堺市の境界を西に流れ、大阪湾に注いでいる。しかし、かつては石川と合流したのち流路を北に取り、分流しながら淀川に流れ込んでいた。歴史書には、すでに8世紀から洪水が記録されており、流域の人々を悩ませていた。江戸時代になっても、たびたび水害が起こり、中甚兵衛（なかじんべえ）ら摂津・河内の人々は大和川の付け替えを嘆願した。

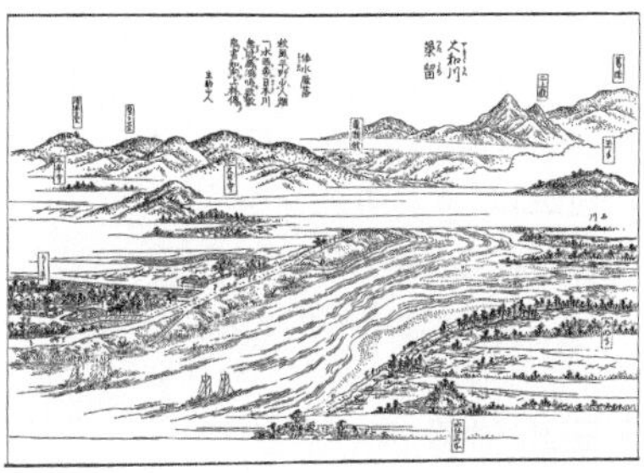

新大和川付け替え地点、築留の図
（『摂津名所図会』）

1704年（元禄17）2月、付け替えは着工され、石川との合流点から西に流れる新川が開削された。総延長は約14kmで、川幅は100間（約182m）、堺で海に注ぎ込むもので、完成は同年10月と約8か月で竣工した。

旧流路には、鴻池新田など多くの新田が開発され、面積は約1050haに及んだ。ここでは土壌に適した綿の栽培もさかんに行われ、つくられた綿布は河内木綿と呼ばれた。

▶第1回3級　正答率73％　　【正解】①綿

〔社会の出題傾向と対策〕

大阪検定では、「社会」科目として出題されている内容は、大きく分けて「歴史」「産業」「地理」の３分野になる。

▶歴史（原始・古代）

大阪においては、弥生時代以前のトピックは少ない。それが古墳時代になると一気に出題が増える。百舌鳥古墳群、古市古墳群が存在するためである。これほど多数の古墳が集積している地は他になく、日本を代表する巨大古墳があることで、知名度も高い。個々の古墳について詳細な知識を問う出題は少なく、古墳群の立地や所在自治体が取り上げられる程度であったが、世界文化遺産に登録されて以降は、出題が質・量ともに増える傾向にある。古代では難波宮もよく出題されるテーマである。発掘を先導した山根徳太郎、大極殿などが題材となる。前期難波宮（難波長柄豊碕宮）と後期難波宮、遷都の経緯などの詳細には触れられない。飛鳥・奈良時代では、日本最古の官道、竹内街道や、最古のため池、狭山池が取り上げられることもある。この時代の著名人の筆頭は聖徳太子で、大阪では最初の官寺である四天王寺を建立した人物として特別な存在となっており、今なお厚い信仰を集める。ゆかりの河内三太子（上ノ太子、中ノ太子、下ノ太子）の寺の名を問う出題もある。

▶歴史（中世）

中世の出来事は非常に少ない。南北朝時代の楠木正成と関連する史跡や社寺に少々の出題実績がある程度。蓮如が上町台地の先端に築いた大坂（石山）本願寺と、「大坂」という地名の由来は最大のトピック。

▶歴史（近世）

いわゆる織豊時代、織田信長と豊臣秀吉が天下を取った時代は、大阪が歴史上の主舞台になる出来事が多々あり、それに比例して出題頻度も高くなる。主舞台は現在の大阪城のある場所で、上町台地北端の要害の地であることから、歴代の指導者が本拠とし、激戦地にもなってきた。最初に蓮如が築いた大坂（石山）本願寺があり、これを織田信長が10年に及ぶ石山合戦で退去させる。これを機に、一大宗教拠点から戦国武将が覇権を争う舞台となる。信長の跡を継いで天下人となった豊臣秀吉が大坂城を築城する。この初代大坂城は大坂夏の陣で焼亡するまで存在した。豊臣秀吉は城下町の整備にも着手し、船場を開発し、京街道などの街道整備を行った。背割下水（太閤下水）や文禄堤など、現在も痕跡は残る。辞世の句も含めて、大阪に関連する秀吉の事績はすべて出題対象になると考えられ、基本的な事項は一通り押さえておく必要がある。
豊臣家と豊臣期大坂城は大坂夏の陣で滅亡する。大坂の陣をめぐる一連の出来事も、たびたび出題される重要テーマである。冬の陣、夏の陣で繰り広げられた各所での局地戦や活躍した武将たち、本陣の置かれた場所、真田幸村（信繁）と真田丸、最期の地である安居神社など、かなり細かい要素まで出題される。このように、全時代を通じて、大坂城（大阪城）にまつわる出題は非常に多い。初代、二代目の天守の詳細は大阪検定においては基本中の基本と言える。三代目天守閣については、後述の「歴史（近現代）」や「遠足その他」科目で扱われる。
中世に国際貿易で栄えた自治都市、堺の出来事も時おり出題され、なかでも千利休が取り上げられることが多い。詳しい歴史知識は問われず、観光素材となっている事柄に限られる。南宗寺や妙国寺などの寺社も同様に、歴史上の主要人物との関連で出題される。
以上のように、歴史分野での出題は、現地に何が残され観光素材となっているかが重視され、単なる日本史の出題にはしないという方針が貫かれている。よって、歴史が苦手な人でも対応が可能で、逆に歴史が得意な人でも現地情報の入手が必要となる。
江戸時代の出来事は、大坂の陣を除けば、前期の市街地・産業形成期と、後期・幕末の動乱期の出題が主になる。大坂三郷、三大市場、道頓堀開削、海運、蔵屋敷、豪商、後期・幕末では大塩平八郎の乱、堺事件など、題材は限定的である。文化史としては、元禄文化（主に「国語」と「芸術・娯楽」科目で扱う）や町人学者、幕末の私塾も大阪文化を特徴づける素材としてよく出題される。大火や地震津波などの災害も扱われ、百数十年ごとに周期的に起きる南海トラフ地震の危険性が近年高まっていることもあり、注意喚起の意味で災害の状況が描かれた古文献や古地図、石碑などを題材に、今後も出題が続くものと思われる。なお、橋や川も最重要素材であるが、後述の「地理」分野として取り扱う。

▶歴史（近現代）

幕末から明治維新にかけては、大阪が歴史上の主舞台になるような出来事はほとんどない。よって、日本史の教科書には詳述されないような出来事でも取り上げられることがある。大阪会議や大阪遷都論がその一例で、大久保利通、大村益次郎といった維新史における主役たちも、大阪を重視した人物として扱われる。明治初期の殖産興業は国策ではあるが、大阪では造幣寮（造幣局）や泉布観、舎密局、軍事拠点としての大阪砲兵工廠などが頻出する。各種産業については後述の「産業」で扱う。

社会

特筆すべき人物に五代友厚がある。維新後に衰退した大阪経済を立て直し、近代大阪の産業基盤をつくった人物である。商法会議所、株式取引所、商業講習所、活版印刷、製藍業に至るまで、あらゆる事業や産業を立ち上げ、上記の堺事件や大阪会議にも関わり、八面六臂の活躍をした郷土の偉人となっている。最重要人物としてかなり細かな出来事まで出題されるため、五代の事績は立ち上げた団体・組織の旧名称、現名称のみならず、関わった出来事、旧居の場所までも念入りにおさらいする必要がある。五代に次ぐ財界の重要人物として、藤田伝三郎、土居通夫とその事業、関連施設も出題される。明治期の出来事では第5回内国勧業博覧会が頻出する。会場の立地や施設から跡地の再利用まで毎回のように出題されるため、細部にわたり知識を得ておきたい。

大正から昭和初期にかけてのいわゆる大大阪時代は、市域拡張と人口が日本最大になった観点から出題されることが多い。昭和初期から戦中にかけての出来事では、都市計画を先導し大阪市街を大改造した関一とその事績がよく取り上げられる。関一が関わった事業には、市域拡張のほか御堂筋、地下鉄御堂筋線、大阪港、大阪市中央卸売市場、大阪城公園の整備など多岐にわたる。三代目大阪城天守閣は、建物のモチーフ、同時に整備された陸軍第四師団司令部庁舎や寄付金の額までもが問われる。大阪城公園内の各施設も、石垣や櫓、室戸台風の慰霊碑である教育塔など、かなりの細部を問う出題がなされる。試験対策としては、座学よりも現地を訪れて確かめるのが一番である。戦中までの出来事では、大阪大空襲とその旧跡、大阪砲兵工廠とその跡地が時おり出題されるが、詳細な知識を問われるものではない。戦後の出来事では大阪万博（日本万国博覧会）とシンボルの太陽の塔だけが大きく取り上げられる。

▶産業

明治初期の殖産興業と関連人物については上記したが、それ以降で産業として出題されるのは、大阪発祥で国内の代表的企業となった業種、地場産業、大阪で生まれた新商品が主になる。業種で言えば紡績、保険、証券、銀行、商社、製薬、家電、食品、そして外食産業、小売業などである。紡績、金融、商社については、財閥と関連させ、歴史的経緯を整理すると理解が早い。製薬については船場の道修町という一箇所に集約された地場産業として、今なお本社を置く企業が多数ある。メーカーとしては、一般に馴染みのない重工業よりも、家電や食品など一般向けの商品をもつ企業が出題されることが多い。外食産業や小売業も、全国的な有名チェーンを展開する企業が出題される。ただし、本社機能を大阪外に移転させたり、他の大企業や外資に吸収された企業は、今後徐々に出題頻度が落ちてくると思われる。なお、鉄道については創業者、経営者に関する出題も含め、本書では「遠足その他」科目に配置した。

▶地理

地理については、大きく「地形」と「地名」の出題に分けられる。地形に関しては、大地のなりたちとして、古地理図とともに出題されることが多い。縄文海進と呼ばれ、海水面が上昇して大阪の中心市街地が海に埋もれていた時代の図である。この時代の内湾を河内湾と呼び、海に突き出している半島が現在の上町台地になる。上町台地には重要拠点として大坂（石山）本願寺や大坂城（大阪城）が置かれ、周囲に城下町や寺町が形成された。その痕跡をとどめる場所として、天王寺七坂などの坂の名前や位置がたびたび出題される。

「水の都」「水都大阪」と言われるように、近世に市街地が形成される過程で網の目のように多くの堀割や運河が築かれ、大阪の景観を特徴づけてきた。大阪の地理・地形において、川そして橋は最重要素材であることは言うまでもない。出題回数を集計するだけでもかなりの数になる。出題対象は有名無名を問わない。現存する川や橋だけでなく、埋め立てられ消滅した川や橋までもが出題されることがある。四つ橋や蜆川がその最たる例である。芸能や文学の舞台となり、駅名や地名として残っている川や橋は数多い。川と橋は大阪検定において必備知識と言える。一方、高い山のない大阪では山が出題されることは少ない。大阪最高峰の金剛山、人工の築山で観光名所の天保山が出題される程度。

地名については、すべての科目に登場し、何らかのテーマに関連づけられた出題がほとんどであるから、初級受験者においては各科目の試験対策でカバーすることができる。しかし、地名だけが単独で難読地名や記述式問題として出題されることがあるので、土地勘がなく苦手意識を持つ人や上級受験者にとっては、多少の対策が必要になる。分厚い地名辞典までは必要としないが、本書の過去問題や『大阪の教科書』に出てくる地名のうち、読みや書き取りが難しそうなものをノートに書き留めて覚えるなどの方法が有効であろう。もっとも、出題の可能性がある地名は無限にあるわけではなく、過去の出題傾向を見る限り、対象となる難読地名はごく少数に限定され、それが繰り返し出題される。

また、自治体や行政区画に関する問題も時おり出題される。大阪市や大阪府のシンボルとなっている市章や府章、府市の鳥や花、２つの政令市である大阪市と堺市の区に関する出題がみられる。

〔社会の要点〕

▶歴史（原始・古代）

マチカネワニ、森の宮遺跡、池上曽根遺跡、百舌鳥古墳群、古市古墳群、難波宮（山根徳太郎、大極殿）、竹内街道、狭山池、聖徳太子と四天王寺

▶歴史（中世）

楠木正成（千早城址）、楠木正行（四條畷神社）、蓮如と大坂（石山）本願寺

▶歴史（近世）

石山合戦（顕如と織田信長）、大坂城（初代豊臣期、二代目徳川期）

豊臣秀吉……背割下水（太閤下水）、船場、京街道、文禄堤など事績多数

大坂の陣……真田幸村（信繁）と真田丸、安居神社、茶臼山

堺……『黄金の日日』、千利休、呂宋助左衛門、南宗寺、妙国寺

大坂三郷（北組・南組・天満組）、三大市場（天満青物市場、雑喉場魚市場、堂島米市場）、道頓堀、元禄文化、西廻り航路、蔵屋敷、豪商（淀屋、鴻池）、町人学者（木村蒹葭堂）、私塾（適塾＝緒方洪庵・福沢諭吉、懐徳堂など）、大塩平八郎の乱、堺事件、大阪開港（川口居留地）

▶歴史（近現代）

大阪会議、大阪遷都論、大久保利通、大村益次郎、造幣寮（造幣局）と泉布観、舎密局

五代友厚……大阪商法会議所（現・大阪商工会議所）、大阪株式取引所（現・大阪取引所）、大阪商業講習所（現・大阪市立大学）、大阪活版所、朝陽館、堂島米会所など事績多数

藤田伝三郎、土居通夫、第5回内国勧業博覧会

関一……御堂筋、地下鉄御堂筋線、大阪港、大阪市中央卸売市場など

三代目大阪城天守閣……陸軍第四師団司令部、石垣や櫓、教育塔

大阪大空襲、大阪砲兵工廠、大阪万博（日本万国博覧会）と太陽の塔

▶産業

紡績（東洋のマンチェスター、大日本紡績）、保険（日本生命、大同生命）、証券（野村證券）、商社（伊藤忠、丸紅）、製薬（武田薬品工業、塩野義製薬、道修町）、家電（パナソニック）、食品（日清食品、サントリー）、機械（ダイハツ、ダイキン）、回転寿司、魔法瓶（象印、タイガーなど）

▶地理

河内湾・上町台地、天王寺七坂、川（淀川、大和川のほか多数）、橋（なにわ三大橋＝難波橋・天神橋・天満橋のほか多数）、金剛山、天保山

なにわなんでも
大阪検定

3限目
体育

すべて択一問題です。各問題に１つのみ解答してください。

問題　近鉄バファローズから米国メジャーリーグのロサンゼルス・ドジャースに移籍し、日本人メジャーリーガーのパイオニアとして活躍した、大阪府出身の投手は誰でしょう？

①江夏豊　②野茂英雄　③伊良部秀輝　④板東英二

解説　大阪の成城工業高校からノンプロの新日鉄堺を経て、近鉄バファローズに入団した野茂英雄。打者に背中を向けるトルネード投法（トルネードは竜巻の意味）で活躍した。近鉄では、1990年から実働５年で78勝をあげ、奪三振は1204。1995年にドジャースに入団し、以後、移籍やドジャース復帰を経て2008年に引退。日米通算201勝。2014年には、日本の野球殿堂入りを果たした。

▶第６回３級　正答率93％　【正解】②野茂英雄

問題　2003年（平成15年）にオープンした大型複合商業施設「なんばパークス」は、かつて日本プロ野球の南海ホークスが本拠地を置いていた球場でした。現在、なんばパークスの広場内にはかつてこの球場のピッチャーズプレートとホームベースがあった位置に記念のモニュメントとプレートが置かれています。この球場の正式名称は何だったでしょう？

①なんばスタジアム　②上方スタヂアム
③道頓堀スタヂアム　④大阪スタヂアム

解説　現在、なんばパークス（大阪市浪速区）のある場所には、かつてプロ野球ファンから「大阪球場」、あるいは「難波球場」として親しまれた大阪スタヂアムがあった。

1950年（昭和25）に完成し、パリーグの南海ホークスのホームグラウンドとして知られる。他にも、近鉄パールス、洋松ロビンスが使用したこともあった。両翼84m（のち91.5mまで拡張）、中堅115.8mで、急傾斜のスタンドを持つ。設計は坂倉準三。1951年（昭和26）には、関西初のナイター設備が設けられた。のち、球場内外に卓球場、場外馬券売場、ボーリング場などもできた。

1950～60年代はホークスの黄金時代で球場もにぎわったが、1988年（昭和63）にホークスはダイエーに売却され、本拠地も福岡に移った。1989～90年に近鉄バファローズが試合を行ったが、その後は住宅展示場となった。1998年に取り壊され、2003年になんばパークスが開業した。

大阪球場正面（『南海70年のあゆみ』南海電気鉄道）

▶第１回３級　正答率83％　　【正解】④大阪スタヂアム

問題　日本シリーズに進出するも、なかなか優勝できず、1959年（昭和34年）に悲願の日本一を果たし、「涙の御堂筋パレード」で大阪市民の喝采を受けた野球チームはどこでしょう？

①阪神タイガース　　②近鉄バファローズ
③南海ホークス　　④阪急ブレーブス

解説　南海ホークスは、1938年（昭和13）に結成され、戦後はパ・リーグの人気球団となった。難波にあった大阪スタヂアム（大阪球場）が本拠地だったため、大阪には特にファンが多かった。10回も日本シリーズに進出し、1959年（昭和34）と1964年（昭和39）の２度、日本一に輝いた。初制覇した1959年のシリーズではエースの杉浦忠が４連投し、巨人に４連勝した。チームは鶴岡一人監督を筆頭に大阪に凱旋し、御堂筋をパレードした。

▶第７回３級　正答率72％　　【正解】③南海ホークス

問題　阪神タイガースは、読売ジャイアンツが創立された翌年、1935年（昭和10年）に創立されましたが、当時のチーム名は何だったでしょう？

①大阪球技倶楽部　　②大阪タイガース
③阪神野球倶楽部　　④阪神ジャガース

解説　阪神タイガースは、1935年（昭和10）12月、大阪野球倶楽部として誕生し、球団事務所は大阪市内に置かれた。翌1936年（昭和11）1月、球団の愛称が阪神電鉄職員から募集され、「大阪タイガース」と決定した。大リーグのデトロイト・タイガースにちなんだという。この年、日本職業野球連盟が発足し、7球団で選手権が行われた。タイガースの監督は森茂雄、選手に松木謙治郎、若林忠志、景浦将、藤村富美男らの名選手がいた。

▶第6回3級　正答率65％　　【正解】②大阪タイガース

問題　かつては大阪に本社を置く四つの鉄道会社がプロ野球球団を経営していました。1950年（昭和25年）の2リーグ分裂以降、日本シリーズを制した回数が最も多い球団は次のうち、どれでしょう？

※以下のチーム名の時に限定します。

①阪神タイガース　　②阪急ブレーブス
③南海ホークス　　④近鉄バファローズ

解説　セリーグの覇者とパリーグの覇者が対戦し、日本一を決めるプロ野球日本シリーズ。2リーグ分立後の1950年（昭和25）からはじまった。

阪神タイガースは、5度のリーグ優勝（1962年、64年、85年、2003年、05年）を果たしているが、日本一になったのは、バース、掛布、岡田のクリーンアップをそろえた1985年（昭和60）のみである。阪急ブレーブス（オリックス・バファローズの前身のひとつ）は、10度もシリーズに進出し、3度日本一になっている。上田利治監督のもと、山田久志、福本豊ら個性的な選手を擁した1975年（昭和50）から77年（昭和52）の3連覇であった。南海ホークス（ソフトバンク・ホークスの前身）は、10回シリーズに進出して２度制覇した（鶴岡一人監督時代の1959年と64年）。1959年（昭和34）の「御堂筋パレード」は、今でも語り草である。パリーグでは強豪であったが、シリーズでは巨人の前に苦杯をなめた感がある。近鉄バファローズ（オリックス・バファローズの前身のひとつ）は、４度（1979年、80年、89年、2001年）出場したが、ついに日本一になれなかった。なかでも1989年の対巨人、３連勝４連敗のシリーズは、返す返すも残念であった。

▶第２回２級　正答率38％　　【正解】②阪急ブレーブス

体育

問題　2014年（平成26年）、夏の全国高等学校野球選手権大会で優勝した大阪桐蔭高校は、数多くのプロ野球選手を輩出しています。次のうち大阪桐蔭高校出身ではないプロ野球選手は誰でしょう？

①藤浪晋太郎（タイガース）　②中田翔（ファイターズ）
③中村剛也（ライオンズ）　④山田哲人（スワローズ）

解説　夏の甲子園で５度、春の選抜で３度優勝を飾っている大阪桐蔭高校は、1988年の創部以来多数のプロ野球選手を輩出してきた。中日の元エース・今中慎二、「おかわり君」で人気の西武の野手・中村剛也、中村の同期で阪神の投手・岩田稔、大リーグ・ツインズから阪神入りした西岡剛、北海道日本ハムのスラッガー・中田翔、高校時代にバッテリーを組み春夏連覇した藤浪晋太郎（阪神）と森友哉（西武）らがいる。山田哲人は、履正社高校の出身。

▶第７回２級　正答率65％　　【正解】④山田哲人（スワローズ）

問題　全国高等学校野球選手権大会（夏の甲子園大会）の前身である全国中等学校優勝野球大会が初めて開催されたのは、現在のどこでしょう？

①豊中市　②吹田市　③池田市　④島本町

解説　全国中等学校優勝野球大会は、1915年（大正４）８月、大

阪朝日新聞の主催により豊中グラウンドで第１回大会が行われた。大会には10校が出場し、京都二中が優勝した。

豊中グラウンドは、箕面有馬電気軌道（現・阪急電鉄）によって1913年（大正２）に開場されたグラウンドで、煉瓦塀に囲まれ、２万㎡の広さがあり、陸上競技場などにも使用された。

豊中での開催は第２回までで、第３回大会から鳴尾球場（現・兵庫県西宮市）に移った。この大会は大変な人気だったため、鳴尾球場でも収容規模が不足し、1924年（大正13）の第10回大会からは竣工した甲子園球場で行われることになった。戦後の1948年(昭和23)、大会名称が全国高等学校野球選手権大会に変更された。

豊中グラウンドのあった場所には、第70回大会を記念して、高校野球メモリアルパークが設けられ、煉瓦塀には第１回大会の始球式風景のレリーフがはめこまれた。2017年に再整備され、高校野球発祥の地記念公園になっている。

▶第１回２級　正答率83％　【正解】①豊中市

問題　相撲の後援者、ひいき筋（すじ）を意味する言葉は、大阪のある地名に由来するといわれています。その地名は何でしょう？

①新町　②谷町　③茶屋町　④松屋町

解説　大相撲の後援者のことを「タニマチ」と呼ぶ。語源には諸説あるが、大阪市中央区の地名「谷町」に由来するとされる。一説には、明治時代の末、谷町筋にいた相撲好きの歯科医が力士から治療費を取らず、飲食の世話までしたという逸話によっている。

▶第４回３級　正答率77％　【正解】②谷町

問題　1909年（明治42年）に東京両国に最初の国技館が建設されると、各地で国技館と称する建物がつくられました。大阪でも1919年（大正８年）に大阪国技館が、1937年（昭和12年）には大阪大国技館が完成しました。大阪大国技館の竣工記念大場所は新横綱

双葉山お披露目の場所でもありました。この大阪大国技館のあった場所は次の現在の区のうちどこでしょう？

①浪速区　②城東区　③西区　④中央区

解説　現在、大相撲大阪場所は、大阪市浪速区にあるエディオンアリーナ大阪（大阪府立体育会館）で開催されている。大阪では、かつて大阪相撲が興行されており、1919年（大正８）には新世界（現・浪速区）に大阪国技館がつくられた。1925年（大正14）に大日本相撲協会が設立され、東西の相撲協会が合併。1937年（昭和12）には旭区関目（現・城東区古市）に大阪大国技館が建設された。ドームのある鉄筋コンクリート造で２万5000人を収容できた。

▶第７回１級　正答率51％　【正解】②城東区

問題　セレッソ大阪の母体となり、Ｊリーグ発足前の日本リーグで４度の優勝をかざったチームはどれでしょう？

①ヤンマー　②住友金属　③大阪ガス　④田辺製薬

解説　セレッソ大阪は、ヤンマーディーゼル（現・ヤンマー）サッカー部を母体として誕生した。同部は、1957年（昭和32）の設立。1967年（昭和42)、大型ストライカー・釜本邦茂が入団し、ネルソン吉村らの選手補強でチーム強化を進めた。鬼武健二監督のもと、攻撃的なプレーで、1968年（昭和43）の天皇杯を初制覇した。これを含めて、天皇杯は通算３度獲得。日本サッカーリーグ優勝は４回にのぼる。1993年、大阪サッカークラブ（現・セレッソ大阪）となった。

▶第３回３級　正答率87％　【正解】①ヤンマー

問題　「ミスターセレッソ」と呼ばれたこの人物は、2008年（平成20年）まで背番号８を背負いプレーしました。2002年（平成14年）に開催されたFIFA・ワールドカップ日韓大会においてセレッソ大阪のホームグラウンドである長居スタジアムでゴールを決めたこの選手は誰でしょう？

①香川真司　②清武弘嗣　③柿谷曜一朗　④森島寛晃

解説　2002年のサッカー・ワールドカップは日韓共同開催となり、大阪市の長居スタジアムも会場のひとつとなった。6月14日に行われたグループリーグHの日本－チュニジア戦では、セレッソ大阪の森島寛晃が48分にゴールを決め、日本が2－0で快勝した。森島は広島県出身で、引退後はセレッソ大阪のアンバサダーを務めた後、2019年に代表取締役社長に就任した。

▶第7回3級　正答率83％　【正解】④森島寛晃

問題　サッカーJリーグ“ガンバ大阪”設立時の母体となり、現在も同チームの主要スポンサーの一つとなっている企業は次のうちどれでしょう？

①パナソニック　②UHA味覚糖
③ヤンマーディーゼル　④日本ハム

解説　ガンバ大阪は、セレッソ大阪とともに大阪を本拠地とするプロサッカーチームで、市立吹田サッカースタジアム（パナソニックスタジアム吹田）をホームグラウンドとする。その設立母体は、松下電器産業（現・パナソニック）サッカー部で、Jリーグ発足時の名称はパナソニックガンバ大阪であった。1996年より現名称となった。現在、ユニフォームには、胸に「Panasonic」の文字が入っている。背中には、ユニフォームスポンサーであるロート製薬の「ROHTO」のロゴがつけられている。

一方、ヤンマーディーゼル（現・ヤンマー）サッカー部を母体に誕生したセレッソ大阪は、現在スポンサー企業に、ヤンマーや日本ハムなどがあり、ユニフォームの胸と背にそれぞれの社名が入れられている。

▶第２回３級　正答率76％　　【正解】①

問題　ガンバ大阪は、ユース、ジュニアユースといった下部組織で選手育成に力を入れており、多くの名選手を輩出しました。次の選手のうちガンバの下部組織で育っていない選手は誰でしょう？

①宮本恒靖　②稲本潤一　③遠藤保仁　④宇佐美貴史

解説　ガンバ大阪は、プロサッカー・Ｊリーグの強豪チームで、2015年には吹田市の万博記念公園に新しいホームスタジアムが完成した（市立吹田サッカースタジアム）。チームは現在Ｊ１に属するが、23歳以下の選手で構成されるガンバ大阪U-23があり、また若いサッカー選手を育成するアカデミー（ユース、ジュニアユース、ジュニア）がある。宮本恒靖、稲本潤一、宇佐美貴史らはこれら下部組織で育った。遠藤保仁は、鹿児島実業高校の出身。

▶第７回３級　正答率30％　　【正解】③遠藤保仁

問題　1964年（昭和39年）の東京オリンピックの女子バレーボールで、スポーツ中継歴代最高視聴率66.8％を記録した決勝戦の先発メンバー６人すべての選手を占めた実業団チーム「日紡貝塚」は、当時何と呼ばれていたでしょう？

①東洋の魔女　②東洋のなでしこ
③東洋の忍者　④東洋の女神

解説　企業スポーツが厳しい時代を迎えているが、かつては実業団チームを持つ紡績会社が数多く存在した。その代表がバレーボールの「日紡貝塚」である。日紡は大日本紡績の略称で、大正時代に設立された大阪を代表する紡績会社のひとつである。現在は、ユニチカとなっている。

同社の貝塚工場に、1954年（昭和29）、女子バレーボール部が設けられた。監督は、のちに「鬼の大松」と呼ばれた大松博文であった。1959年（昭和34）から1966年（昭和41）にかけて258連勝を記録し、欧州遠征でも好成績をあげるなど、「東洋の魔女」と恐れられた無敵のチームである。1964年（昭和39）に開催された東京オリンピックでは、河西昌枝ら日紡貝塚のメンバーが中心となって、金メダルを獲得した。守備に採用された回転レシーブは、彼女たちのお家芸であった。同チームは、ユニチカフェニックスとなったのち、2000年に休部した。

▶第１回３級　正答率98％　【正解】①東洋の魔女

問題　高校野球における「甲子園」と同義でラガーマンの聖地と言われ、日本初のラグビー専用スタジアムがあるのは大阪府内のどこでしょう？

①長居　②門真　③千里　④花園

解説　花園ラグビー場は、日本初のラグビー専用スタジアムで、近鉄奈良線沿線の東大阪市にある。天然芝で２万6000人収容の第１グラウンドのほか、サブグラウンドも備えている。

1929年（昭和４）、近鉄の前身のひとつである大阪電気軌道の沿線に、収容約１万2000人のラグビー場が建設された。インターナショナルスタイルの斬新な建築で、浜寺水練学校の師範でもあった建築家、中尾保により設計された。戦時中は花園練成場として軍事教練に使用され、戦争末期には農地となり、戦後は占領軍に接収されていた。

その後、高校・大学・社会人ラグビーの舞台として広く使用されている。特に、全国高等学校ラグビーフットボール大会の会場として知られ、毎年テレビ中継も行われる。また、社会人

初期の花園ラグビー場（『近代建築画譜』）

のジャパンラグビートップリーグでは、近鉄ライナーズがホームスタジアムとして使用している。

2015年に近鉄から東大阪市に譲渡され、2019年のラグビーワールドカップの会場にもなった。

▶第１回３級　正答率98％　【正解】④花園

問題　2018年（平成30年）１月に行われた第97回全国高等学校ラグビーフットボール大会では大阪の代表校同士による決勝戦となりました。大阪桐蔭高校を破り、２大会ぶり５回目の頂点に輝いた高校はどこでしょう？

①都島工業高校　②常翔学園高校
③大阪桐蔭高校　④東海大仰星高校

解説　全国高等学校ラグビーフットボール大会は、1918年（大正７）に日本フートボール大会として始まった伝統ある大会で、1963年（昭和38）から花園ラグビー場で開催されている。

2017年度の第97回大会は、2018年１月に東海大仰星高校と大阪桐蔭高校という大阪の代表校同士による決勝戦となり、東海大仰星高校が優勝した。大阪の代表校同士の決勝戦は、1998年度の第78回大会で啓光学園高校と大阪工大高校が対戦して以来、19年ぶり２度目となった（戦前の旧制中学時代は除く）。

大阪の高校の成績は圧倒的で、2020年度の第100回大会までで優勝21度。高校別では７度優勝の常翔啓光学園高校（啓光学園高校含む）、５度優勝の常翔学園高校（大阪工大高校含む）と東海大仰星高校に、１度優勝の大阪桐蔭高校が競合の一角に加わった。

▶第10回初級　正答率54％　【正解】④東海大仰星高校

問題　大阪の冬の風物詩としても知られている大阪国際女子マラソンは、1982年（昭和57年）に大阪女子マラソンとして始まり、オリンピック代表選手選考などを兼ねた熱いレースが毎年繰り広

げられます。このレースのスタートとゴールになる施設は次のうちどこでしょう？

①長居陸上競技場　②万博記念競技場
③インテックス大阪　④大阪城公園

解説　大阪国際女子マラソンは、日本陸上競技連盟が主催する大会で、毎年１月下旬に行われる。

かつてのコースは、長居陸上競技場をスタートし、湯里６丁目－大池橋－勝山４丁目－森ノ宮駅前－馬場町－天満橋－市役所前－新橋（御堂筋）を折り返し、長居公園にゴールするものであった。復路の25km過ぎに大阪城公園内の急坂があり、高速マラソンには不利なコースであった。そこで2011年の大会から、往路を森ノ宮駅前から北上してOBP（大阪ビジネスパーク）を通るように変更し、折り返し点を御堂筋の道頓堀橋南詰にまで延ばし、復路の急坂を避けて公園内の東端を通るコースとした。このことで、高低差の難点も解消し、より都会的なコースとなった。

▶第５回３級　正答率82％　【正解】①長居陸上競技場

問題　大阪や関西で活躍する芸能人の中には、かつてスポーツ選手として優秀な成績を残した人物が数多くいます。次の芸能人に共通するスポーツとは何でしょう？

〈和泉修・トミーズ雅・赤井英和・島木譲二〉

①野球　②サッカー　③ボクシング　④相撲

解説　和泉修は、清水圭と人気漫才コンビ「圭修」を組んだ漫才師・タレントで、現在は高山トモヒロと漫才コンビ・ケツカッチンで活動する。高校時代はインターハイのボクシング・フェザー級で優勝した。修の高校の先輩が、タレント・俳優の赤井英和。1980年（昭和55）、近畿大学在学中にプロ転向。デビューから12試合連続KO勝ちを収め、「浪速のロッキー」の異名を得た。漫才師・トミーズ雅も、元プロボクサーである。「パチパチパンチ」のギャグで知られる吉本新喜劇の島木譲二も、プロボクサーだった。

▶第3回3級　正答率98%　【正解】③ボクシング

問題　1925年（大正14年）には、号令や笛に合わせて一つのストーリーで泳ぐ「楽水群像」を行っていたとされ、1957年（昭和32年）にシンクロナイズドスイミング部を創設し、五輪メダリストを輩出している大阪府内の水泳学校はどこでしょう？

①浜寺水練学校　②イトマンスイミングスクール
③山田スイミングクラブ　④なにわ水泳教室

解説　大阪南郊にある浜寺は、明治期より海水浴場としてにぎわい、1906年（明治39）7月、大阪毎日新聞社により浜寺水練学校が開かれた。この水練学校では、当初より瀬戸内海の村上水軍に伝わる日本泳法（古式泳法）である能島流が教授された。

1925年（大正14）には、能島流の泳法をもとに、号令や笛に合わせてひとつのストーリーで泳ぐ「楽水群像」が行われていたという。戦後、米国のシンクロチームが来日し、その演技が披露された。それに接した高橋清彦らによって、1957年（昭和32）、浜寺水練学校にシンクロナイズドスイミング部が設けられ、国際大会への出場がはじまった。1973年（昭和48）の第1回世界選手権では藤原昌子・育子姉妹が銅メダルを獲得するなど、同校選手の活躍は今日まで続いている。シンクロナイズドスイミングの指導者の井村雅代も同校の出身。

イトマンスイミングスクールは、設立以来、大阪市住之江区に本社を置いていた水泳等のスクールで、競泳のオリンピック選手が多数輩出する名門。山田スイミングクラブはかつて大阪市生野区のロート製薬内にあった水泳学校である。

▶第1回3級　正答率80%　【正解】①浜寺水練学校

問題　大阪府立登美丘高校のダンス部は、2017年（平成29年）「バブリーダンス」で大きな注目を集めましたが、大阪の高校は日本高校ダンス部選手権全国大会（夏高ダンス）で圧倒的な強さを誇っています。下記の表は同大会の歴代優勝校を一覧にしたものですが、AとBに入る組み合わせで正しいものはどれでしょう？

日本高校ダンス部選手権全国大会（夏高ダンス）優勝校

開催年	ビッグクラス（13～40人）	スモールクラス（2～12人）
2011	（　A　）高校（大阪）	北九州市立高校（福岡）
2012	（　A　）高校（大阪）	（　B　）高校（大阪）
2013	（　A　）高校（大阪）	（　B　）高校（大阪）
2014	今宮高校（大阪）	（　B　）高校（大阪）
2015	登美丘高校（大阪）	精華女子高校（福岡）
2016	登美丘高校（大阪）	（　B　）高校（大阪）
2017	（　A　）高校（大阪）	（　B　）高校（大阪）
2018	（　A　）高校（大阪）	羽衣学園高校（大阪）
2019	帝塚山学院高校（大阪）	柳川高校（福岡）

（A）　（B）

①箕面自由学園　―　同志社香里
②箕面　―　梅花
③箕面自由学園　―　梅花
④同志社香里　―　箕面

解説　登美丘高校は2015年と2016年に日本高校ダンス部選手権全国大会（ビッグクラス）を連覇し、2017年に荻野目洋子の「ダンシング・ヒーロー」をBGMにした「バブリーダンス」で同大会準優勝、動画サイトから火が付いて2018年に大流行となった。

しかし、同大会でさらに高い成績を誇るのが同志社香里高校（ビッグクラス優勝７度）と箕面高校（スモールクラス優勝６度）である。2008年の第１回大会から2020年の第13回大会まで、大阪の高校はビッグクラスが優勝12度、スモールクラスは優勝８度と圧倒的で、この優位は当面変わらないであろう。多くの高校スポーツでは私立高校の成績が優位ななか、ダンス部は登美丘、箕面、今宮と公立高校も活躍しているところは特筆に値する。

▶第11回上級　正答率26%　　　　　　　　【正解】④同志社香里 — 箕面

問題　大阪には野球用品を中心に、多くのスポーツ用品メーカーが本社を置いていますが、次のメーカーで、大阪市内に本社（本店）を置いていない企業はどこでしょう？

①エスエスケイ　　②ミズノ

③アシックス　　④デサント

解説　ミズノは、大阪市に本社を置く世界的な総合スポーツ用品メーカーである。1906年（明治39）、水野利八は弟・利三と水野兄弟商会を創業、1910年（明治43）には美津濃商店と改称して運動服の商いをはじめた。大正時代になると、野球のグローブ、ボールを手掛け、株式会社に改組した。現在では、多くのプロ野球選手とアドバイザリー契約を結び、陸上選手が所属するミズノトラッククラブなども持つ。

エスエスケイ（SSK）は、戦後、佐々木恭三が京都で創業したスポーツ用品メーカーで、1950年（昭和25）、大阪に移転した。野球用品を中心とし、阪神タイガースの村山実とアドバイザリー契約を結んでいたこともある。デサントは、1935年（昭和10）に石本他家男（たけお）が創業、ゴルフ・スキーなどスポーツウェアに強い。他に、ゼット、ザナックスなども大阪に本社を置く。

アシックスは、神戸市に本社を置く総合スポーツ用品メーカー。

▶第１回３級　正答率52%　　　　　　　　【正解】③アシックス

体育

〔体育の出題傾向と対策〕

大阪検定では、「体育」科目として出題される内容は、スポーツ種別に分けた上で頻度の高い順に並べると、圧倒的なのが野球、そしてサッカー、相撲と続く。それ以外のスポーツは出題機会が限定される。大前提として、大阪出身またはゆかりの著名な選手がいるかどうか、地元チームが活躍している時期かどうかによって出題頻度が変わる。その年の話題性も優先される。顕著なのは夏と冬のオリンピック、ワールドカップ、世界選手権などで活躍したり優勝者が出た際には、必ず出題されると言っても過言ではない。

▶野球

野球の出題は大きくプロ野球と高校野球に分けられる。プロ野球のチームに関する出題としては、現在大阪に本拠を置くのはオリックス・バファローズのみだが、チームの歴史は浅く、あまり出題されない。長い伝統を持つチームの歴史的な出題が多くを占める。つまり、大阪タイガース（現在の阪神タイガース）、南海ホークス、近鉄バファローズに関する出題が繰り返される。かつてあった球場のこと、本拠地とその跡地がどうなっているかを問う出題もある。この傾向は今後もあまり変わらないだろう。スポーツ検定ではなく、大阪の歴史文化を問う検定であるから当然とも言える。選手としてはメジャーリーグで活躍した大阪出身者が優先される。この分野で大阪は人材の宝庫であり、出身者だけに限っても数多くの出題対象がある。この選手はどこのボーイズリーグ出身かといった微に入る出題もあった。高校野球も甲子園での優勝校など日本を代表する強豪が存在する。かつては浪商やPL学園、現在では大阪桐蔭と履正社である。したがって、それらの高校の優勝回数や出身の著名なプロ選手は押さえておく必要がある。高校野球（旧制中学時代）の発祥地として、豊中グラウンドも何度か出題された。

▶サッカー

大阪を本拠とするJリーグの二大チーム、ガンバ大阪とセレッソ大阪に関する出題となる。セレッソ大阪は、プロリーグになる以前は強豪のヤンマー（ディーゼル）として多数の優勝実績を誇り、釜本邦茂というサッカー史上の名選手も輩出した。ゆえに歴史的な出題がわりあい多くある。ガンバ大阪はJリーグになって以降の強豪として存在感を保っている。両チームとも下部組織からの育成に定評があり、日本代表に選ばれ、ワールドカップに出場し、本場ヨーロッパの強豪チームに移籍する選手は引きも切らない。大阪出身の選手に限っても、かつての静岡を凌駕するほどの人材の宝庫となっているため、現役選手の出題が多いのもその特徴である。また、大阪出身者でなくとも、チームを代表する存在の名選手は繰り返し出題される。セレッソの森島寛晃、ガンバの遠藤保仁である。本拠地やスポンサーの情報も出題対象になる。両チームの本拠地は、近年ネーミングライツによる名称変更や新築移転と話題が続いている。スポンサーとはチームの母体企業、またはユニフォームにロゴを入れている企業のことで、いずれも地元で馴染みのある企業である。

▶相撲

江戸時代から大正時代まであった大阪相撲、かつて大阪にあった国技館、タニマチ（谷町）の語源といったあたりが、歴史的な出題となる。現在の大相撲では、6場所あるうちの春場所、その会場である大阪府立体育会館（ネーミングライツにより名称は変わる）が出題され、大阪出身のいわゆる郷土力士が活躍した際にトピック的に出題される程度。

▶ラグビー

高校ラグビーは、高校野球以上に大阪勢の活躍が目立つ。特にここ20年ほどの優勝や決勝進出の回数・実績は圧倒的と言える。常翔学園と東海大学仰星がその代表で、大阪桐蔭もそれに続く。全国高等学校ラグビーフットボール大会が行われる花園ラグビー場は東大阪市にあり、甲子園と言えば高校球児にとって究極の目標であるように、花園と言えば高校ラグビーの代名詞であり聖地となっている。近年、花園ラグビー場は所有者が近鉄から東大阪市に移り、2019年に日本ではじめて開催されたワールドカップの会場となったため、今後は出題も増加傾向にある。

▶バレーボール

女子バレーボールチームが全盛を誇った頃、「東洋の魔女」と呼ばれたのは大阪に拠点を置く日紡（ニチボー）貝塚であった。同チームの選手・監督を中心に構成された全日本チームは、1964年の東京オリンピックで金メダルを獲得し、日本国中にバレーボールの一大ブームを巻き起こす。後にチームはユニチカと改名し、2000年に歴史を閉じた。つまり、現在のスポーツとしてではなく歴史的な偉業、または紡績産業との関わりで出題される。

▶その他のスポーツ

歴史的な出題では、日本における発祥とされるシンクロナイズドスイミング（現・アーティスティックスイミング）が、浜寺水練学校や指導者・井村雅代とからめて出題される。また、オリンピックなどで出身選手が活躍すれば、それにまつわる出題もなされる。過去には水泳、フィギュアスケートなどのメダリストについて出題があった。格闘技ではボクシングと大阪プロレスの出題実績がある。ボクシングは現役選手ではなくタレントに転身した人物とからめての出題である。また、大阪にはスポーツ用品メーカーも数多く、「産業」だけでなく「体育」科目として出題されることもある。

〔体育の要点〕

▶野球

チーム・本拠地……大阪タイガース（現・阪神タイガース）、南海ホークスと大阪球場（大阪スタヂアム）と跡地なんばパークス、近鉄バファローズと藤井寺球場・日生球場と跡地もりのみやキューズモールBASE、オリックス・バファローズと大阪ドーム（京セラドーム）

プロ選手……野茂英雄、ダルビッシュ有、上原浩治、黒田博樹、前田健太、松井稼頭央、西岡剛、藤浪晋太郎、中田翔、中村剛也、山田哲人、T-岡田、矢野燿大、宮本慎也、桑田真澄、清原和博、江夏豊、野村克也

高校野球……浪商、PL学園、大阪桐蔭、履正社

発祥……豊中グラウンド（全国中等学校優勝野球大会）

▶サッカー

セレッソ大阪……ヤンマー、釜本邦茂、森島寛晃、香川真司、清武弘嗣、柿谷曜一朗、南野拓実、長居球技場と長居陸上競技場（命名権別称あり）

ガンバ大阪……パナソニック、遠藤保仁、宮本恒靖、稲本潤一、宇佐美貴史、堂安律、市立吹田サッカースタジアム（命名権別称あり）

▶相撲

大阪相撲、大阪国技館、大阪大国技館、タニマチ（谷町）、大相撲春場所、大阪府立体育会館（命名権別称あり）

▶ラグビー

花園ラグビー場、高校ラグビー（常翔学園、東海大学仰星、大阪桐蔭）

▶バレーボール

東洋の魔女、日紡（ニチボー）貝塚、東京オリンピック金メダル

▶その他

シンクロナイズドスイミング（浜寺水練学校、井村雅代）、フィギュアスケート（関西大学出身者、関西大学たかつきアイスアリーナ）

スポーツ用品……ミズノ、デサント、エスエスケイ（SSK）、ゼット

なにわなんでも
大阪検定

4限目
芸術・娯楽

すべて択一問題です。各問題に１つのみ解答してください。

問題　大阪にある国立の劇場といえば、文楽の公演を中心に演劇や舞踏などの公演が行われている国立文楽劇場です。次の写真のうち国立文楽劇場はどれでしょう？

①

②

③

④

解説　④が国立文楽劇場（大阪市中央区日本橋）。1984年（昭和59)、道頓堀朝日座にかわる文楽専門の劇場として開場した。黒川紀章設計。中央には劇場のシンボルである櫓がデザインされ、近代的なビルの内部には文楽劇場と小ホールという二つの劇場と、展示室、図書閲覧室、レストラン、売店を備え、文楽のほか、舞踊、邦楽、大衆芸能などを上演している。①は、なんばグランド花月（NGK、中央区難波千日前)。なんば花月の老朽化により建設され、1987年（昭和62）に開場。②は大槻能楽堂（中央区上町)。能楽師の大槻十三（1889～1962）によって1935年（昭和10）に当時では珍しい全館椅子席の能楽堂として建設され（1983年改築)、今日も大阪の能楽を支えている。③は大阪松竹座（中央区道頓堀)。1923年（大正12）に映画の封切館として建設された洋式劇場で、同時に松竹楽劇部（のちのOSK）のレヴューも上演され、「春のおどり」は大阪名物となった。1994年に閉鎖、改築され1997年からは歌舞伎などの演劇の専門館となった。

▶第２回３級　正答率73％　　【正解】④

問題　次の地図は大阪・ミナミの簡略地図です。ユネスコの無形文化遺産に指定されている文楽を鑑賞できる国立文楽劇場はどの位置にあるでしょう？

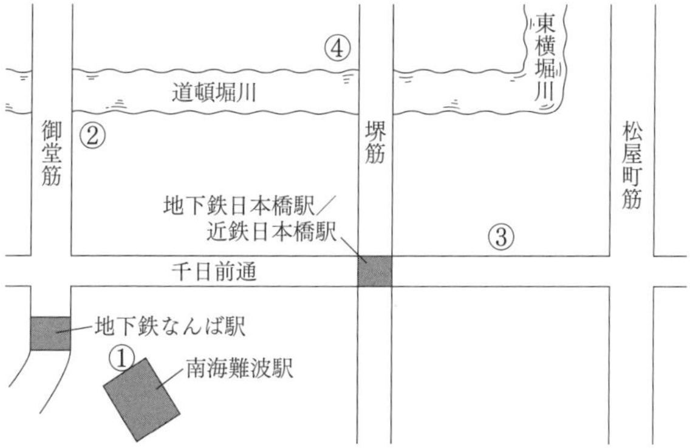

解説　国立文楽劇場（大阪市中央区日本橋）の位置は地点③。

地点①は、南海難波駅のターミナルビルとして、1932年（昭和7）に竣工した南海ビルディング。久野節（くのみさお）（久野節建築事務所）の設計、大林組の施工で、高島屋大阪店が入る。

地点②付近には大阪松竹座（中央区道頓堀）がある。1923年（大正12）に映画の封切館として建設された洋式劇場で、1994年に一時閉鎖、1997年からは演劇の専門館となった。

地点④付近には、1991年までダンスホール「メトロポリタン」（1978年開業、前身は1936年開業のキャバレー）があった。

▶第３回３級　正答率71％　　【正解】③

問題　文楽はおよそ300年以上前に上方で生まれた日本の伝統芸能であり、大阪独自の文化です。現在、文楽の本拠地である国立文楽劇場は大阪市中央区にありますが、同劇場が開場する1984年（昭和59年）まで、文楽の本拠地として公演が行われていた道頓堀にあった劇場の名称を何というでしょう？

①朝日座　②帝国座　③松竹座　④天秤座

解説　明治以降、松島新地（1872年）、御霊神社（1884年）、四ツ橋（1930年）と移転した文楽座は、1956年（昭和31）に道頓堀の弁天座跡地に開場し、竹本座からの伝統がある興行地へ戻った。道頓堀文楽座は、1963年（昭和38）、人形浄瑠璃の経営が松竹から文楽協会に移ったことから、朝日座と改称され、1984年（昭和59）まで存続した。北浜帝国座は明治期に川上音二郎が建設した新演劇の洋風劇場。大阪松竹座は大正期に映画館として建設された。

▶第6回2級　正答率65%　【正解】①朝日座

問題　日本橋にある、国立文楽劇場では、文楽の上演の際、迫力ある義太夫節も楽しめます。さて、一般的に太夫と三味線は、①〜④のうちどの位置に座るでしょう？

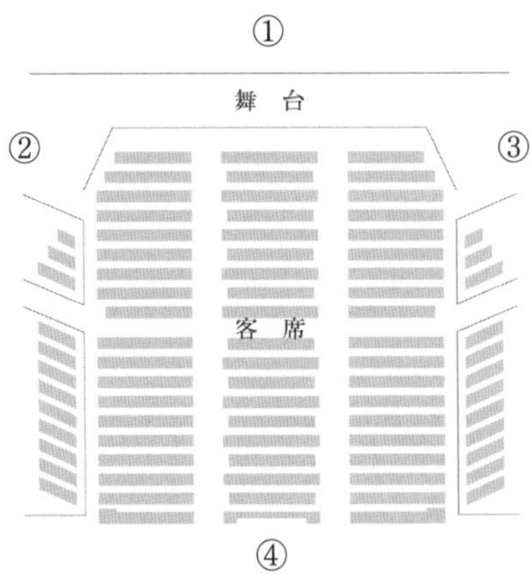

①舞台裏　②客席から舞台に向かって左
③客席から舞台に向かって右　④客席の最後尾

解説　舞台では人形が目をひくが、文楽は見るものではなく聴くものといわれ、文楽の主役は義太夫を語る太夫である。現代の文楽では、太夫と三味線は出語りが原則で、舞台上手（客席から向かって右）の斜めに張り出した太夫床に座る。太夫床は廻り舞台のように回転し、太夫と三味線の交代ができる。国立文楽劇場には太夫床の２階部分に御簾内があり、ごく短い場などはここで語る。これらの様式は、三人遣いが生まれた18世紀中頃以降に成立したもの。

舞台裏ではないが、江戸時代初期・中期の人形浄瑠璃では、舞台後方に太夫座や御簾座があり、ここで出語りや陰語りを行っていたことが絵画資料などから確認されている。舞台の前に増設された付舞台で、人形の出遣いとともに出語りをすることもあった。

国立文楽劇場の舞台に向かって左には、下手の小幕と２階部分に囃子部屋がある。客席の最後尾は、歌舞伎などの上演で花道を設置した際に控え所となる鳥屋がある。

▶第２回２級　正答率72％　【正解】③〈客席から舞台に向かって右〉

問題　ユネスコの無形文化遺産に登録された人形浄瑠璃文楽は、三つの要素から構成されています。義太夫節を語る太夫、人形を操る人形遣いと音楽を合わせ三業といわれますが、このうち音楽ではどの楽器が用いられるでしょう？

①縦笛　②太鼓　③琵琶　④三味線

解説　人形浄瑠璃・文楽は、義太夫を語る太夫、伴奏の三味線、人形を操演する人形遣いの「三業」の芸がひとつになって成立する総合芸術といわれている。

三味線は、太夫とこころを合わせて浄瑠璃の内容を表現し、太夫の語りを助ける役割である。文楽の三味線には、大きく低い音が出る大型の太棹が用いられる。

浄瑠璃は、もとは中世音楽の代表である平曲と同様に琵琶の演奏で語られていたが、永禄（1558〜1570）頃に渡来した三線（蛇皮線）、後の三味線に代わっていった。

文楽では主たる楽器である太棹三味線のほかに、演目により胡弓、筝、八雲琴（二絃琴）、尺八、篠笛などが旋律を演奏する楽器として用いられることがあり、囃子では歌舞伎の下座音楽に用いるような太鼓や鉦（かね）といった打楽器、特殊な竹製の笛（鶯笛（うぐいすぶえ）、千鳥笛、虫笛、竹法螺（たけぼら））も登場する。

▶第５回３級　正答率80％　　　　【正解】④三味線

問題　近松門左衛門は実際に起きた事件を題材として、お初と徳兵衛を主人公にした人形浄瑠璃の傑作をつくり上げました。この作品は近松の代表作として知られ、近松の世話物の第一作であるといわれています。この作品は次のうちどれでしょう？

①心中天網島　　②曽根崎心中
③女殺油地獄　　④冥途の飛脚

解説　近松門左衛門（1653～1724）の世話浄瑠璃の第一作は「曽根崎心中」で、1703年（元禄16）に道頓堀・竹本座初演。その後の時代には改作が多く上演されていたが、現在上演されるのは1955年（昭和30）に原作を復曲したものである。

他の選択肢も近松の世話物の代表作で、「冥途の飛脚」は1711年（正徳元）、「心中天網島」は1720年（享保５）、「女殺油地獄」は1721年（享保６）に竹本座で初演されている。

▶第７回３級　正答率76％　　　　【正解】②曽根崎心中

問題　近松門左衛門の傑作「心中天網島」は、歌舞伎では「河庄」として演じられます。この演目の登場人物の正しい組み合わせは次のうちどれでしょう？

①お吉　—　与兵衛　　②梅川　—　忠兵衛
③お初　—　徳兵衛　　④小春　—　治兵衛

解説　「心中天網島」は、天満の紙屋治兵衛が、妻や兄の気遣いにもかかわらず、曽根崎新地の遊女、紀伊国屋小春と心中に至るまでを描いた世話浄瑠璃。他の選択肢も、竹本座初演の近松門左衛門の世話物の登場人物で、「女殺油地獄」では油屋河内屋の放蕩息子、与兵衛が、同業の豊島屋女房のお吉を、金欲しさに殺す。「冥途の飛脚」は、淡路町の飛脚屋亀屋の養子忠兵衛が、公金に手を付け、新町の遊女梅川と大和新口村へ逃亡する。「曽根崎心中」は、遊女天満屋お初と平野屋の手代徳兵衛の心中を描く。

▶第5回2級　正答率58%　　　　【正解】④小春 ― 治兵衛

問題　文楽では、通常男性が三人で人形を操りますが、女性が一人で操る芸能も、大阪では受け継がれています。この芸能を何というでしょう？

①一人文楽　　②花笠文楽　　③乙女文楽　　④白拍子

解説　乙女文楽は三人遣いの人形を一人で操る。腕金や胴金と称する器具を人形と遣い手の腕や胴に固定し、人形頭部は紐で遣い手の頭と結び、頭や手足で操る。1925年（大正14）に素人太夫の林二木が腕金式の人形を考案し、昭和初期に新世界ラジウム温泉で興行したのが始まり。戦後は関東に拠点を置く一座が活動していたが、大阪では1994年に乙女文楽座が結成され復活。白拍子は平安時代末～鎌倉時代に男装の遊女などが行った歌舞。

▶第7回1級　正答率82%　　　　【正解】③乙女文楽

問題　1979年（昭和54年）、大阪での歌舞伎興行の際に俳優が当地到着を船に乗ってお披露目する伝統行事「船乗り込み」が55年ぶりに復活しました。右の絵のように、江戸時代にも行われていたこの行事は、現在

いつ頃行われているでしょう？

①１～２月　②３～４月　③６～７月　④９～10月

解説　現在の船乗り込みは６～７月に、関西・歌舞伎を愛する会の七月大歌舞伎（大阪松竹座）の前に、出演俳優、大阪府、大阪市、地元商店会の各代表らが乗り込んで行われる。式典後、八軒家浜から乗船し、大川から道頓堀川へ至る。戎橋では船上での口上、上陸し松竹座前でも口上、手ぬぐい撒き、手打ちを行う。

江戸時代の船乗り込みは、顔見世に関連する年中行事で、10月末に江戸や京都から来演する役者や幇間が、女性や老人の姿に仮装するなどして東横堀から船に乗り込み、囃子に合わせて踊った。道頓堀の浜から上陸し、劇場では花道から舞台に上がり、役者たちが座本と盃を交わす儀式を行った。

船乗り込み

▶第６回３級　正答率44％　【正解】③６～７月

問題　次の上方歌舞伎について述べた文章中の（ a ）～（ c ）に入る語句の組み合わせのうち、正しいものはどれでしょう？

歌舞伎の起源は出雲の阿国とされていますが、現在につながる上方歌舞伎の祖は、（　a　）期に活躍した初代（　b　）といわれています。（　b　）はやつし事や傾城買いの芸を集大成させ、上方（　c　）を完成させました。このような上方（　c　）が生まれた背景には、商人や町人の町である上方の風土が反映したといわれています。

①a 元禄　b 市川団十郎　c 和事
②a 元禄　b 坂田藤十郎　c 和事
③a 化政　b 坂田藤十郎　c 荒事
④a 化政　b 市川団十郎　c 荒事

解説　初代坂田藤十郎（1647～1709）は元禄期に登場し、上方歌舞伎の祖となった役者である。1678年（延宝６）、著名な遊女夕霧の追善劇「夕霧名残の正月」で藤屋伊左衛門を演じて頭角を現した。「傾城買い」と呼ばれるドラマに、紙衣（かみこ）に編笠姿で、なよなよとした優男の風情を表現する芸は「やつし」「濡れ事」と称された。この芸は評判を呼び、1695年（元禄８）頃からは近松門左衛門と提携し、写実的なやつし芸を完成させ、現代の上方和事の基礎を築いた。

歌舞伎の中心が江戸に去った文化文政期は、大阪歌舞伎にとって衰退期とも評価されるが、一方で三代目中村歌右衛門（1778～1838）と二代目嵐吉三郎（1769～1821）の二大スターがライバルとして火花を散らした黄金期でもあった。初代市川団十郎（1660～1704）は、元禄期に、江戸歌舞伎の特徴である荒々しく豪快な荒事の芸を創始した。

▶第４回２級　正答率77％　【正解】②ａ元禄　ｂ坂田藤十郎　ｃ和事

問題　道頓堀は、江戸期には、五座の櫓（やぐら）に代表される芝居街として賑（にぎ）わっていました。その五座の櫓のうち、「中之芝居（なかのしばい）」といわれていた小屋の後の名前は何でしょう？

①朝日座　②弁天座　③角座　④中座

解説　江戸時代の道頓堀には、西から筑後の芝居、中の芝居、角の芝居、角丸の芝居、竹田の芝居、若太夫の芝居などの劇場があり賑わった。中の芝居は、明治期に入ると「中劇場（なかのしばい）」と表記されるようになり、後に中座と呼ばれるようになった。江戸時代から大芝居といわれる一流劇場の格を誇り、近代には初代中村鴈治郎（1860～1935）、戦後は藤山寛美（1929～1990）の松竹新喜劇の本拠地として知られた。

角の芝居は、中の芝居とともに道頓堀を代表する一流劇場で、同様に角劇場、角座と表記、呼称が変化し、戦後は演芸場、映画館としてその役割を終えた。

からくり人形芝居で知られた竹田の芝居は、近代には澤田正二郎（1892〜1929）の新国劇の根城となった弁天座として再建され、戦後にはその地に道頓堀文楽座（後に朝日座に改称）が建てられた。角丸の芝居も、近代には朝日座となったが、戦後は復興されなかった。

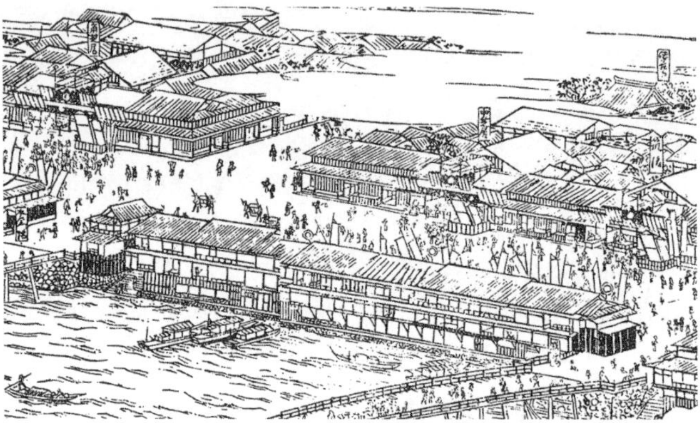

中の芝居（中央）と角の芝居（左上）（『摂津名所図会』）

▶第3回3級　正答率60％　　　　　　　　　　【正解】④中座

問題　現在の上方歌舞伎を代表するこの役者は、2015年（平成27年）、重要無形文化財保持者（人間国宝）に認定されました。本名が片岡孝夫、屋号が「松嶋屋」であるこの役者は誰でしょう？

①片岡愛之助　　②市川団十郎
③坂田藤十郎　　④片岡仁左衛門

解説　十五代目片岡仁左衛門は、戦後の上方歌舞伎復興に尽力した十三代目仁左衛門（1903〜1994）の三男で、屋号は松嶋屋。前名の孝夫（本名）で長く舞台を務め、1998年に十五代目を襲名した。2015年に人間国宝。六代目片岡愛之助は、仁左衛門の兄・二代目秀太郎の養子。上方歌舞伎を代表する名跡を2005年に復活させた四代目坂田藤十郎は、1994年に人間国宝となる。江戸歌舞伎

を代表する市川団十郎に当代は存在しない。

▶第７回３級　正答率69％　　　　　　　　　　　【正解】④片岡仁左衛門

問題　2006年（平成18年）にオープンし、落語専門の常設の寄席として上方落語の拠点となっている天満天神繁昌亭は下の地図のどの位置にあるでしょう？

解説　天満天神繁昌亭は、2006年に開場。その名の通り、かつての興行街、天満天神裏にあるので正答は大阪天満宮北側の③である。東京には浅草演芸ホール、新宿末広亭、池袋演芸場、上野の鈴本演芸場などの定席があるのに対し、上方落語の定席は戦災で壊滅し、戦後は漫才との混成演芸場が主流であったため、天満天神繁昌亭は、上方落語にとって戦後60年ぶりに復活した定席となった。上方落語協会、大阪府、大阪市、地元商店街の協力で建設が推進され、用地は大阪天満宮が提供した。

お初天神（露天神社）南側の①は、アメリカ総領事館や付近に大阪高等裁判所がある。北区西天満辺りの②周辺には、旧関西テレビ社屋や夕日神明社跡がある。かつての天満西寺町で寺院が多く、堀川戎神社もある。天満橋近くの④周辺には、大阪府立労働センター、坐摩神社の御旅所があり、八軒家浜船着場も近い。

▶第５回３級　正答率86％　　　　　　　　　　　【正解】③

問題　2015年（平成27年）、上方落語の重鎮で、重要無形文化財保持者（人間国宝）であり、落語家初の文化勲章受章者の三代目桂米朝が亡くなりました。彼は上方落語の繁栄の礎を築いたいわゆる「四天王」の一人です。次のうち「四天王」ではない人物は誰でしょう？

①六代目笑福亭松鶴　②五代目桂米団治
③三代目桂春団治　④五代目桂文枝

解説　上方落語の四天王と称されたのは、六代目笑福亭松鶴（1918～1986）、三代目桂春団治（1930～2016）、五代目桂文枝（1930～2005）、三代目桂米朝（1925～2015）である。五代目桂米団治は桂米朝の長男で、1978年（昭和53）に父に入門し、三代目小米朝を名乗った。2008年に米団治を襲名。クラシック音楽にも造詣が深く、オーケストラとの競演、オペラと上方落語を融合させた「おぺらくご」なる新分野も確立した。

▶第7回3級　正答率55％　【正解】②五代目桂米団治

問題　現在（出題時）の上方落語協会会長は、2006年（平成18年）、天満天神繁昌亭の開席に尽力しました。また、2015年（平成27年）は、彼が司会を務めるテレビ番組「新婚さんいらっしゃい！」が放送開始45年目を迎え、同一司会者によるトーク番組の最長放送としてギネス世界記録に認定されました。この落語家は次のうち誰でしょう？

①笑福亭仁鶴　②桂文珍　③桂文枝　④月亭八方

解説　六代目桂文枝は、2012年に前名の三枝から文枝を襲名。出演中の朝日放送「新婚さんいらっしゃい！」は、1971年（昭和46）放送開始、2015年7月に44年127日の「同一司会者によるトーク番組の最長放送」でギネス世界記録。三代目笑福亭仁鶴もNHK大阪「バラエティー生活笑百科」で1986年（昭和61）から2代目の相談

芸術・娯楽

室長として長く司会を務めた。

▶第7回3級　正答率96%　【正解】③桂文枝

問題　師匠は三代目桂米朝で、表情や仕草を駆使しながら客を大爆笑させる独特の話芸で上方落語界を代表する落語家となり、英語落語のパイオニアと呼ばれる人物は誰でしょう？

①桂かい枝　②桂文枝　③桂春団治　④桂枝雀

解説　二代目桂枝雀（1939〜1999）は、1961年（昭和36）に三代目桂米朝に入門、1973年（昭和48）に枝雀を襲名する。襲名後は、仕草や表情を駆使した現代的、漫画的な演出や、笑いを「緊張と緩和」で分析する独特の理論をもって幅広い人気を獲得した。

桂かい枝は、1994年に五代目桂文枝に入門。1997年から古典落語を英訳して英語落語を開始、世界各国で多くの公演を行っている。2003年から2018年まで、長く上方落語協会会長を務めた六代目桂文枝は、落語家タレントの先駆者的存在だが、映画化された「ゴルフ夜明け前」などの代表作を含む220作以上の「創作落語」をつくっている。三代目桂春団治は、六代目笑福亭松鶴、五代目桂文枝、三代目桂米朝とともに、戦後上方落語復興に尽力した上方落語四天王の一人。

▶第5回2級　正答率87%　【正解】④桂枝雀

問題　江戸時代、生国魂神社の境内で辻噺興行を行い、後に「上方落語の始祖」として境内に右の写真の碑が立てられ、毎年9月にはその名前を冠した祭が行われる人物は次のうち誰でしょう？

①安楽庵策伝　②米沢彦八
③露の五郎兵衛　④鹿野武左衛門

解説　大阪落語の祖、初代米沢彦八（？～1714）は生国魂神社（天王寺区）境内で、辻噺を行い、後に小屋で興行した。彦八まつりは、1990年に境内に「彦八の碑」を建立したことを機に、上方落語協会がその翌年から毎年９月に開催する供養祭、ファン感謝デーである。安楽庵策伝（1554～1642）は笑話集『醒睡笑』を著した僧。初代露の五郎兵衛（1643？～1703）は京落語の祖。鹿野武左衛門（1649～1699）は江戸落語の祖。

▶第７回２級　正答率86％　　【正解】②米沢彦八

問題　上方落語を特徴づける要素のひとつに、通常江戸落語では見られない「ハメモノ」がありますが、それは何でしょう？

①噺の途中に入れる楽器などによる効果音
②お腹から声が出るように太く巻き付けた腹帯
③役を演じ分けるため、落語家が顔にはめる面
④悪者がはめられる噺

解説　上方落語では、噺の途中で挿入する下座の唄や曲、鳴物のことをハメモノと呼ぶ。噺に立体感や量感を与え、雰囲気を出すために入れる効果音で、各噺と密接に結びついていて、定まった箇所に定まったハメモノが挿入される。上方落語の特徴のひとつ。

▶第11回初級　正答率58％　　【正解】①

問題　上方落語には、神社や寺を舞台にした噺が数多くあります。次の神社のうち、本殿に並ぶ高倉稲荷神社が「高倉狐」、境内の絵馬堂が「崇徳院」の舞台となっている神社はどれでしょう？

①大阪天満宮　②住吉大社　③生国魂神社　④高津宮

解説　上方落語「高倉狐」では高津宮の高倉稲荷で、狐が化けた女を料理屋で酔いつぶして勘定をかぶせる。「崇徳院」は、出入り

の商家の若旦那が参詣で訪れた高津宮の絵馬堂で偶然出会った娘を見初めて恋患いになり、その解決を依頼された男の噺である。大阪天満宮は「初天神」など、住吉大社は「住吉駕籠」「卯の日詣り」「箒屋娘」などに登場する。「崇徳院」にも登場する生国魂神社は大阪落語の祖、初代米沢彦八ゆかりの地。

▶第7回1級　正答率83%　　【正解】④高津宮

問題　上方落語の噺の一つに「野崎詣り」があります。陸路で野崎観音へ参詣する人々と屋形船で参詣する人々との掛け合いを面白おかしく口演しますが、次のうち屋形船で参詣する人々が上る川とはどれでしょう？
　①天野川　　②寝屋川　　③石川　　④平野川

解説　上方落語「野崎詣り」は、野崎観音（大東市野崎、慈眼寺）への参詣風景を描写する。屋形船で参詣する人と陸路、徳庵堤を行く人の口喧嘩が名物で、勝てば縁起がよいというので船中の2人が喧嘩を仕掛ける。野崎詣りの屋形船は八軒家浜から大川、寝屋川を遡り、徳庵、諸福を経て住道で上陸する。天野川は四條畷市から枚方市を流れる。石川は和歌山県境から南河内を流れる河川。平野川は柏原市、八尾市、大阪市内を流れる。

▶第6回2級　正答率79%　　【正解】②寝屋川

問題　漫才の分野では、昭和30年代から40年代半ばまで、中田ダイマル・ラケット、夢路いとし・喜味こいしなどが活躍しました。その後、漫才界の低迷を打開しようと、1975年（昭和50年）若手漫才師と漫才作家による勉強会「笑の会」を結成するなど「近代漫才の父」とも呼ばれる人物は次のうち誰でしょう？
　①長沖一　　②秋田実　　③香川登志緒　　④藤本義一

解説　秋田実（1905～1977）は「近代漫才の父」と呼ばれ、1948

年（昭和23）にMZ研進会を結成、いとし・こいし他の多くの漫才師を育て、1975年（昭和50）結成の笑の会ではオール阪神・巨人、ザ・ぼんちらを輩出、後の漫才ブームにつながった。長沖一（1904～1976）は秋田実や藤沢桓夫と親交のあった漫才作家。香川登志緒（後に登枝緒、1924～1994）は「てなもんや三度笠」などで知られる放送作家。藤本義一（1933～2012）は、『鬼の詩』などの作品を残す小説家、放送作家で、笑の会を創設者の秋田実から引き継ぎ主宰した。

▶第７回１級　正答率84％　　　　　　　　　【正解】②秋田実

問題　昭和初期にコンビを結成した横山エンタツ・花菱アチャコは、それまで卑猥で下品な笑いと見られがちであった漫才を、家族全員が楽しめる健全な笑いへと変えました。1934年（昭和９年）、当時人気のあった東京六大学野球からネタをとった「早慶戦」がラジオ放送された劇場はどこでしょう？

①角座　②中座　③南地花月　④なんば花月

解説　背広とネクタイ姿での「しゃべくり漫才」を定着させた横山エンタツ（1896～1971）・花菱アチャコ（1897～1974）の漫才コンビは、漫才史上あまりにも有名であるが、コンビでの活動時期は1930～1934年（昭和５～９）の４年余り。「早慶戦」は1933年（昭和８）に誕生した作品で、1934年（昭和９）６月10日、法善寺裏の寄席、南地花月からラジオ中継され、彼らを人気コンビに押し上げた。

南地花月（大正11年頃）

南地花月は、1915年（大正４）に法善寺裏の金沢席を買収し改名した戦前の寄席で、吉本の代名詞である「花月」の名はこの時に生まれた。命名は、当時の落語家で、易学に凝っていた桂太郎といわれる。なんば花月は戦後の吉本興業の演芸場で、開場は1963年（昭和

38)。角座、中座は、江戸時代から続いた道頓堀の伝統ある劇場である。角座は1958年（昭和33）に巨大な演芸場となり、1960〜1970年代、一流の芸人が出演する上方演芸の檜舞台となった。戦後の中座は松竹新喜劇の拠点として知られた。

▶第４回２級　正答率42％　　【正解】③南地花月

問題　2012年（平成24年）創業100周年を迎えた吉本興業は、吉本泰三とその妻が、1912年（明治45年）、天満の「第二文芸館」で寄席の経営に乗り出したことに始まります。夫と共に吉本興業を築き上げた妻の名はどれでしょう？

①吉本はな　②吉本つき　③吉本しん　④吉本せい

解説　吉本興業の創始者は吉本せい（1889〜1950）。明石の商家の三女として生まれ、大阪の荒物商、吉本泰三に嫁いだが、夫の道楽のために店は傾いたという。1912年（明治45）、夫に勧めて天満天神裏の第二文芸館（後の天満花月）を入手し、「吉本興行部」の看板を掲げる。その経営手腕で吉本の勢力を広げ、1932年（昭和７）には吉本興業合名会社を設立し社長となり、今日の吉本へと発展させた。その生涯は、山崎豊子の小説『花のれん』などにも描かれた。

▶第４回３級　正答率60％　　【正解】④吉本せい

問題　紋付袴姿で鼓を持ち、中村春代とのコンビで「高級万歳」と称し舞台にあがったのは誰でしょう？

①砂川捨丸　②玉松一郎　③林田十郎　④人生幸朗

解説　砂川捨丸（1890〜1971）は、大正から昭和にかけて活躍した漫才師で、1902年（明治35）に兄の江州音頭の一座に加わり、のちに漫才に転向。それまでの古い万歳とは異なる紋付袴姿で登場し「高級万歳」の看板を掲げ、大正〜昭和初期にはレコードを出し、大劇場進出も果たした。中村春代（1897～1975）とは関東大震災後にコンビを組み、終生の相方となった。

玉松一郎（1906～1963）は、昭和初期に妻の初代ミス・ワカナ（1910～1946）と漫才コンビを組み、女性上位の夫婦漫才のパターンをつくり上げた。

林田十郎（1900～1967）は、俄から1926年（大正15）に吉本入りして漫才に転向。1928年（昭和３）に芦乃家雁玉（あしのかがんぎょく）（1894～1960）とコンビを組んだ。1949年（昭和24）から放送のNHK「上方演芸会」の司会で人気者となった。

「萬歳の至芸　砂川捨丸」CD盤

人生幸朗（1907～1982）は、ぼやき漫才の第一人者。21歳で芝居の一座に入り、都家文雄（1893～1971）に入門して漫才に転向。戦後、妻となる生恵幸子（1923～2007）とのコンビで人気となった。

▶第２回１級　正答率92％　　【正解】①砂川捨丸

問題　昭和30年代から40年代半ばにかけて、大阪の演芸場はいずれも活況で、戦後の第一期漫才黄金期と言われています。さて、この時代を代表する漫才グループの一つで第１回上方漫才大賞を受賞した音曲漫才グループはどれでしょう？

①横山ホットブラザーズ　　②かしまし娘
③ザ・ぼんち　　④漫画トリオ

解説　上方漫才大賞は、上方漫才を育て顕彰するために、1966年（昭和41）にラジオ大阪が創設した。第１回の大賞受賞者は、三味線、ギターを携えた音曲漫才のかしまし娘であった。また奨励賞は夫婦漫才の島田洋之介（1915～1985）・今喜多代（1926～2011）、新人賞は兄弟コンビの若井はんじ（1933～1976）・けんじ（1935～1987）が受賞した。

楽器を用いた音楽ショーの横山ホットブラザーズは、1971年、第6回の奨励賞受賞者。1994年、第29回には審査員特別賞を受賞。

ザ・ぼんちは、1979年（第14回）の新人賞、1981年（第16回）の大賞受賞者である。

横山ノック・フック・パンチ（後の上岡龍太郎）の漫画トリオは、1968年（第3回）の奨励賞受賞者。その一員フックは、青芝フック・キックのコンビで、1975年（第10回）と1980年（第15回）の奨励賞を受賞している。

かしまし娘（『上方演芸大全』創元社）

▶第3回3級　正答率46%　　【正解】②かしまし娘

問題　1980年（昭和55年）から沸き起こったマンザイブームでは、大阪を拠点に活躍する多くの漫才コンビの人気が急激に高まりました。「怒るでしかし！」や「小さなことからコツコツと」などのギャグでも知られる漫才コンビはどれでしょう？

①ザ・ぼんち　②オール阪神・巨人

③夢路いとし・喜味こいし　④横山やすし・西川きよし

解説　横山やすし・西川きよしは、1966年（昭和41）にコンビを結成、1980年代の漫才ブームではそのリーダー格として人気は頂点に達していた。代表的なギャグは、問題文に記載のもののほかに「まんまんちゃん、あん」など多数ある。ザ・ぼんち、オール阪神・巨人も1980年代の漫才ブームで活躍したコンビ。夢路いとし・喜味こいしは戦前から活動した兄弟漫才コンビで、1960～70年代に漫才以外でも大活躍し、大阪市指定無形文化財にもなった。

▶第5回3級　正答率91%　　【正解】④横山やすし・西川きよし

問題　漫才の話芸は、かつては師匠に弟子がついて学ぶのが主流でしたが、近年の若手漫才師の大半は特定の師匠は持たず、養成所で学びデビューしています。さて、養成所の草分けである吉本興業が創設したNSC（吉本総合芸能学院）では、現在テレビや舞台などで活躍する数々のタレントを輩出していますが、次のうちNSCの１期生ではないのはどの漫才コンビでしょう？

①トミーズ　　　②清水圭・和泉修
③ハイヒール　　④ダウンタウン

解説　吉本総合芸能学院、通称NSC（New Star Creationの頭文字）は、吉本興業が、師匠のいない芸人志望の若者たちに芸人への道を用意するため、1982年（昭和57）に難波に開校した芸人・タレントの養成所である。1995年には東京校が開校している。大阪校の１期生には、ダウンタウン、トミーズ、ハイヒール、おかけんた、吉本新喜劇の内場勝則らがいる。その後も、今田耕司、雨上がり決死隊、ナインティナイン、中川家、ブラックマヨネーズ、フットボールアワー、キングコングらを輩出している。

選択肢でNSCの１期生でないのは、清水圭・和泉修（圭修）である。1984年（昭和59）に同志社大学の先輩と後輩が結成した漫才コンビである。1986年（昭和61）には、新人の登竜門である「マンザイ新人コンクール」（今宮戎神社こどもえびす祭）で優勝し、デビュー後すぐに多数のレギュラーを抱える人気コンビとなった（現在は解散）。

▶第２回２級　正答率64％　　　　【正解】②清水圭・和泉修

問題　この劇場は、1963年（昭和38年）に日立ホールとして開場し、1987年（昭和62年）４月から約２年半にわたって毎日放送の「４時ですよ〜だ」が放送され、ダウンタウン、ハイヒールなどを輩出しました。1999年（平成11年）に惜しまれつつ閉館した劇場名は次のうちどれでしょう？

芸術・娯楽

①なんばグランド花月　　②baseよしもと
③京橋花月　　　　　　　④心斎橋筋２丁目劇場

解説　吉本ビル内のホール（日立ホール1963年開場、南海ホールに1979年改称）を1986年（昭和61）に改装し、心斎橋筋２丁目劇場が開場。吉本総合芸能学院出身者の登竜門で、ダウンタウンらが人気者となる。毎日放送「４時ですよーだ」の生中継も行われたが、1999年閉館、若手漫才の舞台は千日前に同年開場のbaseよしもと（2010年閉館）に移る。なんばグランド花月は1987年（昭和62）に千日前に開館。京橋花月は2008年開場、2011年閉館。

▶第７回２級　正答率84％　　【正解】④心斎橋筋２丁目劇場

問題　古くは中田ダイマル・ラケット、夢路いとし・喜味こいし、現役では中川家、千原兄弟などの兄弟漫才コンビが活躍してきましたが、次のコンビのうち兄弟漫才コンビはどれでしょう？
①霜降り明星　②和牛　③ジャルジャル　④ミキ

解説　兄の昴生と弟の亜生の兄弟漫才コンビはミキ。京都市出身で本名は三木。上岡龍太郎は伯父にあたる。M-１グランプリの決勝には２度進出しているが優勝はまだない。
霜降り明星は粗品とせいやのコンビで、2018年にM-１グランプリで優勝。和牛は水田信二と川西賢志郎のコンビで、M-１グランプリの決勝に３度進出している。ジャルジャルは後藤淳平と福徳秀介のコンビで、M-１グランプリの決勝に４度進出している。４組はいずれも若手漫才の実力者である。

▶第11回初級　正答率85％　　【正解】④ミキ

問題　1947年（昭和22年）に創立された関西交響楽団は、1960年（昭和35年）に改組され、大阪フィルハーモニー交響楽団が誕生しました。同楽団の前身である関西交響楽団の立ち上げから、常任指揮者や音楽総監督として2001年（平成13年）に生涯を終える直前までタクトを振り続けた指揮者は誰でしょう？

①岩城宏之　②朝比奈隆　③山本直純　④貴志康一

解説　朝比奈隆（1908～2001）は、東京生まれ。後に京都大学に進み、京大のオーケストラで指導していたユダヤ系ロシア人音楽家でリムスキーコルサコフの弟子のエマヌエル・メッテルの師事を仰ぐ。ちなみに朝比奈は服部良一と同門である。1942年（昭和17）、大阪放送管弦楽団の首席指揮者に就任。戦後（1947年）、同団のOBたちを中心に関西交響楽団を立ち上げた。後の大阪フィルハーモニー交響楽団（大フィル）である。

▶第7回3級　正答率80％　【正解】②朝比奈隆

問題　大阪フィルハーモニー交響楽団は、ある楽曲の演奏回数が世界最多といわれています。戦後、毎年12月に演奏されるようになり、現在も続いています。ある楽曲とは何でしょう？　作曲者と楽曲名の正しい組み合わせを選んでください。

①ベートーヴェン　—　交響曲第９番
②モーツァルト　—　交響曲第32番
③シューベルト　—　交響曲第７番
④チャイコフスキー　—　交響曲第５番

解説　大阪フィルハーモニー交響楽団のベートーベン交響曲第９番の演奏回数は、前身の関西交響楽団時代を入れて、1948～2011年の間に700回を数え、楽団を設立した朝比奈隆（1908～2001）は223回の指揮をしている。毎年12月には、フェスティバルホール「第９シンフォニーの夕べ」などのコンサートで演奏されている。

▶第4回3級　正答率74％【正解】①ベートーヴェン — 交響曲第９番

問題　「日本のポップスの父」とも言われ、淡谷のり子の「別れのブルース」、笠置シヅ子の「東京ブギウギ」を世に送り出した音楽家とは誰でしょう？

①西條八十　②服部良一　③藤山一郎　④中山晋平

解説　大阪出身の作曲家、服部良一（1907〜1993）は、コロムビアの専属となり、1937年（昭和12）に淡谷のり子の「別れのブルース」のヒットでブルースを日本に広めた。戦後には笠置シヅ子の歌声に乗せ「東京ブギウギ」などブギのリズムで敗戦の日本を活気づけた。西條八十（1892〜1970）は詩人、作詞家で、服部作曲の「蘇州夜曲」「青い山脈」などを作詞。藤山一郎（1911〜1993）は東京出身の歌手。中山晋平（1887〜1952）は長野県出身の作曲家で、「カチューシャの唄」などの流行歌や童謡で知られる。

▶第３回３級　正答率79％　【正解】②服部良一

問題　1967年（昭和42年）のザ・フォーク・クルセダーズのヒット以降、岡林信康、中川五郎、五つの赤い風船らにより、関西フォークの基礎が築かれました。中でも五つの赤い風船の西岡たかしは作曲家、後進の育成、ソロ活動などで幅広い活躍をしていますが、彼が作った曲で小学校の音楽の教科書にも掲載された曲は次のうちどれでしょう？

①遠い世界に　②風　③受験生ブルース　④浜辺の歌

解説　「遠い世界に」は1969年（昭和44）、西岡たかし作詞・作曲で五つの赤い風船が歌った曲。ジローズの「戦争を知らない子供たち」（1970年）とともによく合唱された。未来の世界は若者が担うというメッセージは教科書にも掲載され、幅広い世代に愛されている。

五つの赤い風船「遠い世界に」シングルレコード盤

「風」は、フォーク・クルセダーズに参加していたはしだのりひこ（端田宣彦）の作曲、北山修作詞で、1969年（昭和44）のはしだのりひことシューベルツの大ヒット曲。
「受験生ブルース」は1968年（昭和43)、中川五郎作詞の元歌に高石友也（現・ともや）が新たなメロディーを付けて大ヒットした。フォークの大衆化を担った曲。
「浜辺の歌」は、1916年（大正５)、林古渓作詞・成田為三作曲の唱歌。

▶第１回２級　正答率56％　【正解】①遠い世界に

問題　福岡風太のプロデュースによって1971年（昭和46年）から1979年（昭和54年）まで開催されたコンサート「春一番」には、上田正樹とサウス・トゥ・サウスや憂歌団、デビュー直後の竹内まりやなど多彩なメンバーが出演していました。当時、コンサート「春一番」が開催されていた会場はどこでしょう？

①天王寺野外音楽堂　②フェスティバルホール
③大阪城野外音楽堂　④大阪厚生年金会館

解説　「春一番」は、1971年（昭和46）５月の天王寺野外音楽堂（1980年閉鎖）が最初。1979年（昭和54）の第９回から中断し、1995年に復活、大阪城野外音楽堂（1982年開館）で開催された。翌年から服部緑地野外音楽堂での開催、2006年には名称を「祝春一番」に変更している。フェスティバルホールは1958年（昭和33）に音楽祭の開催できるホールとして開館、2012年に中之島フェスティバルタワー内に建て替えられた。大阪厚生年金会館は1968年（昭和43）開館、2012年からオリックス劇場となった。

▶第４回２級　正答率57％　【正解】①天王寺野外音楽堂

問題　毎日放送が1967年（昭和42年）に放送を開始した深夜のラジオ番組に、京阪神のアマチュアバンドがよいオリジナル曲を持っていけば毎日オンエアされる「今月の歌」のコーナーがありました。谷村新司、杉田二郎、ばんばひろふみ、堀内孝雄、河島英五らが頭角をあらわすきっかけとなったこの番組とは何でしょう？

①「集まれ！MBSヤングシティ」　②「MBS歌のひろば」
③「MBSヤングリクエスト」　④「歌え！MBSヤングタウン」

解説　伝説の番組とも言われる「歌え！MBSヤングタウン」（通称ヤンタン）は、1967年（昭和42）放送開始。当時は毎日公開録音で、京阪神のアマチュアバンドが出演し、よいオリジナル曲をもっていれば「今月の歌」として毎日オンエアされた。「今月の歌」はメジャーの会社からシングル盤でリリースされ、多くのニューミュージック系のバンドが頭角を現すきっかけとなった。

「ABCヤングリクエスト」（朝日放送、通称ヤンリク）とともに関西のラジオ深夜番組の黄金期を築いた老舗深夜番組であり、現在も金・土・日曜日のみとなったが、かたちを変え「ヤングタウン」として続いている。

▶第1回3級　正答率61%　【正解】④「歌え！MBSヤングタウン」

芸術・娯楽

問題　1970年代に、ロックグループ「ファニー・カンパニー」のヴォーカルとして活躍し、グループ解散後も「セクシャルバイオレットNo. 1」などのヒット曲で知られた大阪府出身のロックシンガーで、2012年（平成24年）に亡くなった人物は誰でしょう？

①尾崎紀世彦　②柳ジョージ
③忌野清志郎　④桑名正博

解説　大阪市出身の桑名正博（1953〜2012）は、1971年（昭和46）にファニー・カンパニーを結成し、翌年「スウィートホーム大阪」でデビュー。1975年（昭和50）からソロとなり、1979年（昭和54）の「セクシャルバイオレットNo. 1」は大ヒットした。

神奈川県出身の尾崎紀世彦は2012年、神奈川県出身の柳ジョージは2011年、東京都出身の忌野清志郎は2009年に没している。

▶第5回2級　正答率91%　【正解】④桑名正博

問題　大阪を舞台にした曲名と歌手の組み合わせで<u>誤っている</u>ものはどれでしょう？

①新大阪　—　ゴスペラーズ
②三国駅　—　aiko
③大阪LOVER　—　DREAMS COME TRUE
④大阪ストラット　—　関ジャニ∞

解説　「大阪ストラット」は、ウルフルズが1995年に出したシングル。大瀧詠一の作詞・作曲で、大瀧の「福生ストラット Part II」(1975年のアルバム『NIAGARA MOON』収録）のカバーである。男性アイドルグループである関ジャニ∞には、「大阪ロマネスク」「大阪レイニーブルース」などの大阪関係の曲がある。「新大阪」は2003年に出されたゴスペラーズのシングル。作詞は村上てつや、作曲は村上てつや・妹尾武。新幹線の駅で別れを惜しむ恋人をイメージしている。「三国駅」は、2005年発売のaikoのシングル。作詞・作曲はaikoで、編曲は吉俣良。aikoが卒業した大阪音楽大学短期大学部に近い、阪急宝塚線の三国駅とその周辺が曲の舞台。「大阪LOVER」は、DREAMS COME TRUEが2007年に出したシングル。作詞・作曲は吉田美和で、USJのアトラクション「ハリウッド・ドリーム・ザ・ライド」のために書き下ろされた。遠距離恋愛をテーマに大阪弁の歌詞が用いられる。

①
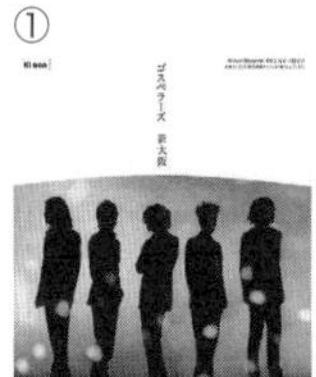

②

③

④

▶第２回１級　正答率33％　【正解】④大阪ストラット — 関ジャニ∞

問題　「大阪ラプソディー」、「ふたりの大阪」、「大阪LOVER」。これらは、いずれも女性を含むグループが歌う、大阪を舞台にした歌です。三つの歌の歌詞に共通して出てくる大阪の地名は、次のうちどれでしょう？

①通天閣　②堂島川　③天神橋　④御堂筋

解説　「大阪ラプソディー」（作詞・山上路夫、作曲・猪俣公章、歌・海原千里・万里）では、「御堂筋は恋の道」。「ふたりの大阪」（作詞・吉岡治、作曲・市川昭介、歌・都はるみ・宮崎雅）では、「二人で歩いた御堂筋」。「大阪LOVER」（作詞作曲・吉田美和、歌・DREAMS COME TRUE）では「御堂筋はこんな日も一車線しか動かない」の歌詞がある。御堂筋の全面開通は1937年（昭和12）。全長4027m、幅43.6m、日本の道100選に数えられる。

▶第６回２級　正答率89％　【正解】④御堂筋

問題　大阪の地名が登場する演歌は数多くありますが、次のうち、歌詞に「通天閣」が登場する曲はどれでしょう？　通天閣の真下にはこの歌に関連する碑が立てられています。

①お百度こいさん　②月の法善寺横町
③大阪マンボ　④王将

解説　「王将」は「銀が泣いている」の名文句を残した棋士阪田三吉（1870～1946）をモデルにつくられた流行歌。作詞は西條八十、作曲は船村徹、歌は村田英雄。作詞の西條は最愛の夫人を亡くした直後であり、２番の歌詞は、苦労をかけた夫人への思いを綴ったものであった。３番の歌詞には「空に灯がつく通天閣に」とある。1961年（昭和36）に発売されたこの曲は大ヒットし、村田の代表作となった。西條・船村・村田ともに将棋は得意ではなかったが、この曲により日本将棋連盟から名誉初段を贈られている。

▶第６回３級　正答率58％　　　　　　　　　　　　　【正解】④王将

問題　2015年（平成27年）にJR大阪環状線全19駅に発車メロディが導入されて以来、駅風景とメロディが馴染んできました。北の玄関口、大阪駅の発車メロディは、やしきたかじんの「やっぱ好きやねん」ですが、南の玄関口、天王寺駅は和田アキ子の代表曲です。その曲の題名は何でしょう？

①古い日記　　②笑って許して
③だってしょうがないじゃない
④あの鐘を鳴らすのはあなた

解説　JR西日本では2015年３月、大阪環状線改造プロジェクトの一環として15駅の発車メロディを新たに採用し、導入済みの４駅と合わせて環状線全19駅で発車メロディを流すことになった。天王寺駅では四天王寺の除夜の鐘にちなんで和田アキ子の「あの鐘を鳴らすのはあなた」が選ばれた。同曲は1972年（昭和47）に発売された11枚目のシングル。和田アキ子22歳の頃のソウルフルな歌唱は驚異的で、壮大でゴスペル感あふれるジャパニーズソウル歌謡の代表的な名曲。半世紀にわたり歌い継がれ、カバーするアーティストも男女を問わず多数。

▶第11回初級　正答率83％　　　　　　　　　　　　　【正解】④

問題　次の大阪府出身の歌手（シンガーソングライター）とヒット曲名の組み合わせのうち誤っているものはどれでしょう？
①槇原敬之　—　どんなときも。　②大塚愛　—　さくらんぼ
③絢香　—　つつみ込むように…　④大江千里　—　十人十色

解説　槇原敬之は高槻市出身のシンガーソングライターで、最初のシングルヒット「どんなときも。」やSMAPに提供して代表曲となった「世界に一つだけの花」など、数多くの名曲を生み出す。大塚愛は大阪市出身のシンガーソングライターで、「さくらんぼ」「プラネタリウム」などのヒット曲がある。絢香は守口市出身の歌手で、ヒット曲「三日月」のほか、優れた歌唱力を生かしたカバー曲にも定評がある。大江千里は現在の藤井寺市出身のシンガーソングライターで、「十人十色」「ワラビーぬぎすてて」「格好悪いふられ方」などのヒット曲や数多くの提供曲を生み出す。現在はジャズピアニストに転向し、ニューヨークを拠点に活躍している。なお、「つつみ込むように…」はMISIAのデビューヒットにして代表曲だが、大阪府出身ではない。

▶第11回初級　正答率76％　　【正解】③

芸術・娯楽

問題　ポピュラー、演歌などのジャンルを問わず、大阪からはたくさんの歌姫を輩出していますが、以下のA～Cのプロフィールすべてに当てはまる人物は誰でしょう？

A．吹田市出身である

B．宇多田ヒカル、椎名林檎、MISIAらと同期デビューで「奇跡の1998年組」といわれた歌姫の一人である

C．『新生トイレの花子さん』『ダーリンは外国人』『阪急電車　片道15分の奇跡』など多くの映画主題歌を手がけている

①UA（ウーア）　②Kiroro（キロロ）

③bird（バード）　④aiko（アイコ）

解説　aikoは吹田市出身のシンガーソングライターで、「奇跡」と言われた1998年デビュー組。最初のシングルヒット「カブトムシ」をはじめ、「ボーイフレンド」「アンドロメダ」や地元を歌う「三国駅」のほか、複数の映画主題歌を手がけるなど、生み出された名曲は数多い。浮き沈みの激しい世界で長年にわたり安定した人気と実力を保ち続けている。

UAは大阪府出身のシンガーソングライターで、1995年に「HORIZON」でデビュー後、「情熱」「甘い運命」「ミルクティー」などのヒット曲を連発。現在も多種多彩な音楽ジャンルを下敷きにしたユニークな音楽活動を続けている。birdは京都府出身のシンガーソングライター。Kiroroは沖縄県出身の女性デュオ。

▶第11回初級　正答率81％　　【正解】④aiko（アイコ）

問題　大阪を代表する盆踊り唄として紹介される河内音頭ですが、昭和初期に浪曲を織り交ぜ、太鼓に三味線を加えてリズムや節回しを刷新し、現代につながる河内音頭をつくった音頭取りの一人とは誰でしょう？

①京山幸枝若　　②吉田奈良丸
③横山アキラ　　④初音家太三郎

解説　大阪の盆踊りの代表格は河内音頭だが、かつては各地域に伝承される河内音頭が存在し、また泉州には「横山くどき」、北摂には浄瑠璃音頭があり、伊勢音頭や江州音頭なども用いられた。現代の主流である河内音頭は、北河内伝承の交野節を源流として発展したもので、大正～昭和初期には大阪市平野出身の初音家太三丸（太三郎）らの音頭取りが平野節をはじめ、戦後期にはこれに浪曲のリズムが加わり、現代河内音頭が成立する。

平野公園にある「河内音頭宗家初音家礎之地」の碑

初代京山幸枝若（1926～1991）は、創作浪曲のほか、河内音頭でも活躍した大阪の浪曲師。二代目は実子が2004年に襲名し、浪曲界を支える。

吉田奈良丸は、現在五代目を数える大阪の浪曲の名跡。二代目（1879～1967）は明治末～大正期に東京の桃中軒雲右衛門と人気を二分、語り口が「奈良丸くずし」という俗曲として流行した。

横山アキラ（1932〜2020）は「歌って笑ってホットブラザーズ〜」でおなじみの横山ホットブラザーズの自称長男。ミュージックソーを「おーまーえーはーアーホーかー」と7拍で叩く芸などで知られる。

▶第2回2級　正答率44%　　【正解】④初音家太三郎

問題　溝口健二監督のトーキー初期作『浪華悲歌』、黒澤明監督がシェイクスピアの戯曲を翻案した名作『蜘蛛巣城』などの映画に主演し、2000年（平成12年）に文化勲章を受章した昭和を代表する大女優で、2012年（平成24年）に亡くなった大阪市出身の人物は誰でしょう？

①杉村春子　②淡島千景
③山田五十鈴　④春日野八千代

解説　山田五十鈴（1917〜2012）は、大阪市出身の女優で、1930年（昭和5）に日活に入り、大河内伝次郎の相手役でデビュー。時代劇作品に多く出演して人気が高まり、1936年（昭和11）には溝口健二監督『浪華悲歌（なにわえれじい）』での主演の汚れ役で、女優としての地位を確立した。シェークスピアの『マクベス』を翻案した黒沢明監督『蜘蛛巣城』（1957年）では、発狂する主人公の妻を演じた。テレビドラマにも数多く出演、必殺シリーズの出演作も多い。1993年に文化功労者表彰、さらに2000年には文化勲章を受章。

杉村春子（1906〜1997）は広島出身、築地小劇場から文学座で活躍した日本を代表する女優で、1995年には文化勲章を辞退している。淡島千景（1924〜2012）は東京出身、宝塚歌劇団出身の女優で、手塚治虫『リボンの騎士』のモデルとされる。映画ではブルーリボン賞主演女優賞を受賞した『てんやわんや』『夫婦善哉』など。春日野八千代（1915〜2012）は神戸市出身、宝塚歌劇の男役スターであった。

▶第5回1級　正答率70%　　【正解】③山田五十鈴

問題　2009年（平成21年）に亡くなった大阪府出身の俳優、森繁久彌が出演した映画の代表作の一つとして『夫婦善哉』がありますが、森繁久彌が演じた主人公の名は何でしょう？

①辰造　②柳吉　③次郎　④徳之助

解説　織田作之助の小説を原作とする『夫婦善哉』は1955年（昭和30)、東宝製作、豊田四郎監督の映画。森繁久彌が演じた化粧問屋の頼りない坊々（ぼんぼん）の名は、維康柳吉（これやすりゅうきち）。相手役のしっかり者の芸者・蝶子は淡島千景。森繁久彌の演じた役で、辰造は、TBS系のテレビドラマ「おやじのヒゲ」シリーズ（1986～1996年）の大国辰造役がある。徳之助は、東京映画製作の映画「駅前」シリーズ（1958～1969年）で演じた森田徳之助役がある。

▶第６回２級　正答率70％　【正解】②柳吉

問題　黒澤明監督『羅生門』、溝口健二監督『雨月物語』などの国際映画祭の受賞作に出演し、「グランプリ女優」とも呼ばれた大女優が2019年（令和元年）に亡くなりました。大阪市出身のこの人物は誰でしょう？

①原節子　②京マチ子

③樹木希林　④淡島千景

解説　京マチ子（1924～2019）は大阪市出身の女優。『羅生門』『雨月物語』『痴人の愛』などの文芸作品への出演が多く、黒澤明、溝口健二、小津安二郎、成瀬巳喜男、市川崑らの大物監督に起用され続けた。『羅生門』（ベネチア国際映画祭金獅子賞)、『雨月物語』（同銀獅子賞)、『地獄門』（カンヌ国際映画祭パルムドール）など出演作が次々と海外の映画賞を受賞したことから、「グランプリ女優」とも称された。昭和の日本を代表する映画俳優の一人。

▶第11回初級　正答率28％　【正解】②京マチ子

問題　森繁久彌、山田五十鈴など、日本を代表する名優を輩出してきた大阪からは、今も続々と新たな才能が登場しています。以下に挙げる人物は現在活躍中の大阪府出身の俳優ですが、名前と読みの組み合わせで正しいものはどれでしょう？

①青木崇高　—　あおきむねたか
②桐谷健太　—　きりやけんた
③菅田将暉　—　かんだまさき
④葉山奨之　—　はやままさゆき

解説　正解は①で、他の選択肢の読みは②きりたにけんた、③すだまさき、④はやましょうの。以下、簡単に4人の俳優の主な出演作を挙げる。青木崇高（八尾市出身）……連続テレビ小説「ちりとてちん」、木曜時代劇「ちかえもん」、大河ドラマ「龍馬伝」。桐谷健太（大阪市出身）……テレビドラマ「ROOKIES」「タイガー＆ドラゴン」「俺の家の話」、映画『オカンの嫁入り』『火花』。菅田将暉（箕面市出身）……テレビドラマ「3年A組 今から皆さんは、人質です」「民王」、映画『そこのみにて光輝く』『キセキ あの日のソビト』『あゝ、荒野』『火花』。葉山奨之（大阪府出身）……連続テレビ小説「まれ」、テレビドラマ「セトウツミ」、映画『青空エール』『きょうのキラ君』。

▶第11回初級　正答率52％　【正解】①

問題　森繁久彌、八千草薫など、日本を代表する名優を輩出してきた大阪からは、今も続々と新たな才能が登場しています。以下に挙げるのは現在活躍中の大阪府出身の俳優ですが、名前と読みの組み合わせで正しいものはどれでしょう？

①高畑充希　—　たかはたみき
②清原果耶　—　きよはらやや

③黒木　華　—　くろきはる
④木南晴夏　—　きなみはれか

解説　正解は③で、他の選択肢の読みは①たかはたみつき、②きよはらかや、④きなみはるか。以下、簡単に４人の俳優の主な出演作を挙げる。高畑充希（東大阪市出身）……連続テレビ小説「とと姉ちゃん」「ごちそうさん」、テレビドラマ「過保護のカホコ」「同期のサクラ」、映画『植物図鑑 運命の恋、ひろいました』『こんな夜更けにバナナかよ 愛しき実話』。清原果耶（大阪府出身）……連続テレビ小説「おかえりモネ」「あさが来た」「なつぞら」、テレビドラマ「透明なゆりかご」「セトウツミ」、映画『３月のライオン』『宇宙でいちばんあかるい屋根』。黒木華（高槻市出身）……大河ドラマ「西郷どん」、テレビドラマ「みをつくし料理帖」、映画『舟を編む』『リップヴァンウィンクルの花嫁』。木南晴夏（豊中市出身）……連続テレビ小説「マッサン」、テレビドラマ「家族八景」「泣いたらアカンで通天閣」。

▶第11回上級　正答率48％　【正解】③

問題　「弱きを助け強きを挫く」を地でいく八尾の朝吉（勝新太郎）とモートルの貞（田宮二郎）のコンビで脚光を浴び、今東光原作で1961年（昭和36年）に映画化された作品はどれでしょう？
①こつまなんきん　②河内風土記　おいろけ説法
③お吟さま　④悪名

解説　今東光（1898～1977）は小説家、天台宗僧侶。1950年代には八尾市の天台院、貝塚市の水間寺などの住職をつとめた。『悪名』は天台院時代に朝吉親分のモデル、岩田浅吉との出会いが生んだ河内物のひとつ。「週刊朝日」に1960年（昭和35）に連載、翌年に田中徳三監督で大映が映画化、以後シリーズ化され1974年（昭和49）まで16本が制作された。

他の選択肢も今東光原作の映画作品。『こつまなんきん』は、河内女の愛欲を描き、1960年（昭和35）に酒井辰雄監督、嵯峨三智子主演で松竹が映画化、翌年に続編も制作された。

『河内風土記 おいろけ説法』は1961年（昭和36）、宝塚映画が久松静児監督で制作、森繁久彌が今東光をもじった河内・天台院の今野東吾を演じる風俗喜劇である。シリーズに『続おいろけ説法』『おいろけ繁盛記』がある。

『お吟さま』は千利休の娘の悲恋・悲劇を描いた今東光の直木賞作品。1962年（昭和37）、にんじんくらぶ制作で女優の田中絹代が監督、有馬稲子主演で映画化。1978年（昭和53）に宝塚映画でリメイクされた。

今東光『悪名』新潮文庫

▶第2回3級　正答率66％　【正解】④悪名

問題　宮本輝の同名小説を素材として、中之島の最西端を舞台に、大衆食堂を営む両親を持つ小学三年生の信雄と、対岸に浮かぶ廓舟で暮らす同い年の喜一との交友と離別を、小栗康平監督が描いた文芸映画は何でしょう？

①道頓堀川　②土佐堀川　③神の河　④泥の河

解説　『泥の河』（木村プロダクション、1981年、白黒）は、小栗康平監督作品。原作は、宮本輝の同名の太宰治賞受賞作で、「川三部作」のひとつである。舞台は1956年（昭和31）の大阪、川縁の食堂に住む少年と、対岸に繋がれた廓舟の姉弟との出会いと別れを描く。すでに大阪では『泥の河』の世界は失われていたため、撮影場所は、名古屋市の運河で行われた。

「泥の河」VHS版

『道頓堀川』（松竹、1982年、カラー）は、宮本輝原作、深作欣二監督作品。宮本輝の「川三部作」のひとつである同名作品の映画化で、道頓堀川に面した喫茶店を舞台に、まち子と邦彦の恋物語を中心に、父と子、男と女、さまざまなかたちの青春を描いた。出演は松坂慶子、真田広之ほか。なお、宮本輝の川三部作は他に『螢川』がある。

残りの選択肢③神の河は、薩摩酒造の麦焼酎の銘柄で映画ではない。②の土佐堀川も映画では見当たらない。

▶第1回2級　正答率81%　　【正解】④泥の河

問題　かつて“浪速のロッキー”と呼ばれた元プロボクサーで、堺市出身の阪本順治監督の“新世界三部作”の一つ『どついたるねん』に主演した人物は次のうち誰でしょう？

①和泉修　②赤井英和　③トミーズ雅　④トミーズ健

解説　阪本順治監督の『どついたるねん』(1989年）に主演したのは原作者でもある赤井英和。攻撃型ボクサーで、プロデビュー以来12戦連続KO勝ちし、「浪速のロッキー」の愛称があった。他の新世界三部作は『王手』(1991年)、『ビリケン』(1996年）で、赤井は『王手』でも主演。和泉修は浪速高校ボクシング部の赤井の後輩で、プロデビューも果たしている。トミーズ雅は赤井と交流のある元プロボクサーで、トミーズ健はその相方。

▶第7回3級　正答率94%　　【正解】②赤井英和

問題　大阪をロケ地に撮影されたハリウッド映画で、護送途中に逃亡した松田優作が演じる凶悪犯を、ニューヨーク市警の刑事と高倉健が演じる大阪府警の刑事が追跡する映画の題名は次のうちどれでしょう？

①ブラック・レイン　②パッチギ！
③ミッション・インポッシブル　④ミナミの帝王

解説　『ブラック・レイン』は、1989年に公開されたリドリー・スコット監督作品。グリコの看板が見える道頓堀、阿倍野警察署があるあべの筋、京橋や十三などの街頭風景、大阪府庁舎、中央卸売市場など、大阪市内がロケ地となっている。阿倍野警察署、キリンプラザ大阪など、現在ではなくなった建物も多い。
『難波金融伝ミナミの帝王』は、竹内力主演の映画。『パッチギ！』のロケ地は、京都である。

▶第7回3級　正答率94%　【正解】①ブラック・レイン

問題　2011年（平成23年）に公開された映画『プリンセス トヨトミ』で中井貴一が演じた、大阪国を守り続けるお好み焼き屋の主人・真田幸一の店があった商店街は次のうちどれでしょう？

①千林商店街　②天神橋筋商店街
③空堀商店街　④心斎橋筋商店街

解説　『プリンセストヨトミ』は、万城目学の長編小説を2011年に映画化した作品で、大坂の陣で絶えたはずの豊臣家の末裔が今も生き続け、地下に眠る大阪国が存在していたという奇想天外なストーリー。大阪国総理大臣の真田幸一（中井貴一）は、ふだんはお好み焼き店「太閤」の主人で、店は空堀商店街にある。空堀の他にも、梅田、大阪城公園、大阪府庁、道頓堀、通天閣などでロケが行われた。

▶第7回3級　正答率51%　【正解】③空堀商店街

問題　2015年（平成27年）に公開された大阪を題材とした映画『味園ユニバース』で主演を務めた大阪府出身の渋谷すばるは、ジャニーズ事務所の何というアイドルグループに属しているでしょう？（出題当時）

①KinKi Kids　②ジャニーズWEST
③嵐　④関ジャニ∞

解説　関ジャニ∞は2002年に結成された男性アイドルグループで、

全員が関西出身。うち大阪府出身は、８人中６人を占めた（渋谷すばるら３人が脱退し現在は５人）。『味園ユニバース』（山下敦弘監督）は、千日前の味園ビルを舞台にした映画で、主演の渋谷すばるは和田アキ子「古い日記」を熱唱するなど、高い歌唱力を示した。

▶第８回上級　正答率73％　【正解】④関ジャニ∞

問題　水爆実験により予期せず誕生したゴジラは、複数回にわたり大阪に現れています。1955年（昭和30年）公開のシリーズ第二作『ゴジラの逆襲』では、ゴジラは大阪の地でアンギラスと激突しますが、その時に破壊された施設は次のうちどれでしょう？

①太陽の塔　②大阪城天守閣
③梅田スカイビル　④大阪タワー

解説　『ゴジラの逆襲』でゴジラとアンギラスの格闘で破壊されたのは大阪城天守閣。同じ本丸内にある大阪市警視庁本部（旧陸軍第四師団司令部庁舎、後の大阪市立博物館）も登場している。

大阪タワーは、「ウルトラマン」第27話「怪獣殿下（後篇）」（1967年）で、大阪城を破壊するゴモラの対策本部として登場する。太陽の塔は、大阪万博の会場で決戦した『ガメラ対大魔獣ジャイガー』（1970年）に登場し、大阪城天守閣も登場する。また『大怪獣決闘　ガメラ対バルゴン』（1966年）では通天閣と大阪城天守閣が凍らされ、大阪市立博物館はガメラに破壊される。

▶第６回３級　正答率78％　【正解】②大阪城天守閣

問題　NHK連続テレビ小説は、長年続く大阪放送局制作の全国ネット番組として貴重な存在となっています。これまで放送された次の作品のうち大阪放送局制作ではない作品はどれでしょう？

①カーネーション　②澪つくし
③ちりとてちん　④てっぱん

解説　連続テレビ小説「澪つくし」は、NHK放送センター（東京）制作の1985年度上半期の作品で、千葉県銚子市の醤油醸造家を舞台とし、堺市出身の沢口靖子が主演。他は大阪放送局制作である。尾野真千子・夏木マリ主演で岸和田市が舞台の「カーネーション」は2011年度下半期、貫地谷しほり主演で福井と大阪が舞台の「ちりとてちん」は2007年度下半期、瀧本美織主演で広島と大阪が舞台の「てっぱん」は2010年度下半期の作品。

▶第７回２級　正答率40％　　【正解】②澪つくし

問題　1996年（平成８年）度下半期にNHK連続テレビ小説として放送され、大阪市内の天下茶屋と新世界を舞台に、三倉茉奈、三倉佳奈が子ども時代を演じた双子のヒロイン、麗子と香子の挑戦と、それを取り巻く人間関係を描いたテレビドラマのタイトルは何でしょう？

①ええにょぼ　②ぴあの　③だんだん　④ふたりっ子

解説「ええにょぼ」は、1993年度上半期放送。戸田菜穂主演で、舞鶴市や伊根町の丹後地方を舞台に夫と別居生活を強いられた研修医の成長する姿を描いた。

「ぴあの」は、1994年度上半期放送。主演は宝塚歌劇雪組娘役であった純名里沙。西天満の父子家庭に育った四姉妹の日常や生きざまを、末娘ぴあのの視点から描いた作品。

「だんだん」は2008年度下半期放送。三倉茉奈・三倉佳奈主演。島根県松江と京都を舞台に、離れ育った双子の姉妹が、歌手デビューを経て、自分の道をみつけるまでを描く。

「連続テレビ小説
ふたりっ子」
DVD-BOX盤

「ふたりっ子」は、1996年度下半期放送。主人公の子ども時代を三倉佳奈、三倉茉奈が、成長した姿を岩崎ひろみと菊池麻衣子が演じた。大阪の下町を舞台に、双子の姉妹の奮闘と成長を描き、人情や家族の絆、将棋という厳しい勝負の世界を背景にした波瀾万丈の物語が話題を呼んだヒットドラマである。舞台となった新世界、通天閣界隈が一気に観光地化するきっかけともなった。

▶第１回２級　正答率92%　　【正解】④ふたりっ子

問題　昭和40年代を中心に、大阪の放送局制作のテレビドラマはいわゆる「根性もの」が人気を博し、多くが全国放送されていました。こうした中、「船場」、「どてらい男」、「道頓堀」、「細うで繁盛記」など多くの「根性ドラマ」の原作・脚本を手がけた作家・脚本家は誰でしょう？

①香川登志緒　②花登筐　③石浜恒夫　④山田洋次

解説　香川登志緒（のちに登枝緒。1924～1994）は、昭和の放送作家。1958年（昭和33）に朝日放送の専属作家になり、「スチャラカ社員」（1961年）、「てなもんや三度笠」（1962年）などのテレビのお笑い番組や、漫才の台本を書いた。

花登筐（1928～1983）は放送作家・演出家として活躍、1959年（昭和34）の「番頭はんと丁稚どん」が人気番組となった後、大阪ものの根性ドラマでも人気を博した。問題文の作品のほかに「あかんたれ」「ぬかるみの女」、アニメ「アパッチ野球軍」など。

石浜恒夫（1923～2004）は大阪出身の作家・作詞家。大阪の盛り場を描いた作品が多く、『らぷそでい・いん・ぶるう』『流転』などがある。作詞家としては、フランク永井「こいさんのラブコール」などのヒット曲も手がけた。

山田洋次（1931～）は、豊中市出身の映画監督・脚本家。27年間で48作続いた「男はつらいよ」シリーズは有名である。

▶第１回２級　正答率73%　　【正解】②花登筐

問題　昭和30年代、テレビの普及に伴いテレビドラマも数多く制

作されました。1959年（昭和34年）から朝日放送で放送された連続テレビドラマ「流転」は、わが国で初めて段ボール事業を手掛けた企業家の波乱万丈の人生を題材にしています。この創業者は誰でしょう？

①山本猛夫　②井上貞治郎　③吉本せい　④山本利助

解説　井上貞治郎（1881～1963）は「レンゴー」の創業者、日本初の段ボール事業を創始し、自叙伝は1959年（昭和34）に朝日放送「流転」（石浜恒夫脚本）でドラマとなり、翌年に映画化、1963年（昭和38）に毎日放送でもドラマ化された。山本猛夫（1921～1991）は、商社「山善」の創業者、花登筺「どてらい男（やつ）」のモデル。吉本せい（1889～1950）は吉本興業の創業者で山崎豊子『花のれん』のモデル。初代山本利助は、山崎の『暖簾（のれん）』のモデルで、昆布の「小倉屋山本」の創業者。

▶第7回1級　正答率69％　【正解】②井上貞治郎

問題　2010年（平成22年）に亡くなった俳優・藤田まことは、テレビ創生期に大阪で制作された番組に多く出演していました。1962年（昭和37年）からテレビ放送されたコメディで、主人公・あんかけの時次郎を演じた藤田まことの代表作ともなった番組はどれでしょう？

①てなもんや三度笠　②必殺仕置人
③びっくり捕物帳　④剣客商売

解説　朝日放送制作の「てなもんや三度笠」（1962～1968年）では、渡世人あんかけの時次郎を藤田まこと、相棒の小坊主珍念を白木みのる、浪人蛇口一角・写真師桜富士夫を財津一郎が演じた。1965～1966年（昭和40～41）には人気の絶頂期を迎え、藤田の「俺がこんなに強いのも、あたり前田のクラッカー」や、財津の「きびしーっ」などの流行語を生んだ。

「必殺仕置人」は1973年（昭和48）4月から放送された、朝日放送の看板番組である必殺シリーズ第２作。藤田まこと扮する闇の仕置人・中村主水が初登場した作品である。

「剣客商売」は池波正太郎の時代小説が原作のテレビ時代劇。藤田まことが老剣客・秋山小兵衛を演じた３度目のテレビ化では、1998〜2004年に５シリーズが放映された。

「続てなもんや三度笠」
映画版のDVD

「びっくり捕物帳」は1957〜1960年（昭和32〜35）放映の大阪テレビ（のちに朝日放送）制作の時代劇コメディー。中田ダイマル・ラケットが主演で、藤田まことのテレビ初出演作品。全国ネットで放映された。

▶第２回３級　正答率81％　【正解】①てなもんや三度笠

問題　2015年（平成27年）、吉本新喜劇の黄金時代を築いたある芸人が亡くなりました。横山エンタツの次男で、岡八郎（八朗）とコンビを組んで漫才をしたこともあるその芸人は誰でしょう？

①芦屋雁之助　②原哲男　③横山ノック　④花紀京

解説　花紀京（1937〜2015）は、漫才師の横山エンタツの次男として生まれ、岡八朗とともに1960〜80年代の吉本新喜劇を支えた中心人物の一人。テレビコメディー黄金期の「てなもんや三度笠」「スチャラカ社員」「番頭はんと丁稚どん」などにも出演。漫才ブームの1980年にはテレビ番組で岡八朗と漫才コンビを組み、話題になった。

▶第８回上級　正答率83％　【正解】④花紀京

問題　朝日放送で1988年（昭和63年）から放送されている視聴者参加型バラエティ番組で、「複雑に入り組んだ現代社会に鋭いメスを入れ、様々な謎や疑問を徹底的に究明する探偵！ナイトスクー

プ。私が局長の○○○○でございます。」で始まる長寿番組の初代局長は誰でしょう？

①横山ノック　②キダ・タロー

③上岡龍太郎　④桂小枝

解説　「探偵！ナイトスクープ」は現在では全国35局で放映される人気番組である。初代局長は上岡龍太郎で、2000年4月に上岡の芸能界引退により降板となった。その後、8か月の局長不在が続き、西田敏行局長は2001年1月からである。2019年11月には二代目西田局長が退任し、松本人志が三代目局長に就任した。ちなみに初代秘書は松原千秋で約1年間務めた。後任の二代目、岡部まりは1989年7月～2010年4月という長期の在任であった。

キダ・タローは番組の最高顧問。桂小枝は番組開始の1988年から2013年まで長年にわたり番組の探偵を務めた。

横山ノック（1932～2007）もこの番組の初代最高顧問であり、のちに名誉顧問となった。漫才の漫画トリオ（活動は1960～1968年）では、上岡（当時は横山パンチ）と横山フック（のちに青芝フック）とともに結成していた。また「ノックは無用」（関西テレビ）では上岡とともに司会者を務めた。

上岡龍太郎局長時代の「探偵！ナイトスクープVol.13」DVD盤

▶第2回3級　正答率85％　【正解】③上岡龍太郎

問題　1960年代から70年代、大阪の放送局が制作した視聴者参加型の公開番組が、人気を博しました。次のうち横山ノック、上岡龍太郎などが司会を務めたバラエティ番組はどれでしょう？

①プロポーズ大作戦　②新婚さんいらっしゃい！

③ラブアタック！　④パンチDEデート

解説　横山ノック、上岡龍太郎、和田アキ子らが司会したのは朝日放送「ラブアタック！」(1975～1984年)。「かぐや姫」をめぐり男性参加者がゲームで争う恋愛バラエティであった。同じ朝日放送の「プロポーズ大作戦」(1973～1985年) は西川きよし・横山やすし司会、愛のキューピッドの桂きん枝ほか、「新婚さんいらっしゃい！」(1971年～) は六代目桂文枝ほかが司会。関西テレビ「パンチDEデート」(1973～1985年) は六代目文枝・西川きよし司会。

▶第7回2級　正答率42%　　　　【正解】③ラブアタック！

問題　1950年 (昭和25年) ～1955年 (昭和30年) 頃にかけて、大阪ではラジオ局が競い合って演芸、コメディ、一般参加型などの番組を制作し、大阪制作のラジオ黄金時代を築きました。1925年 (大正14年) に大阪で最も早く開局したのは現在のどのラジオ局 (放送局) でしょう？

①NHK (大阪放送局)　　②毎日放送
③朝日放送　　④ラジオ大阪

解説　社団法人大阪放送局は1925年 (大正14) 6月1日に開局した。高麗橋の三越百貨店屋上の仮放送所から、坐摩神社神官の祝詞にはじまり、初代水谷八重子の科白劇などを記念番組として放送した。それに先立つ3月22日には東京放送局が、大阪に続いて名古屋放送局が7月15日に開局し、東京はJOAK、大阪はJOBK、名古屋はJOCKのコールサインを使用した (ただし、これらの開局年月日は、設立、試験放送、仮放送、本放送のどの時点で開局とするかで若干時期は変わる)。この3局は翌年に合同して、社団法人日本放送協会 (NHK) を設立する。

民間放送が開局するのは戦後である。新日本放送 (のちの毎日放送) が開局したのは1951年 (昭和26) 9月1日正午、初の民放となる名古屋の中部日本放送に5時間半遅れであった。朝日放送の開局は同年の11月11日で、大阪はNHKと民放2局での激しい競争を繰り広げた。大阪放送 (愛称：ラジオ大阪) が開局したのは、テレビ開局ラッシュ期であった1958年 (昭和33) 7月1日である。

▶第１回３級　正答率62％　　　　　　　　【正解】①NHK（大阪放送局）

問題　明治末から昭和にかけて活躍した川柳作家で、道頓堀「今井」の前に「頬かむりの中に日本一の顔」という句碑が残る人物は誰でしょう？

①食満南北　　②岸本水府　　③泉鏡花　　④坪内逍遥

解説　岸本水府（1892〜1965）は、1909年（明治42）に西田当百とともに番傘川柳本社の前身である関西川柳社を組織した川柳作家で、1913年（大正２）に創刊した雑誌「番傘」は現在も刊行される。近代の「川柳六大家」の一人。グリコの広告部長としてのコピー制作や、OSKのテーマソング「桜咲く国」の作詞者としても知られる。うどん店「今井」本店前の句碑は1960年（昭和35）に番傘同人が建立したもので、水府の句「頬かむりの中に日本一の顔」は初代中村鴈治郎（1860〜1935）の当たり芸、「河庄」紙治（紙屋治兵衛）の花道の出の姿を詠んだものである。

食満南北（1880〜1957）は初代鴈治郎の座付作者で、水府と交遊があり川柳作家でもある。初代鴈治郎についても「鴈治郎かさを持つのも姿なり」などの句がある。

泉鏡花（1873〜1939）は明治から昭和初期の作家。田辺聖子による水府の評伝『道頓堀の雨に別れて以来なり』が、1998年の泉鏡花文学賞を受賞している。

坪内逍遥（1859〜1935）は早稲田大学で食満南北が師事した小説家、劇作家。『当世書生気質』は1887年（明治20）８月に中座で初代鴈治郎らが歌舞伎化した。

岸本水府の句碑
（道頓堀「今井」前）

▶第３回１級　正答率68％　　　　　　　　【正解】②岸本水府

問題　1960年代、日本のSF小説の黄金期に活躍した大阪市出身の小説家、筒井康隆の小説で、1983年（昭和58年）に大林宣彦監督、原田知世主演で映画化された作品は次のうちどれでしょう？

①日本沈没　　　②ねらわれた学園
③東海道戦争　　④時をかける少女

解説　原田知世の主題歌でも注目された映画『時をかける少女』。原作者の筒井康隆は、1934年（昭和９）、大阪市に生まれ、府立春日丘高校から同志社大学に進んだ。会社勤めを辞めたあとは、『ねらわれた学園』の眉村卓や『日本沈没』の小松左京ら若い作家同士で親交を深めた。初期の作品に『東海道戦争』、代表作に『日本沈没』のパロディである『日本以外全部沈没』、『七瀬ふたたび』『虚人たち』『文学部唯野教授』などがある。

▶第７回３級　正答率80％　　【正解】④時をかける少女

問題　2015年（平成27年）、「劇画」という名称やジャンルの成立に重要な役割を果たした漫画家が亡くなりました。彼の評価は海外でも高く、2011年（平成23年）、シンガポールのエリック・クー監督により、彼の原作を基にした長編アニメーション映画が製作され日本でも公開されました。「劇画工房」を結成したことでも知られるこの漫画家は次のうち誰でしょう？

①士郎正宗　　　　②辰巳ヨシヒロ
③さいとう・たかを　④水木しげる

解説　辰巳ヨシヒロ（1935～2015）は大阪市に生まれ、手塚治虫に影響を受けて漫画を描き始めた。1951年、『愉快な漂流記』でデビューし、貸本漫画誌に作品を発表。従来の子供向けの漫画とは異なるシリアスな技法を「劇画」と命名し、さいとう・たかをらと劇画工房を結成した。その後、劇画ブームとは一線を画し、社会の底辺に目を向けた作品などを発表する。後年再評価を受け、海外でも出版された。代表作に自伝的長編『劇画漂流』がある。

▶第７回１級　正答率71%　　　　　　　　　【正解】②辰巳ヨシヒロ

問題　漫画家、さいとう・たかをは、1955年（昭和30年）大阪の日の丸文庫より『空気男爵』でデビューしました。その後、自身の名でプロダクションを立ち上げ、1968年（昭和43年）には現在も続くロングセラー作品の連載を開始しました。この作品のタイトルは何でしょう？

①美味しんぼ　　②あぶさん
③ナニワ金融道　④ゴルゴ13

解説　『ゴルゴ13』は1968年（昭和43）から「ビッグコミック」で現在も連載中のさいとう・たかをの作品。スナイパーのデューク東郷の活躍を描く。青木雄二の『ナニワ金融道』は1990～1996年の連載、大阪の消費者金融をめぐる人間模様を描いた。雁屋哲原作、花咲アキラ作画の『美味しんぼ』は食をテーマに、1983年（昭和58）から連載中。

▶第６回３級　正答率57%　　　　　　　　　【正解】④ゴルゴ13

問題　1928年（昭和３年）、大阪府豊能郡豊中町（現・豊中市）に生まれた手塚治虫は、大阪帝大附属医専在学中の1947年（昭和22年）に発表したある作品で日本のストーリー漫画に革命を起こしました。斬新なコマ運びや映画のスクリーンのように展開する描法が人々を驚かせ、手塚治虫の出世作となったこの作品は何でしょう？

①メトロポリス　②新寶島
③鉄腕アトム　　④ジャングル大帝

解説　『新寶島』（1947年）は、酒井七馬原作で手塚治虫が作画した長編漫画。200ページを超える描きおろしで出版され、通説で40万部ともいわれる大ベストセラーとなり、手塚の出世作となった。

時間や状況の変化をコマ割や構図、スピーディなアクションで行い、その映画的な表現は当時の漫画少年たちに衝撃を与えた。
『メトロポリス』は1949年（昭和24）に発表された漫画。『ロストワールド』（1948年）、『来るべき世界』（1951年）とともに手塚の初期を代表するSF作品である。
『鉄腕アトム』（1952〜1981年）は手塚の代表作のひとつ。テレビアニメ、特撮番組が制作され、ハリウッドでは映画化もされた。プロ野球ヤクルトアトムズのマスコットキャラクターにもなった。
『ジャングル大帝』（1950〜1954年）は手塚が本格デビューを飾り、名を高めた作品である。何度もアニメ化され、主人公レオは西武ライオンズのマスコットキャラクターとして使用された。

▶第３回２級　正答率59％　　【正解】②新寶島

問題　大阪からは手塚治虫をはじめ多くの漫画家が生まれ、少女漫画の世界でも池田理代子や里中満智子らが活躍しています。演劇を題材に描かれ、現在も連載中の少女漫画の名作『ガラスの仮面』の作者は誰でしょう？

①美内すずえ　　②二ノ宮知子
③さくらももこ　④牧美也子

解説　『ガラスの仮面』は大阪市出身の美内すずえの代表作。1976年（昭和51）に連載開始、現在も「別冊花とゆめ」で連載されている。埼玉県出身の二ノ宮知子はクラシック音楽をテーマにした『のだめカンタービレ』（2001〜2010年連載）の作者、静岡県出身のさくらももこは、自分の少女時代を題材とした『ちびまるこちゃん』で知られる。女性漫画家の先駆け的存在で、レディースコミックで活躍する牧美也子は神戸市出身である。

▶第６回３級　正答率52％　　【正解】①美内すずえ

問題　大阪の貸本漫画出版社が出版する短編誌「影」からデビュ

ーした水島新司は、人間ドラマを描く野球漫画を描きました。次のうち、水島新司の作品はどれでしょう？

①あぶさん　　②巨人の星

③タッチ　　　④がんばれ!!タブチくん!!

解説　『あぶさん』は、1973年（昭和48）から2014年まで連載された水島新司のプロ野球漫画。南海での代打屋時代から引退後のソフトバンク二軍助監督時代に至る長編ドラマで、2009年の主人公の現役引退は話題になり、球場でセレモニーも実施された。

『巨人の星』は梶原一騎原作・川崎のぼる画の根性野球漫画。『タッチ』はあだち充の代表作、高校野球を軸に恋愛や兄弟の思いなどを描く。『がんばれ!!タブチくん!!』は、いしいひさいちの野球を題材とした４コマ漫画。

▶第４回３級　正答率70％　　　【正解】①あぶさん

芸術・娯楽

問題　大阪市西成区萩ノ茶屋あたりを舞台に、穀つぶしの父親や、ろくでもないその友人達に囲まれて、日本一の不幸な少女の波乱に満ちた日々の暮らしを描いた、はるき悦巳によるマンガの題名は何でしょう？

①ガキンチョちえ　　②ジャリン子チエ

③じゃりン子チエ　　④じゃりん子ちえ

解説　『じゃりン子チエ』は1978年（昭和53）から1997年まで雑誌「漫画アクション」に連載された、はるき悦巳の漫画作品である。

　主人公の竹本チエは、父テツ・母ヨシ江とともに「西萩」の町でホルモン焼きの店を営んでいる。この町は、作者が少年時代をすごした大阪市西成区萩之茶屋あたりがモデルとなっている。大阪の日常を舞台とした人情コメディで、個性あふれるキャラクターが登場

はるき悦巳『じゃりン子チエ』双葉社

する。1981年（昭和56）からは毎日放送でアニメ化され、チエの声を中山千夏が、テツの声を漫才師の西川のりおが務めた。

作者のはるき悦巳は、大阪市西成区出身で、1947年（昭和22）生まれ。多摩美術大学を卒業後、1978年（昭和53）に『政・トラぶっとん音頭』でデビュー。他の作品に『日の出食堂の青春』『帰って来たどらン猫』などがある。

▶第１回３級　正答率77％　　　　　　【正解】③じゃりン子チエ

問題　大阪の高校生たちが放課後に時間を持て余し、大阪弁のボケとツッコミ満載の会話を繰り広げる漫画作品が、映画化、テレビドラマ化もされるヒット作となりました。川辺で暇をつぶすだけの青春を描き、手塚治虫文化賞読者賞にノミネートされたこの作品の題名は何でしょう？

①アオイホノオ　　②ココニイルコト
③セトウツミ　　④ラブ★コン

解説　『セトウツミ』は2013年から2017年まで雑誌「別冊少年チャンピオン」に連載された、此元和津也（このもとかづや）の漫画作品。川辺で放課後の空き時間を過ごす高校生の群像劇。タイトルは主人公の名前（瀬戸と内海）から来ており、モデルは堺市の府立高校と思しい。場面転換がほぼなく、漫才のような会話を漫画表現でなしえた稀有な作品。2016年に菅田将暉と池松壮亮の主演、中条あやみなどの出演で映画化され、2017年に葉山奨之と高杉真宙の主演、清原果耶、谷村美月などの出演でテレビドラマ化された。

此元和津也
『セトウツミ』
秋田書店

『アオイホノオ』は大阪芸術大学をモデルにした漫画。『ココニイルコト』は大阪の広告代理店を舞台にした映画。『ラブ★コン』は大阪の高校を舞台にした漫画作品で、映画化、アニメ化された。

▶第11回初級　正答率34%　【正解】③セトウツミ

問題　右の写真は、ある将棋名人の功績をたたえて立てられた通天閣の近くにある碑です。演歌や映画のモデルともなっているこの人物は誰でしょう？

①阪田三吉　　②升田幸三
③村田英雄　　④尾理井健

解説　写真は、1969年（昭和44）、大正時代の将棋の名人、阪田三吉（1870〜1946）を偲んで通天閣真下に建立された王将碑。毎年7月の王将まつりには将棋ファンが集う。阪田三吉は堺市出身、実戦で将棋の腕を鍛えたといわれ、宿敵、関根金次郎との名勝負は有名である。没後の1955年（昭和30）に日本将棋連盟から名人位・王将位が追贈された。その生涯は北条秀司（1902〜1996）の戯曲「王将」になり、これを原作とする5本の映画が制作されている。1962年（昭和37）の三国連太郎主演映画の主題歌は、西條八十作詞・船村徹作曲の「王将」で、1961年（昭和36）にリリースされ、村田英雄（1929〜2002）の最大のヒット曲となった。

升田幸三（1918〜1991）は広島県出身の棋士。史上初の名人・王将・九段の三冠制覇や独創的な指し手で知られ、引退後の1988年（昭和63）に実力制第4代名人が追贈された。阪田三吉にも教えを受けている。

④はビリケンをもじった架空の選択肢。

『棋神・阪田三吉』
小学館文庫

▶第4回3級　正答率74%　【正解】①阪田三吉

問題　囲碁の世界でも大阪府出身の棋士が活躍しています。この棋士は1989年（平成元年）生まれで、20歳で史上最年少名人の記録を更新し脚光を浴び、2017年（平成29年）に囲碁界・将棋界を通じて初の２度目の七冠独占を達成しました。その翌年に国民栄誉賞を受賞した東大阪市出身のこの棋士は誰でしょう？

①橋本宇太郎　②井山裕太　③山下敬吾　④藤井聡太

解説　東大阪市出身の井山裕太は、日本棋院関西総本部所属の囲碁棋士。中学時代にプロ入りし、2008年に最年少で名人戦に挑むが惜敗。翌年、張栩を破り20歳で名人位を獲得した。2012年に五冠となり、翌年には棋聖戦で張栩を破り史上初の六冠となった。2014年には四冠に後退したが、その後盛り返し2016年に七冠を達成。囲碁界初の七大タイトル（棋聖、名人、本因坊、王座、天元、碁聖、十段）制覇となった。2017年には、囲碁・将棋界を通じて初となる２度目の七冠完全制覇を達成した。

橋本宇太郎は戦前戦後に活躍した大阪市出身の囲碁棋士。山下敬吾は北海道出身の現役囲碁棋士。2002年生まれの藤井聡太は日本将棋連盟関西本部所属の将棋棋士。昇段の最年少記録を次々と塗り替えている将棋界の若きスター。

▶第10回初級　正答率70％　【正解】②井山裕太

問題　行政や企業が運営する以下の美術館と所在地の組み合わせで誤っているものはどれでしょう？

①大阪市立美術館　—　大阪市天王寺区
②逸翁（いつおう）美術館　—　池田市
③国立国際美術館　—　吹田市
④大阪市立東洋陶磁美術館　—　大阪市北区

解説　大阪市立美術館は、1936年（昭和11）、住友家が本邸のあった場所（天王寺区）に慶沢園（庭園）とともに大阪市に寄贈する形で開館した。市民が優れた美術文化に接する機会を提供するとともに、在阪美術作家の活動支援も視野に入れた文化振興の殿堂を目指して設立された。

逸翁美術館は、明治大正昭和の実業界で活躍し、阪急電鉄をはじめ、阪急百貨店、東宝などの阪急グループを興した小林一三（1873〜1957）の遺志により設立されたもので、具眼の収集家としても知られた一三の収集品をもとに旧邸「雅俗山荘」（池田市）に開館（1957年）した。

大阪市立東洋陶磁美術館は、大阪市北区中之島一丁目にある美術館で、住友グループから寄贈された安宅コレクションの東洋陶磁の逸品を核として設立（1982年）された。

国立国際美術館は、国内外の現代美術の専門館として有名。設立は1977年で、当初は吹田市の万博記念公園にあったが、2004年に、現在地である北区中之島へ移転した。

開館当時の大阪市立美術館（『大阪市立美術館落成記念』）

▶第3回3級　正答率53%　　　【正解】③国立国際美術館 — 吹田市

問題　明治から昭和にかけて活躍したこの日本画家は、大正美術会の結成に関わったほか、大阪を拠点に「茶々殿」など独特の美人画を描き、大阪画壇の重鎮として活躍しました。この日本画家は次のうち誰でしょう？

①菅楯彦　　②北野恒富　　③島成園　　④生田花朝

解説　北野恒富（1880〜1947）は旧加賀藩士族として、石川県金沢市で生まれた（本名富太郎）。画家を志して大阪に移り、歌川派の稲野年恒について浮世絵を学び、次第に頭角を現した。南地に取材した妖艶な美人画を得意とした。「茶々殿」(中之島図書館蔵)は北ノ庄時代の若き茶々の姿を描いたものと思われるが、背景の沈んだ色調とともに目線を閉ざしてしまうような人物配置など、茶々の不幸な運命を予感させるような作品となっている。

菅楯彦(1878〜1963)は鳥取県出身、大阪で活躍した日本画家。大阪の風俗を描いた作品を多く手がけた。主要作品に「春宵宜行」「きつねのよめいりの巻」。島成園(1892〜1970)は堺市出身の日本画家。近代女性画家を代表する一人で、主に美人画を手がけた。主要作品に「祭りのよそおい」「おんな」。生田花朝(1889〜1978)は大阪市出身の日本画家。菅楯彦らに師事し、大阪の祭りなどの習俗を描き続けた。主要作品は「四天王寺聖霊会図」や、今も天満天神繁昌亭やグランキューブ大阪の緞帳になって親しまれている「浪花天神祭」。

▶第7回1級　正答率62%　　　　【正解】②北野恒富

問題　1919年(大正8年)の二科展で樗牛賞を受賞した「Nの家族」を描いた人物は誰でしょう?

①田村孝之介　②高岡徳太郎　③佐伯祐三　④小出楢重

解説　初期の洋画家は絵が売れず、時に文芸誌や新聞の挿絵も手がけたが、谷崎潤一郎の『蓼喰う虫』などの挿絵を描いたのが小出楢重(1887〜1931)である。南区長堀橋筋一丁目(現・中央区東心斎橋)に生まれた彼は、東京美術学校(現・東京芸術大学)の西洋画科を卒業し、1919年(大正8)二科展に出品した「Nの家族」で樗牛賞を受賞した。

田村孝之介(1903〜1986)は大阪市出身で、信濃橋洋画研究所に学び、小出楢重に師事した洋画家。主要作品に「裸婦立像」。高岡徳太郎(1902〜1991)は堺市出身で小出楢重らに師事した洋画家。1923年(大正12)に入社した大阪の高島屋図案部で、今もおなじみの包装紙のバラを描いたことでも知られる。佐伯祐三(1898

〜1928）は大阪市出身で、近代大阪を代表する洋画家の一人。北野中学、東京美術学校を経てパリに渡り、パリの建物や広告、人物をモチーフとして創作活動を続けたが、病を得て30歳の若さで夭折した。主要作品に「郵便配達夫」「ロシアの少女」。

▶第３回２級　正答率36％　【正解】④小出楢重

問題　「人のまねをするな」と主張した吉原治良を中心に結成されたこの美術家の団体は、日本だけでなく海外でも高く評価されました。この団体の名称は次のうちどれでしょう？

①抽象美術協会　②二科会
③日本美術院　④具体美術協会

解説　大阪では戦前から前衛的な美術家が活躍したが、美術史上最も重要なのは1954年（昭和29）に吉原治良（じろう）（1905〜1972）をリーダーに結成された「具体美術協会」である。同会には白髪一雄、元永定正、嶋本昭三、田中敦子らが参加した。国内の美術批評では無視されたが、フランスの美術評論家タピエが海外に紹介して逆輸入され、高く評価されるようになった。「人のまねをするな、人のやらないことやれ」が吉原治良の口癖で、本拠地として「グタイピナコテカ」を大阪・中之島に開き、海外に現代美術を発信した。

▶第７回２級　正答率41％　【正解】④具体美術協会

問題　大阪出身・在住の現代美術家で、「セルフポートレート」として自らの体で歴史的名画を表現したり、映画女優に扮した写真を撮ったりする作風のアーティストは誰でしょう？

①ヤノベケンジ　②やなぎみわ　③森村泰昌　④南伸坊

解説　森村泰昌は1951年（昭和26）、大阪市生まれ。自らが名画などのなかに入り込む写真作品で世界的に知られる。京都市立芸術

大学を卒業後、写真家アーネスト・サトウに師事して静物写真の作品などを制作する。1985年（昭和60）、ファン・ゴッホの自画像に自らが扮する作品を発表し、ブレイクした。1990年代は西洋名画の中に入っていく「美術史の娘」シリーズなどを制作した。

1990年代後半になると、女優シリーズに着手。通天閣をバックに制作したブリジッド・バルドーや、マリリン・モンローになりきるセルフポートレートを発表する。さらに近年は、写真の時代であった20世紀を振り返る「なにものかへのレクイエム」シリーズを制作。ヒトラー、毛沢東、チェ・ゲバラ、昭和天皇とマッカーサーなど歴史上の人物に扮し、演説する三島由紀夫の作品では旧大阪市立博物館のバルコニーで撮影を行った。

ヤノベケンジは大阪出身の美術家、やなぎみわは兵庫県出身の美術家で、写真や映像を用いたセルフポート的作品などを制作する。南伸坊は東京出身のイラストレーター、ライターである。

▶第２回２級　正答率47％　【正解】③森村泰昌

〔芸術・娯楽の出題傾向と対策〕

「芸術・娯楽」科目は、対象となる分野が広すぎ、試験対策が難しいとよく言われる。広く芸能にまつわる題材がここまで多種多彩に充実しているご当地検定は他になく、大阪検定の大きな特徴となっている。対象は伝統芸能からサブカルチャー、絵画や大衆的な娯楽まで広範囲にわたる。もっとも、これほどの多分野をすべて深く掘り下げる必要はない。出題の勘どころを押さえれば、かえって試験対策は立てやすいと言える。

▶文楽

大阪を代表する芸能として、毎回必ず複数の問題が出題される。拠点となる国立文楽劇場のことは、建物の外観写真や所在地が問われるぐらいで易しい出題となる。技芸者の役割を三業と呼び、浄瑠璃を語る太夫、太棹を扱う三味線、人形遣いは三人遣いでの役割やキャリアの違いなど、ごく基本的な要素が出題される。一度でも劇場に足を運び鑑賞した経験があれば、容易に正解できる問題が多い。技芸者については、太夫であれば最高位の切場語りになった際や、人間国宝になるような代表的な人物が取り上げられる。そして、重要人物が亡くなった年には必ずと言っていいほど出題される。もっとも、著名人の物故者がすぐさま出題されるのは、文楽に限らず芸能分野全般における顕著な傾向となっている。作品については、まず「時代物」「世話物」という二大分類があり、そのうち世話物の代表作品を知っておくこと。「曽根崎心中」「心中天網島」「女殺油地獄」あたりの大まかな粗筋と主人公の名前を押さえる程度でよい。これらの世話物は主に近松門左衛門と竹本義太夫のコンビで生み出され、300年以上にわたり継承され、元禄文化を象徴するものである。

▶上方歌舞伎

人物としては上方歌舞伎を代表する名跡を押さえる。当代片岡仁左衛門の松嶋屋、中村鴈治郎家の成駒屋、当代坂田藤十郎（故人)、そして当代の片岡愛之助がよく出題される。大阪の拠点は大阪松竹座であり、6月から7月にかけての「船乗り込み」は、八軒家浜を出発し道頓堀のこの拠点を終着地とし、恒例の七月大歌舞伎公演がはじまる。作品は、上方歌舞伎の特徴としては江戸の荒事に対して上方の和事と言われ、文楽と共通する演目が多い。作品の内容が問われることはあまりない。

文楽、歌舞伎に共通する歴史的な拠点として道頓堀五座がある。この五つの小屋・劇場の並び順や名称を問う出題が時おりあるが、時代によって名称も変遷しており、五座それぞれを正確に把握するのはかなり厄介になる。現在の道頓堀では五座はすべて消滅し、石碑やビルの名称に名前をとどめるのみだが、痕跡がある場所に出題のヒントがある。

▶上方落語

天満天神繁昌亭という落語専門の寄席があり、この名称や立地は落語における基本問題となる。人物では大阪落語の祖、初代米沢彦八、そして上方落語四天王に関する出題が圧倒的に多い。４人とも鬼籍に入ったが、彼らを超える人物は当面登場しそうになく、今後もたびたび出題され続けるだろう。次いで、上方落語協会会長を長くつとめたリーダー、六代目桂文枝の出題が目につく。四天王の弟子が出題されることもある。物故者か現役かはあまり関係がない。落語界における存在感や知名度が優先する。四天王の存在が大きすぎ、むしろ現役の落語家は出題しにくくなっている。演題についても、文楽や歌舞伎と同じく細部を問う出題はされない。上方落語を代表する著名な演題で、かつ噺の舞台がはっきりしているものが出題される。高津宮はその代表的な舞台である。他に上方落語特有の小道具やハメモノと呼ぶ演出が出題されることもある。

▶漫才

現役の漫才師の出題は少なく、M-1グランプリに関する出題がある程度。人物に関する出題のほとんどが、黎明期のエンタツ・アチャコ、戦後の全盛期である昭和30〜40年代、1980年前後のマンザイブームまでの漫才師である。中高年に有利であり、若年層には不利となる。もっとも、全盛期には確かな芸を持っていた漫才師が多かった。落語と同様に、名人芸を記録映像や書籍などを通じて知る学習には、楽しみもあるだろう。

▶音楽

音楽ジャンルは幅広いが、大阪検定での出題は、大阪ゆかりの人物や曲に限定される。主題材は関西フォーク、「春一番」コンサート、長年にわたり存在感を示した人物である。ここでも著名な物故者が出れば出題される傾向にある。特筆すべきは服部良一と笠置シヅ子で、没後かなりの年月が経ったが、終戦直後から生み出された楽曲は今なお光彩を放つ。曲については歌謡曲、演歌、ポップスなどのジャンルを問わず、大阪を舞台にした話題曲であれば新旧問わず出題される。昔の曲は年配者に有利だが、最近の曲は若年層に有利となる。ご当地ソングと言える曲は、歌詞に出てくる地名をチェックしておくとよい。クラシックについては朝比奈隆の事績と大阪フィルハーモニー交響楽団の出題が中心となる。

▶映画

大阪を舞台にした映画と、大阪ゆかりの大物俳優・映画監督に関する

芸術・娯楽

出題が主となる。ここでも大物の物故者情報は欠かせない。大阪を舞台にした映画作品は、著名な話題作に限られる。それほど数も多くないため、『大阪の教科書』の映画の項をチェックしておく程度で充分だろう。

▶テレビ

現在、大阪で制作される主なテレビドラマはNHK連続テレビ小説のみで、出題の多くがこの朝ドラからとなる。毎年度の下期放送分はNHK大阪放送局の制作で大阪が主舞台になることが多く、ドラマのモデルとなった実在の人物や企業も出題対象となる。ただし話題作人気作は放送から年月が経っても出題され、不評または大阪が主舞台でないドラマは出題されない。大河ドラマの舞台になるのもご当地には大きな話題となる。近年では「真田丸」が今後も出題され続けるであろう。

ドラマ以外のテレビ番組では、大阪発全国ネットの話題作が優先され、主にコメディやバラエティ番組が取り上げられる。しかし、大阪発全国ネットの話題作が近年はほとんどない。「てなもんや三度笠」や、昭和40年代のバラエティ番組など年配有利、若年不利の出題となる。この点で、「漫才」の出題傾向と似ている。とはいえ、今も続く全国ネットの長寿番組はいくつかあり出題されるので、チェックしておくのは有効。

▶漫画

大阪出身の人物が取り上げられる。なかでも漫画界の巨星、手塚治虫は別格の扱いである。少女漫画の池田理代子、里中満智子、美内すずえも代表作とともに出題される。近年没した劇画の創始者、辰巳ヨシヒロも引き続き題材になるだろう。他の漫画家や作品では、大阪らしい作風で著名な作品が優先される。四半世紀以上経つような作品が主になる。

▶美術

美術史上、大阪出身でその時代を代表するような芸術家は存在せず、出題は自ずと難度の高いものとなるが、試験対策は『大阪の教科書』の美術の項にほぼ網羅されている事項のおさらいで充分である。

〔芸術・娯楽の要点〕

▶文楽

国立文楽劇場、三業（太夫、三味線、人形遣い）、切場語り、三人遣い（主遣い、左遣い、足遣い）、時代物、世話物（「曽根崎心中」「心中天網島」「女殺油地獄」）、近松門左衛門、竹本義太夫、元禄文化

▶上方歌舞伎

片岡仁左衛門（松嶋屋）、中村鴈治郎家（成駒家）、当代坂田藤十郎（山城屋）、片岡愛之助、大阪松竹座、船乗り込み、荒事と和事、道頓堀五座

▶上方落語

天満天神繁昌亭、初代米沢彦八、彦八まつり（生国魂神社）、上方落語四天王（六代目笑福亭松鶴、三代目桂米朝、三代目桂春団治、五代目桂文枝）、六代目桂文枝（元・上方落語協会会長）、高津宮（高津の富、崇徳院、高倉狐）、小道具（見台、小拍子、膝隠し）、ハメモノ

▶漫才

横山エンタツ・花菱アチャコ（「早慶戦」）、秋田実、夢路いとし・喜味こいし、中田ダイマル・ラケット、かしまし娘、横山やすし・西川きよし、マンザイブーム、M-1グランプリ、NSC、ダウンタウン

▶音楽

五つの赤い風船「遠い世界に」、「春一番」コンサート、上田正樹、桑名正博、アリス、河島英五、やしきたかじん、服部良一と笠置シヅ子、「月の法善寺横町」「王将」「大阪ラプソディー」「ふたりの大阪」「雨の御堂筋」「大阪しぐれ」「道頓堀人情」「酒と泪と男と女」「悲しい色やね」「大阪で生まれた女」「大阪ストラット」「大阪LOVER」

朝比奈隆と大阪フィルハーモニー交響楽団（旧称・関西交響楽団）

▶映画

『浪華悲歌』『夫婦善哉』『ぼんち』『悪名』『ガキ帝国』『泥の河』『ブラック・レイン』『ゴジラの逆襲』『大阪物語』『プリンセストヨトミ』、森繁久彌、山田五十鈴、京マチ子、豊川悦司、沢口靖子、池脇千鶴、高畑充希、菅田将暉、清原果耶、阪本順治

▶テレビ

NHK連続テレビ小説「心はいつもラムネ色」「ふたりっ子」「ほんまもん」「てるてる家族」「芋たこなんきん」「ちりとてちん」「カーネーション」「ごちそうさん」「マッサン」「あさが来た」「わろてんか」「まんぷく」「おちょやん」、NHK大河ドラマ「真田丸」、コメディ「てなもんや三度笠」、バラエティ「プロポーズ大作戦」「パンチDEデート」「新婚さんいらっしゃい！」「バラエティー生活笑百科」「探偵！ナイトスクープ」

▶漫画

手塚治虫、池田理代子、里中満智子、美内すずえ、辰巳ヨシヒロ（劇画）、『じゃりン子チエ』『あぶさん』『がんばれ!!タブチくん!!』

▶美術

北野恒富、小出楢重、吉原治良（具体美術協会）、森村泰昌

5限目
生活

すべて択一問題です。各問題に１つのみ解答してください。

問題　大阪を代表する料理の一つに「ふぐ」を使った鍋料理があります。その名称は何でしょう？

①てっさ　②ひれしゅ　③てっぽう　④てっちり

解説　大阪の冬の風物詩、「ふぐ」の鍋料理は「てっちり」と呼ばれる。ふぐは内臓に毒（テトロドトキシン）を持つので、当たると死ぬことから鉄砲と呼ばれた。同じく鉄砲の刺身を略した「てっさ」は切り身が透けて見えるほどの薄造りで、ポン酢にもみじおろしで食べる。また、ふぐのヒレを干物にし、火であぶったものを熱燗に浸したものが「ひれしゅ」である。

▶第３回３級　正答率97％　【正解】④てっちり

問題　独創的なアイデアで、オムライスをはじめとする多くの大衆料理が大阪から生まれました。では、次の食べ物で一般的に大阪生まれとされている料理はどれでしょう？

①どじょう鍋　②バッテラ　③そばめし　④もんじゃ焼

解説　大阪ずしで有名なのが「バッテラ」である。明治の頃、南船場順慶町にあったすし店がコノシロをもとに創始したものだが、鯖ずしに応用され、次第にしめ鯖の押しずしを「バッテラ」と呼ぶようになった。大阪ずしは箱ずしの他に、小鯛雀ずし、鯖ずし、ばらずし、蒸しずしなどバラエティに富んでいるが、「バッテラ」はポルトガル語の小舟にちなむという。

▶第７回３級　正答率76％　【正解】②バッテラ

問題　日本にとどまらず、今や海外でもお馴染みになった回転寿司のルーツは大阪にあります。1958年（昭和33年）、現在の東大阪市に国内で初めてオープンした回転寿司店の名前は何でしょう？

①廻る元禄寿司一号店　②踊る元禄寿司一号店

③流れる元禄寿司一号店　　④走る元禄寿司一号店

解説　1958年（昭和33）に元禄産業が、「廻る元禄寿司一号店」を布施市（現・東大阪市）にオープンさせたのが、回転寿司のルーツである。寿司がまわる「コンベア旋回式食事台」は、ビール工場の製造に使われているベルトコンベアにヒントを得て開発したという。1970年（昭和45）の大阪万博にも出展され、1973年（昭和48）には「自動給茶装置」も開発された。

昭和50〜60年代には寿司ロボットが登場し、大手チェーンの新規参入もあり競争が激化していった。1984年（昭和59）には「回転寿司くら」（現・無添くら寿司、本社：堺市）が開業、「すし太郎」（現・あきんどスシロー、本社：吹田市）が一号店を出店し、現在ではともに国内を代表するチェーン店となっている。

回転寿司は寿司が回るという面白さに加えて、高級食であった寿司を大衆の食べ物にし、家族連れなどでの利用を容易にした。

▶第1回3級　正答率96％　　【正解】①廻る元禄寿司一号店

生活

問題　大阪を代表する繁華街・道頓堀には、歴史を刻んだ老舗飲食店がいくつも残っています。その中で、3代にわたる芝居茶屋から楽器店へ商売替えをし、現在はうどんの名店として知られる写真の飲食店の名は何でしょう？

①道頓堀今井　　②美々卯
③正弁丹吾亭　　④はり重

解説　道頓堀は江戸時代以来芝居の町として人々を集めてきた。芝居小屋と見物人の間に入り、お客の席を確保したり、弁当を用意する「お茶屋」という商売が道頓堀にはいくつもあった。そのうちのひとつが現在のうどんの店として知られる「道頓堀今井」の前身「稲竹（いなたけ）」であった。お茶屋「稲竹」の息子・今井寛三は、府立天王寺中学卒業後、1916年（大正５）芝居茶屋を続けることを断念した。その後、寛三は社会・文化の変化に対応するために西洋楽器を扱う店「今井楽器店」を開く。1907年（明治40）、大阪に生まれた音楽家・服部良一が今井楽器店で金35円のフルートを購入（購入年不明）したことが知られている。

今井が楽器を扱っていたのは戦中までで、1946年（昭和21）からは現在まで続くうどんの店「道頓堀今井」となった。

▶第５回３級　正答率55％　　【正解】①道頓堀今井

問題　何気なく食しているメニューの中には実は大阪発祥という料理がたくさんあります。「うどんすき」も大阪発祥の料理の一つですが、何という店が創案したでしょう？

①道頓堀今井　②うさみ亭マツバヤ　③大黒　④美々卯

解説　堺で200年余り続いた料亭「耳卯楼」を1925年（大正14）に麺類専門店として「美々卯」（中央区）と改め、1928年（昭和３）には「うどんすき」を考案した。創業者が牛すきの残り汁にうどんを入れて煮込んだ時の美味しさに感じ入り、このうどんの美味しさを最初から出せぬものか、と考え出したのが最初といわれている。以来、伝統の味を守り続けている。

▶第７回３級　正答率66％　　【正解】④美々卯

問題　鰻の調理方法で、いわゆる関西焼といわれるのはどのような調理方法でしょう？

①鰻を背開きにして切り分けずに直焼きにする
②鰻を背開きにして切り分けてから蒸し焼きにする
③鰻を腹開きにして切り分けずに直焼きにする
④鰻を腹開きにして切り分けてから蒸し焼きにする

解説　鰻を腹開きして切り分けずに直焼きし、蒸さずに仕上げる。

関西焼ともいわれるこの料理法は、やわらかく仕上げるのが容易ではなく、蒸しという工程が入る関東焼よりも高い技量が求められるという。近年、関西焼の鰻を供する店が年々少なくなっているそうだが、その理由のひとつに、そうした技術継承の難しさもあるといわれている。

もともと直焼きの魅力は、その風味が第一である。川魚特有の風味や鰻の持つ良質の脂は、蒸すことで多くが飛んでしまうが、関西焼では素材そのものの味が楽しめる。近年、鰻の漁獲量も減っており、天然ものを気軽に味わえる機会が遠のいたことも気がかりだが、素材の味を活かしきる手技、そんな良さを持つ関西焼の鰻まむしが今後も味わえるよう願うばかりだ。

▶第4回2級　正答率65%　【正解】③

問題　大阪の鰻料理は、腹開きにして切り分けずに直焼きし、東京の鰻のように蒸さずにご飯に○○○て食べることから「鰻○○○」と言われています。さて、○○○に入る語句は何でしょう？

①まぶし　②まむし　③むらし　④はさみ

解説　所変われば食べ方も変わる。その一例が鰻だろう。昔から江戸の背開き、上方の腹開きと言われる。武士が多かった江戸では切腹を連想させるため背開きにされたというが、真偽のほどはわからない。関西では、腹開きで直焼きした鰻をご飯の間にはさんで上からタレをかけ（ご飯の上にも鰻をのせる場合もある）、ご飯をまぶすことから「まむし」と呼ぶ。名古屋では鰻の蒲焼きを細かく刻み、小ぶりなおひつに入れた「ひつまぶし」がある。

▶第3回3級　正答率65%　【正解】②まむし

問題　加熱した鍋のだし汁で鯨肉（げいにく）に火を通してから一煮立ちさせ、水菜を加えてさっとゆでてから食べる大阪で親しまれている鍋料理とは何でしょう？

①シャリシャリ鍋　　②コロコロ鍋
③トレトレ鍋　　④ハリハリ鍋

解説　ハリハリ鍋は鯨肉と水菜を用いた鍋料理の一種で、大阪を中心として近畿地方に広がる料理。昆布でだしをとった汁に、水菜を入れ、薄切りした鯨肉を加え、煮えたらポン酢で食する。「ハリハリ」とは、さっと汁にくぐらせた水菜のシャキシャキとした食感からきた名前である。かつて捕鯨がさかんだった頃には安価な鯨肉が入手でき、庶民の食卓にのぼる機会が多かった。安価な鯨肉を用いた鍋料理は庶民の工夫の産物であった。

▶第４回３級　正答率94％　【正解】④ハリハリ鍋

問題　次はある料理の代表的なレシピです。１～４のとおりに作ると何という料理ができあがるでしょう？
〈材料４人前〉
- 塩鯖のアラ……一尾
- 淡口醤油……適量
- 大根……適量
- 土生姜……適量
- 塩……適量

１．塩鯖のアラはぶつ切りにし、熱湯にくぐらせる。
２．大根は短冊切りにする。
３．鍋に水を入れ、２を茹でる。しばらくたったらアラを加え、アクを取る。
４．塩と淡口醤油で味をととのえ、仕上げに生姜のしぼり汁を加える。

①めえ　　②大根のっぺい
③大根と鯖のおつい　　④船場汁

解説　すたりものを活用した大阪の料理として、半助豆腐とともによく知られるのが船場汁である。質素倹約を旨とした船場商人が、魚のアラといえども疎かにしない料理として有名。ただ、商家の全員が食べるのではなく、塩鯖の身は主人らが焼いて食べた後、その残りを一工夫して奉公人が食べた。よって、丁稚汁ともいう。材料は問題にあるとおりで、塩鯖のアラである。しかし、こんにち船場汁として料理屋で出されるものは似て非なるものだ。すなわちアラはもちろんだが、三枚におろした身をぶつ切りにし、短冊に切った大根と青葱とともに煮る。これでは質素倹約を旨とした船場汁ではなく、船場汁風料理というべきか。もとより、アラからの出汁で味のしみ込んだ大根をいただき、旨い汁をすするのが本料理の醍醐味であろう。ちなみに、めえはワカメなどが長音化したものか。大根のっぺいは上州（群馬県）の郷土料理で、大根と鯖のおついは船場汁と同じ具材だが料理名とは言えない。

▶第３回２級　正答率71％　　　　【正解】④船場汁

問題　船場の商家では、年末から正月にかけての祝い膳に欠かせない料理で、客膳によく出され重宝された「小田巻き蒸し」とは次のうちどれでしょう？

①梅花の形をした練り物を蒸したもの
②刻んだキクラゲを練り込んだ天ぷら
③高野豆腐入りの蒸し寿司
④うどん入りの茶碗蒸し

解説　「小田巻き蒸し」は、うどんを入れた茶碗蒸しのこと。もちろんうどんだけでなく、蒲鉾・鶏肉・みつば・椎茸・ゆり根・銀杏・小エビ・アナゴまたはウナギなどたくさんの具が入る。

天保年間（1830〜1844）に編集された『街能噂』巻四には「おだ巻きむし　代三十八文　うどんにかやくを入れ玉子むし」とある。温かい蒸し物なので、主に冬の料理として好まれた。

▶第７回２級　正答率64％　　　　【正解】④うどん入りの茶碗蒸し

問題　おでんの具材には地域性があり、東京周辺は「ちくわぶ」「はんぺん」「すじ」、京都は「ひろうす（飛龍頭）」、大阪では「コロ」「さえずり」などが特徴的です。「コロ」「さえずり」とは、何

の動物の部位でしょう？
①雉　②猪　③鴨　④鯨

解説　大阪では、おでんは関東煮(かんとだき)と呼ばれる。その具材にも大阪らしいものがあり、タコやコロ・サエズリなどがそれにあたる。関東煮の店には「たこ梅」など、「たこ」の語を冠した店もあるくらいである。

コロ・サエズリは、鯨肉である。鯨の皮を炒って油を抜き、乾燥させたものがコロで、「いりがら」とも称される。鯨の舌がサエズリである。舌なので「囀り(さえずり)」といわれる。関東煮では、これらを串に刺して供することが多い。現在では鯨肉が希少になったため、具材の中でも高級な部類に属する。

▶第1回2級　正答率94%　【正解】④鯨

問題　大阪人は、魚などの頭や皮も捨てることなく、食材として活用する知恵を持っていました。さて、半助豆腐は、豆腐とネギとある魚の頭を炊き合わせた料理ですが、その魚は次のうちどれでしょう？
①ハモ　②コイ　③ウナギ　④サバ

解説　無駄を省き、倹約に努めるのが大阪商法ならば、船場料理には大阪特有の一工夫がある。例えば、頭を落としてから焼く関東に対して、関西では、腹開きにしたウナギを尾頭付きのまま焼き上げる。店頭に並ぶのは頭（半助）を切り落とした蒲焼きだが、せっかく味のしみ込んだ頭を捨てるのは勿体ないと考えるのが大阪人だ。醤油、砂糖、味醂などで味付けをし、焼き豆腐・青ネギといった具材とともに煮込んで半助豆腐という料理になる。

▶第7回3級　正答率40%　【正解】③ウナギ

問題　家庭の食卓に並ぶメニューの中には大阪発祥の料理がたく

生活

さんあります。右の写真の「オムライス」もそういった料理の一つですが、考案したといわれる店の名称は何でしょう？

①正弁丹吾亭　②スエヒロ
③北極星　④重亭

解説　オムライスを考案したのは北極星。北極星の前身「パンヤの食堂」は1922年（大正11）汐見橋（現・大阪市浪速区）で創業した。常連のお客さんに胃の悪い人がいて、いつもオムレツと白ご飯を食べているのを気の毒に思い、マッシュルームと玉ネギを炒め、ケチャップライスにして薄焼き卵で包んで出したのは1925年（大正14）のある日のこと。「オムレツとライスやさかい、オムライスにでもしとこか」と、「オムライス」の名称もその場で決まったとのこと。

▶第６回３級　正答率89％　【正解】③北極星

問題　「たこ焼き」のルーツは「ラジオ焼き」と「ちょぼ焼き」といわれています。1933年（昭和８年）に「ラジオ焼き」の屋台を始め、その２年後に「たこ焼き」を開発した、現在、大阪市西成区に本店がある店の名称は何でしょう？

①会津屋　②だるま　③更科　④たこ梅

解説　たこ焼きの店、会津屋を創業したのは福島県会津坂下町出身の遠藤留吉。1933年（昭和８）、彼は自分で値段を付けられる商売をしたいということで、研究に研究を重ねて今里でラジオ焼きの小さな屋台を起こした。２年後、たこ焼きを開発。戦後、天下茶屋の店舗を経て、1993年、現在の本店である大阪市西成区玉出へと移った。2005年、会津屋の始まりであるラジオ焼きを70年ぶりに復活している。

▶第６回３級　正答率55％　　【正解】①会津屋

問題　名物カレーで知られる、ミナミにある自由軒難波本店には、右の写真が今も残っています。この店のカレーを愛した写真に写っている作家は誰でしょう？

①梶井基次郎　②川端康成
③織田作之助　④司馬遼太郎

解説　自由軒難波本店は、難波センター街（通称・ビック通り）にある老舗洋食店で、創業は1910年（明治43）。特に名物カレーと名付けられた料理は、ルーとライスがあらかじめ混ぜられ、上部に生卵がトッピングされている。この店の常連客だった織田作之助は、その代表作『夫婦善哉』（創元社刊）にも、「自由軒のラ、ラ、ライスカレーはご飯にあんじょうま、ま、ま、まむしてあるよって、うまい」との台詞で店と料理のことを描いている。問題に掲載されている写真は、織田が亡くなる寸前に銀座２丁目のキムラヤで撮られたもの。

織田作之助『夫婦善哉』初版本（創元社刊）

▶第６回３級　正答率38％　　【正解】③織田作之助

問題　平野の飴に、十三の焼餅など大阪各地には名物と言われたものが多数あります。では生玉（生国魂神社）の田楽とともに知られた、高津（神社）の名物といえば何だったでしょう？

①湯豆腐　②茶漬　③うどん　④天麩羅

解説　高津宮の境内には湯豆腐店があり、石段下の黒焼屋とともに名物であった。幕末の有名・無名の食品店を描いた画帖『花の下影』にも、高津の「高台 湯豆腐」が描かれている。また上方落語「高倉狐」にも登場し、織田作之助の『夫婦善哉』にも柳吉が蝶子を連れて行く店に、高津の湯豆腐屋が含まれている。

問題文の平野飴は、中世の自治都市であった平野郷の名物で、豊臣秀吉も食したと伝えられる。十三の焼餅は、江戸時代後期の『摂津名所図会大成』に「往還の旅人間断なし、名物として焼餅を売る家多し」とあり、新淀川開削以前の中津川に十三渡しがあった頃からの名物で、今里屋久兵衛が今日も営業を続ける（店の場所は移転）。生玉の田楽は、十返舎一九の『東海道中膝栗毛』に「田楽茶屋たてつづき」と紹介されるほど店が立ち並ぶ名物であった。うどんは讃岐うどんが隆盛だが、東京のそばに対して大阪のうどんは現在も有名で、江戸時代から多くの店がある。茶漬も幕末期の大阪に奈良茶漬の店が多くあった。てんぷらは大阪では魚のすり身揚げを指し、白天などが夏祭りのご馳走であった。

高津宮石段下の名物だった黒焼屋（『摂津名所図会』）

▶第２回２級　正答率30％　　　　　　　　　　　　【正解】①湯豆腐

問題　大阪の料理では、昆布の中でも最高級品といわれ、上品な味で透き通った出汁がとれる種類の昆布が主として使われてきました。北海道産のこの種類の昆布の約90％は大阪で消費されるといわれるこの昆布は何でしょう？

①羅臼昆布　　②日高昆布　　③真昆布　　④都昆布

解説　昆布の主な生産地は北海道である。江戸時代には北海道の昆布はまず大阪に運ばれた。昆布や塩干魚・鰹節・干鰯（ほしか）などの海産物は、靭（うつぼ）の永代浜の市場で扱われた。そこから全国に流通していった。大阪で最も好まれる「真昆布」は道南沖、函館の南沖辺りの水深7～8ｍの海底が生息地である。最高級の出汁昆布として知られる。塩昆布やおぼろ・とろろ昆布などの加工品としても用いられる。

▶第６回２級　正答率62％　【正解】③真昆布

問題　大阪の夏祭りの時期に旬を迎え、江戸時代から、淡路島の南に位置する沼島（ぬしま）で獲れたものが特に珍重されてきた魚介類があります。つけ焼きや冷や素麺などにして食されるこの魚介類は何でしょう？

①タイ　②アジ　③ハモ　④カニ

解説　ハモは大阪の夏祭りには欠かせない御馳走である。甘辛い醤油ベースのタレで焼く「つけ焼き」や、湯通しした身を冷水で締め、酢味噌や生姜醤油、梅肉だれで食べる「はもちり」が代表的なハモ料理である。ハモはウナギ目ハモ科の海産魚。体形はウナギ状で、細長く、全長２ｍにも達する。ハモは小骨が多く、「つけ焼き」や「はもちり」にするには、３枚におろした身を皮一重ほど残して細かく包丁を入れ、骨切りをしなくてはならない。

▶第６回３級　正答率88％　【正解】③ハモ

問題　大阪湾岸の学校の校歌にもよく使われ、その由来には諸説ありますが、クロダイの地方名が使われている、大阪湾の別名とは何でしょう？
※魚名の部分は通常、漢字かひらがなで表記

①サケの海　②ボラの海　③チヌの海　④ガッチョの海

解説　「茅渟（ちぬ）」は和泉地方の古名で、「茅渟の海」は和泉地方の海域を指すと解されるが、大阪湾全体を示すとする説もある。「古事記」には神武天皇東征の際に、兄の五瀬命（いつせのみこと）が矢傷を受けた手を洗ったので「血沼海（ちぬのうみ）」と名付けたとされている。また江戸時代の『和漢三才図会』には泉州ではクロダイが名産で豊富にとれたため、地名からこの魚をチヌと名付けたとされている。

大阪湾にはボラも多く分布しており、淀川河口近くの海老江八坂神社（大阪市福島区）では、12月の御饗（おきょう）神事において、ボラの幼魚イナを使った特殊な神饌であるイナズシ、イナナマスが供えられる。また江戸時代の福島村ではイナ（江鮒）を用いた雀鮨という半なれ鮨が名物であったという。

ガッチョは仙台湾以南に分布する標準和名ネズミゴチまたはハタタテヌメリの大阪での一般的な呼び名である。身を切り離さず三枚に開いて（松葉おろし）、から揚げにした料理は、泉州地域の名物。サケ遡上の南限は千葉県あたりで、大阪湾にはサケはみられない。

▶第１回３級　正答率88％　　　　【正解】③チヌの海

問題　野菜と違い、魚介類には地方名が数多く存在し、地域の特徴が色濃く表われています。全国で通じる一般的な魚介類の名称と、大阪・関西で特徴的な魚介類の名称の組み合わせで誤っているものは、次のうちどれでしょう？

①キジハタ　—　アコウ　　②アイナメ　—　アブラメ
③メバル　—　ガシラ　　④トコブシ　—　ナガレコ

解説　野菜と違って魚介類には地方名が深く根づいており、その地域の特色が強く表れる。以下に、大阪・関西で特徴的な魚名を列挙してみる（丸カッコ内は全国で通じやすい一般名称）。

問題文にあるものではアコウ（キジハタ）、アブラメ（アイナメ）、ガシラ（カサゴ）、ナガレコ（トコブシ）。その他よく知られているものにチヌ（クロダイ）、グレ（メジナ）、サゴシ（サワラの幼魚)、シオ（カンパチの幼魚)、ヨコワ（本マグロの幼魚)、ハゲ（カワハギ)、トビアラまたはジャコエビ（サルエビ）など。

▶第11回上級　正答率32％　　【正解】③メバル　—　ガシラ

問題　泉州を代表する特産物である泉州水なすに関する次の説明のうち、誤っているものはどれでしょう？

①水分が豊富に含まれている
②なにわの伝統野菜として認証されている
③漬物として食べられることが多い
④旬は６～８月頃である

解説　大阪で郷土の歴史や伝統を有する地場産の野菜を顕彰し、普及を兼ねて取り組んだのが「なにわの伝統野菜」だ。泉州黄玉葱や高山真菜、高山牛蒡などは伝統品目に含まれるが、普及品目に比べ、安定供給が課題となっている。一方で、泉州水なすは伝統野菜ではあるが、近年、飲食店でもメニューに出され、土産物や家庭用食材としても普及を果たしている。よって、生産量の多い品目として「なにわ特産品」の認定を受けている。

生活

▶第５回２級　正答率58％　　【正解】②

問題　1885年（明治18年)、今井佐次平が初めて種子六合を取り寄せ、その後、息子の今井伊太郎が栽培を始め、品種改良を重ねた結果、大阪の代表的な農産品となったものは何でしょう？

①水なす　②玉ねぎ　③みかん　④大根

解説　タマネギの原産地は中央アジアから地中海沿岸あたりと考えられ、日本では江戸時代に長崎での栽培記録があるが、定着はしなかったという。日本でタマネギが栽培されたのは1871年（明治４）に北海道札幌村といわれ、はじめて東京に出荷されたのは1880年（明治13）とされる。今日、タマネギの産地として有名な泉州地域は、1885年（明治18）に今井佐次平が土生郷村（現・岸和田市内）にあった郡の勧業委員に依頼して横浜から種子を購入し、佐次平の息子伊太郎が栽培したことにはじまる。その後、品種改良を重ね、泉州地域のタマネギは商品価値の高い農産物となっていった。タマネギの生産が拡大するのに伴い、輸送手段の問題が出てきた。伊太郎は1915年（大正４）、南海鉄道（現・南海電鉄）に吉見ノ里駅の設置に成功した。輸送会社を設立しタマネギの輸送の便を向上させた。鉄道の駅ができるとタマネギの栽培を学ぼうとする人々が訪れ、種子の送付依頼も全国から来るようになる。1920年（大正９）には泉南郡だけで栽培面積・収穫量とも北海道を抜き全国１位となった。

今井、貝塚、泉州と、当地にゆかりのある人名・地名をつけたタマネギ種子が売られている。扁平な泉州タマネギらしい形をしたものもあるようだ

　ちなみに北海道のタマネギは春に種子をまき、栽培されるが、泉州では秋にまき、栽培される。

▶第２回１級　正答率46％　　　　【正解】②玉ねぎ

問題　野沢菜のルーツとの言い伝えもあるこの野菜は、江戸時代、大阪の名物として全国的にもその名が広まり、与謝蕪村が「名物や（　　　）の中の天王寺」と詠むほどでした。「なにわの伝統野菜」にも認定されている（　　　）に入る野菜の名は次のうちどれでしょう？

　①水菜　　②菊菜　　③しろ菜　　④蕪

解説　なにわの伝統野菜は、⑴大阪府下で100年ほど前から栽培、⑵苗、種子の来歴が明らかで、大阪独自の品目、品種、⑶栽培に供する苗、種子の確保が可能、⑷府内で生産されている野菜をいう。

　天王寺蕪は大阪市天王寺付近が発祥といわれており、江戸時代から明治時代末頃にかけて多く栽培されていた。

江戸時代の中頃、天王寺の漬物屋が天王寺蕪の粕漬けを売り出し評判になり、天王寺名物としてその名が広まった。

▶第7回2級　正答率64%　　【正解】④蕪

問題　現在の大阪市東住吉区周辺をゆかりとする大根で、大阪で最も親しまれてきた大根といえば次のうちどれでしょう？

①青首大根　②湯里大根　③田辺大根　④難波大根

解説　田辺大根は丸顔で色白なことから別嬪（べっぴん）（美人）さんの代名詞となっていた。

なにわの伝統野菜のひとつで、大阪市東住吉区付近が発祥の地。明治時代には短い根（丸顔）で、タテ・ヨコが同じくらいの長さだったが、次第に長型に改良された。長さは20cmくらいで、肉質は緻密で軟らかく、甘みに富んでいて、煮物や甘漬に適していた。田辺大根から派生したやや長めの横門大根もある。大正期には横門大根も含め田辺大根は約45haで栽培され（『田辺町誌』）、昭和初年頃でも大阪市内の南部一帯で30ha以上栽培されていたが、昭和25年に発生したウィルス病が原因で衰退してしまった。しかし、住吉区の長居東地区の農家が、自家消費のために田辺大根の栽培を続け、種子の保存に努めてきた。この種子によって田辺大根が近年復活し、なにわの伝統野菜となった。

田辺大根ゆかりの地碑
（東住吉区・法楽寺にて）

田辺大根以外のなにわの伝統野菜は、大阪市内をルーツとするものでは金時人参・天王寺蕪（かぶら）・毛馬胡瓜・玉造黒門越瓜（しろうり）・勝間（こつま）南瓜（なんきん）・大阪しろな・芽紫蘇（源八（げんぱち）もの）がある。

▶第2回3級　正答率69%　　【正解】③田辺大根

問題　右のグラフは、ある農産物の収穫量［2010年度（平成22年度）］の都道府県別シェアを示しています。大阪府が全国２位の11％のシェアを占める農産物とは次のうちどれでしょう？

①はくさい
②たまねぎ
③なす
④しゅんぎく（きくな）

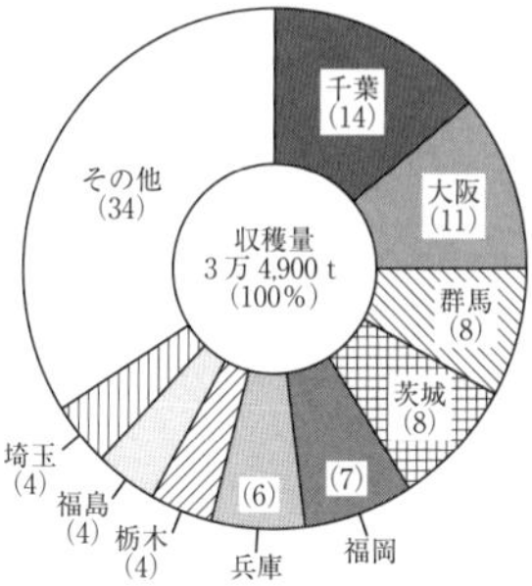

〈平成22年度農林水産省統計より〉

解説　大阪府内には伝統的に優れた栽培技術で生産され、全国にも誇れる農産物がたくさんある。大阪府とJAグループでは、1993年になにわの食文化に根差したこれらの農産物の中から、府内でまとまった生産量があり、独自の栽培技術で生産されている泉州の水なす・玉ねぎ、しゅんぎくなど15品目を「なにわ特産品」として選定した。現在では21品目に拡大されている。なすや玉ねぎも特産品だが、しゅんぎくは2019年産（令和元年産）の農林水産省統計でも、全国１位の収穫量・出荷量を誇る代表的農産物といえる。

主な産地は堺市、岸和田市、貝塚市などだが、関東では秋に咲く菊に対して、春に花が咲くから「春菊」。大阪では葉を食べる菊なので「菊菜」と呼ばれている。旬は10月から３月で、なにわの冬の鍋物には欠かせない野菜。名称だけでなく形や味も違い、葉先が尖った苦みの強い全国で主流の品種に対して、大阪の菊菜は葉先が丸く味はまろやかで、根付きのまま売られることが多い。

▶第４回１級　正答率46％　　　　**【正解】**④しゅんぎく（きくな）

問題　大阪検定公式テキスト『大阪の教科書』によると、大阪の三大畜産物（ブランド）が紹介されています。年々、大阪・関西の飲食店でも認知度が高まっていますが、次のうち大阪の三大畜産物（ブランド）ではない畜産物はどれでしょう？
①犬鳴豚　②なにわ地鶏　③河内鴨　④大阪ウメビーフ

解説　大阪の三大畜産物ブランドとしては、泉佐野市の「犬鳴豚（いぬなき）」、堺市の「大阪ウメビーフ」、そして松原市の「河内鴨」が知られる。犬鳴豚は独自の飼料の開発により、甘みのある独特の豚肉である。大阪ウメビーフは梅酒製造業チョーヤ梅酒との連携により漬けた梅を餌として育った安全環境にやさしい牛肉である。河内鴨は松原市のツムラ本店によって明治初期から受け継がれる伝統をもとにアヒル合鴨のヒナの孵化、飼育から加工など一貫生産販売されている。

▶第７回２級　正答率51％　【正解】②なにわ地鶏

問題　南河内ではブドウの生産が盛んで、大阪府の生産量では全国の都道府県で７位を誇っています。その中でも全国シェア３位を誇るブドウの品種は何でしょう？　いずれも平成18年産果樹生産出荷統計（農林水産省）に基づいています。
①デラウエア　②巨峰　③ピオーネ　④マスカット

解説　大阪府内で優れた栽培技術で生産され、全国にも誇れる農産物が「なにわ特産品」に選定されている。なかでも河内地域（羽曳野市、柏原市、太子町）で全国７位の生産量を誇るのが大阪ぶどうである（2019年産統計でも出荷量は７位）。特に、デラウエアは全国３位の生産量を誇り、５月から８月まで長期間の出荷を行っている。もともとデラウエアはアメリカ原産で、日本には早くも1872年（明治５）に輸入されたが、種なし化など大阪をはじめとする主要産地の苦心の改良が今日の発展につながっている。

▶第５回２級　正答率69％　【正解】①デラウエア

問題　泉州には数多くの食べ物ブランドがあります。次の四つの

生活

産品と市名の正しい組み合わせはどれでしょう？

犬鳴豚(ポーク) — 馬場なす — 木積たけのこ — 包近のもも

①泉佐野市 — 貝塚市 — 貝塚市 — 岸和田市

②泉佐野市 — 貝塚市 — 岸和田市 — 岸和田市

③泉佐野市 — 貝塚市 — 岸和田市 — 泉南市

④泉南市 — 岸和田市 — 貝塚市 — 泉佐野市

解説　地名のついた食べ物ブランドには、古くから生産されているものもあるが、近年の町おこしなどで生まれたものも多い。

犬鳴(いぬなき)豚（犬鳴ポーク）は、泉佐野市の牧場で育てられている豚肉で、肉色が浅くサシ（霜降り）が入っている。同市の食品コンビナートや学校・病院などから出る食品の残渣(ざんさ)も飼料に利用し、循環型の畜産を志向している。

馬場なすは、泉州特産の水なすの一品種。水なすは水分を多く含んだ丸いなすで、浅漬けなどにして食されるが、貝塚市でとれる馬場なすは、やや細長い形をしていて絹目状で繊細。生産量も少なく入手が容易ではないため「幻の水なす」ともいわれる。

木積(こつみ)たけのこは、貝塚市の山あいの木積でとれるたけのこで、白っぽい色をしており軟らかさを特徴とする。富田林市の板持(いたもち)海老芋と同様に、その上質さで主に京都の料亭などで使われる。

包近(かねちか)のももは、完熟ももの産地である岸和田市包近で栽培されるももで、「白鳳」「はなよめ」などの品種がある。

▶第１回２級　正答率49％　　【正解】①

問題　大阪の食文化をよくあらわした調味料にソースがあります。次のうち、大阪府外に本拠を置く企業が開発したソースはどれでしょう？

①オリバーソース　　②ヘルメスソース

③金紋ソース　　④大黒ソース

解説　地域に密着してつくられる「地ソース」が話題を呼んでい

る。大阪は、お好み焼き・たこ焼き・串カツなど、ソースが欠かせない料理が多く、地元のメーカーも十数社ある。

大阪は実質的なソース発祥の地と考えられ、1894年（明治27）に新町で創業した越後屋産業が三ツ矢ソースを、1896年（明治29）に山城屋が錨印ソースを開発した。越後屋産業は、戦後、羽車ソース（1904年に中野商会として大阪で創業）と合併、現社名はハグルマである（現本社は和歌山県紀の川市）。三ツ矢ソースは、いまも同社で製造されている。山城屋は、木村幸次郎が阿波座で創業した会社で、今日まで続くイカリソースの前身である（現本社・本店は大阪市福島区と兵庫県西宮市）。

このほかにも、ヘルメスソース（石見食品工業所）・金紋ソース（金紋ソース本舗）・大黒ソース（大黒屋）・ヒシ梅ソース（池下商店）など、多彩な地ソースがある。

オリバーソースは、神戸市に本社を置くソースなどの調味料メーカーである。

▶第１回２級　正答率47％　　　　【正解】①オリバーソース

問題　大阪にはお菓子のメーカーがたくさんあります。以下はいずれも大阪府内の企業が生産・販売しているお菓子ですが、このうち堺市内の企業によるお菓子はどれでしょう？

①扇雀飴　　②満月ポン
③都こんぶ　　④はちみつきんかんのど飴

解説　「都こんぶ」は堺市に本社がある中野物産が生産・販売する商品。都こんぶを生み出した中野正一は1912年（明治45）に京都で生まれ、尋常小学校を卒業し、堺にあった昆布問屋へ丁稚奉公に入った。丁稚時代に、売り物にならない昆布の切れ端を味付け加工できないかと考えた。1931年（昭和６）に19歳で独立し中野商店を創業。ここでそれまでアイデアを温めてきた味付け昆布を開発し、故郷京都への思いを込め「都こんぶ」と名づけたという。

扇雀飴を製造・販売する本舗の前身は、1925年（大正14）現在の大阪市中央区に創業した。「扇雀飴」は1952年（昭和27）に製造開始されたもので、その名前は歌舞伎役者の中村扇雀（のちの四代目坂田藤十郎）にちなむもの。
「満月ポン」は1958年（昭和33）現在の大阪市住之江区で創業した松岡製菓が製造・販売。
「はちみつきんかんのど飴」を製造・販売するノーベル製菓の前身は1929年（昭和４）、大阪市東成区に創業した大長製菓所である。

▶第１回２級　正答率41％　　【正解】③都こんぶ

問題　大阪の地酒が近年注目されていますが、このうち能勢町の蔵で作られている人気の日本酒と言えば、次のうちどれでしょう？
①春鹿　②秋鹿　③呉春　④呉秋

解説　関西では、京都の伏見や、兵庫の灘五郷など大規模な酒造地がある。しかし大阪でも各所で酒造が行われ、近世には大阪市中でもさかんに醸造が行われていた。上方の酒は、下りものとして江戸にも運ばれ、珍重されていた。
　全国的に知られる銘柄として、池田市の呉春がある。かつて池田には猪名川の水を利用して30以上の酒蔵があったが、今は呉春酒造の他わずかとなった。創業は江戸時代にさかのぼる。
　近年人気が高まっている銘柄として、秋鹿がある。大阪府北部の豊能郡能勢町にある秋鹿酒造で生産されている。自ら栽培した酒米（山田錦・雄町など）を用いて、純米酒づくりを行っている。奥鹿之助により、1886年（明治19）に創業された。
　他にも、国乃長（高槻市・寿酒造）、片野桜（交野市・山野酒造）、天野酒（河内長野市・西條合資会社）などがある。
　春鹿は、奈良市の今西清兵衛商店が醸造している酒の銘柄。

▶第２回２級　正答率68％　　【正解】②秋鹿

問題　大阪の新春を彩る十日戎（えびす）は、毎年１月９日から11日まで行

生活

われ、大阪市浪速区の今宮戎神社をはじめ、各地の戎神社では「商売繁盛で（　　　）持って来い！」と掛け声が響き渡ります。掛け声の中の（　　　）に入る言葉は次のうちどれでしょう？

①金　②餅　③笹　④鯛

解説　大阪では今宮戎神社をはじめ多くの神社で、1月9日（宵戎）、10日（本戎）、11日（残り戎）の3日間、十日戎が行われる。「商売繁盛で笹持って来い」の掛け声があるように、参詣者は福笹の授与を受け、さらに小宝（吉兆）と呼ばれる鯛や小判、銭袋、打出の小槌等々の縁起物を付けて家に持ち帰る。また近世には、今宮戎参道で縁起物として金を延ばす（＝野蓮）にかけて、蓮根が売られていた。

▶第5回3級　正答率86%　【正解】③笹

問題　四天王寺の修正会では、天下泰平・五穀豊穣祈願の法要が営まれ、結願の日である1月14日には、法要中に祈禱された牛王宝印という魔除けの護符を、裸の男たちが奪い合う行事が行われます。この行事の名称は何でしょう？

①がんがら　②どやどや　③ごまごま　④わらわら

解説　四天王寺修正会（しゅしょうえ）の結願（けちがん）にあたる正月14日、六時堂で天井から牛王宝印（ごおうほういん）の護符が撒かれ、裸の男たち（現在は学生や園児）が押し合い、奪い合う。その様子から「どやどや」と称されるようになったといわれる。江戸時代には夜に行われ、柳の枝に挿した護符を田畑に立てると虫除けになったといわれる。がんがら火（池田市）は、毎年8月24日に行われる愛宕信仰に関係する祭り。町内を練り歩く大松明、五月山の文字火で知られている。

▶第6回2級　正答率77%　【正解】②どやどや

問題　千年以上の歴史を有すると伝えられ、日本三大祭の一つとされる天神祭は大阪の夏の風物詩として知られています。そのクライマックスとも言うべき船渡御(ふなとぎょ)では、大船団が大川の水面に浮かび、奉納花火とともに夏の大阪を美しく彩ります。この船渡御は毎年いつ実施されるでしょう？

①7月7日　②7月第3月曜日

③7月25日　④7月第4土曜日

解説　天神祭は毎年7月24〜25日に行われる大阪天満宮（大阪市北区）の夏祭り。25日の本宮には、午後2時頃より祭神の御神霊を御鳳輦(ごほうれん)に移し、陸渡御(とぎょ)・船渡御を行う。船渡御では天神橋から乗船し、大川を都島方面に遡上しながら、船上祭を行い、深夜近くに神社に還御(かんぎょ)する。本来は下流の御旅所(おたびしょ)（江戸時代は戎島、明治以降は松島）へ行くものだが、戦後の地盤沈下で橋をくぐれなくなり、コースを変更して継続されている。

天神祭は951年（天暦5）にはじまると伝えられる都市祭礼で、芸能や職能などで祭りに奉仕するのは地域や企業、同業者組合などからなる30を数える講社という組織である。

▶第1回3級　正答率83％　【正解】③7月25日

問題　日本三大祭の一つに数えられる大阪天満宮の天神祭は毎年7月に斎行され、様々な神事が執り行われます。様々な神事のうち次の4つの神事を、祭の進行順に正しく並べたものはどれでしょう？

①鉾流神事　—　陸渡御　—　船渡御　—　還御祭

②鉾流神事　—　船渡御　—　陸渡御　—　還御祭

③陸渡御　—　鉾流神事　—　還御祭　—　船渡御

④陸渡御　—　船渡御　—　還御祭　—　鉾流神事

解説　大阪天満宮（北区）の天神祭は毎年7月24・25日に行われる。24日の宵宮の朝、宵宮祭の後に、堂島川の旧若松浜の斎場で鉾流(ほこながし)神事があり、船から神童が神鉾を流す。25日の本宮の午後、夏大祭、神霊移御之儀の後、催太鼓を先頭に、御鳳輦、2基の神輿を中心とした陸渡御が神社を出発して乗船場へ向かう。午後6時頃に船渡御が出発し、大川を都島方面へ遡り、船上祭を斎行し、再び上陸して午後10時頃に宮入し、還御祭が行われる。

▶第7回1級　正答率76%　【正解】①

問題　生根神社（大阪市西成区）の夏祭りに出される、多くの提灯を付けた秋田県の竿灯のような出し物で、1972年（昭和47年）に大阪府指定有形民俗文化財第1号となったものは何でしょう？

①だんじり　②だいがく

③たいこだい　④たなばた

解説　だいがく（台舁、台額、台楽）は、提灯の上部にヒゲコという祇園祭の鉾に似た傘状の部位を有し、だいがく音頭の囃子で担がれる。現在は7月24・25日の生根神社の夏祭りにだけ出され、社伝によると平安時代の旱害に際し、住吉の大海神社前で、日本六十六州の一の宮の御神灯を28間の竿に付け雨乞いをしたことに始まる。江戸時代には14基あったが、費用や電線架設などが原因で減少、戦災で焼失した。戦後に岡山に疎開していた1基が神社に奉納されて復活、1972年（昭和47）に大阪府指定有形民俗文化財第1号となった。かつては浪速区の敷津松之宮神社、平野区の杭全神社などの祭りでも出され、大阪市南部の祭礼の特色であった。文楽や上方歌舞伎の「夏祭浪花鑑」の演出にも登場する。

地車は岸和田や大阪市内の祭りでよく知られ、太鼓台は布団太鼓のことで、河内・泉州地域でよく見られる。

▶第11回初級　正答率50%　【正解】②だいがく

問題　大阪市内の各地で賑やかに開催される夏祭り。以下の四つの夏祭りのうち、１年で最も早く開催される夏祭りはどれでしょう？

①愛染まつり　②天神祭　③住吉祭　④いくたま夏祭

解説　大阪市内の夏祭りは、愛染まつりに始まり、天神祭でクライマックスを迎え、住吉祭で終わるといわれる。四天王寺愛染堂（あいぜんどう）勝鬘院（しょうまんいん）（愛染さん）の愛染まつりは６月30日の宝恵駕籠パレードに始まり７月２日まで。生国魂神社のいくたま夏祭は７月11・12日、大阪天満宮の天神祭は７月24・25日に宵宮、本宮がある。住吉大社の住吉祭は７月海の日の神輿洗神事、30日の宵宮祭、31日の例大祭、夏越祓神事、８月１日の神輿渡御と行事が続く。

▶第５回１級　正答率90％　【正解】①愛染まつり

問題　大阪の夏は、各地で花火大会が行われ、人々の目を楽しませてくれます。周辺企業等のボランティアにより1989年（平成元年）から運営されている、原則として毎年８月の第２土曜に開催される花火大会の現在の名称は次のうちどれでしょう？

①天神祭奉納花火　②岸和田港まつり花火大会
③天保山手持ち花火大会　④なにわ淀川花火大会

解説　夜空に鮮やかな大輪を咲かせる教祖祭PL花火芸術やなにわ淀川花火大会は、大阪の夏の風物詩として多くの市民に親しまれている。なかでも例年８月第２土曜日に開催されるなにわ淀川花火大会は、周辺企業・団体・商店など地域住民の寄付によって企画・運営・実行される手づくりの花火大会として知られる。夏の「淀川」で繰り広げられる光の競演は、多くの市民に感動を届けるとともに、大阪活性化の火付け役にもなっているといえよう。

▶第７回３級　正答率85％　【正解】④なにわ淀川花火大会

問題　八代将軍徳川吉宗の時代、薬種仲買業124軒の株仲間が認められて以来、大阪市中央区道修町は薬の町として栄え、現在でも複数の製薬会社がオフィスを置いています。この道修町にあり、毎年11月に神農祭が行われる神社はどれでしょう？

①少彦名神社　②高津宮　③御霊神社　④坐摩神社

解説　薬の町、道修町にあるのは少彦名（すくなひこな）神社。神虎（張り子の虎）の授与や薬玉飾りで賑わう11月の神農祭は、現在も薬業関係企業で構成される薬祖講により維持・運営され、「少彦名神社の薬祖講行事」として2006年度大阪市指定文化財となった。坐摩神社近くには陶器商が集まっていた瀬戸物町があり、末社の火防（ひぶせ）陶器神社で7月にせともの祭が行われる。船場にある御霊神社は商家の信仰が厚い。高津宮は、上方落語など芸能と縁の深い神社。

少彦名神社の金虎

▶第7回2級　正答率78%　【正解】①少彦名神社

問題　大阪府下では各地の歴史と地理的な条件などを背景に、様々な祭や年中行事が行われています。次の神社と行事の組み合わせのうち誤っているものは次のうちどれでしょう？

①石津太神社　―　やっさいほっさい
②高津宮　―　愛染まつり
③住吉大社　―　御田植神事
④四天王寺　―　どやどや

解説　愛染まつりは、四天王寺愛染堂勝鬘院（愛染さん）で6月30日の宝恵駕籠パレードに始まり7月2日まで行われる。高津宮では、夏祭や復活した「高津の富」が行われる「とんど祭」などがある。石津太（いわつた）神社（堺市）のやっさいほっさいは、12月14日に火渡りを行う祭り。神田に苗を植え、芸能を奉納する住吉大社の御田植神事は毎年６月14日に行われる。四天王寺のどやどやは、修正会結願の１月14日に牛王宝印の御札を奪い合う行事。

愛染まつり

御田植神事

▶第７回２級　正答率63%　　【正解】②高津宮 — 愛染まつり

問題　大阪市天王寺区にある四天王寺は聖徳太子が創建したと伝えられています。では、今も多くの参詣者が訪れることで知られる、聖徳太子の月命日は何日でしょう？

①11日　②12日　③21日　④22日

解説　聖徳太子（574〜622）は、わが国に仏教を導入するか否かについて蘇我氏と物部氏が争った際に、仏教導入派の蘇我氏側について戦った。その際、太子は四天王に戦勝祈願を行い、勝利の後には寺を建立することを約束した。戦に勝利した太子は、わが国最古の官寺である四天王寺を大阪の地に建立した。

太子がいつ死亡したかについては二説ある。『日本書紀』によれば太子が死亡したのは推古天皇30年（622）２月５日らしく、『上宮聖徳法王帝説』では推古天皇30年（622）２月22日とある。四天王寺では毎月22日を太子会（たいしえ）として、太子の偉徳を奉賛するために太子講式ならびに法華経・勝鬘経講問を行っている。この日は境内にたくさんの露店が出て、一般には「お太子さん」として親しまれている。21日は弘法大師空海の「お大師さん」、22日は「お太子さん」として2日間四天王寺は縁日で賑わう。

聖徳太子の命日に行われる聖霊会。現在では4月22日に開催される（『摂津名所図会』）

▶第2回3級　正答率27％　　【正解】④22日

問題　住吉大社近くにあるこの商店街では、住吉さんの「初辰（はったつ）まいり」にちなんで、毎月「はったつ市」を開催しています。この商店街は次のうちどれでしょう？

①駒川商店街　②粉浜商店街
③安立商店街　④加賀屋本通商店街

解説　「初辰まいり」は住吉大社の行事のひとつである。毎月の最初の辰の日・初辰の日にお参りすれば、より一層力が授かり、守ってくれると信じられてきた。

粉浜商店街は住吉大社近くにあり、「初辰まいり」は商売繁盛・家内安全・除災招福などのご利益があり、関西一円から多くの参拝客がある。粉浜商店街の「はったつ市」は、初辰の日の参拝客に商店街で買い物をしてもらおうと、1990年から始まった。

▶第7回3級　正答率57％　　【正解】②粉浜商店街

問題　大阪は地域の歴史や地理的な条件などを背景に、さまざま

な祭が営まれてきました。次の東部大阪にある神社と祭の組み合わせで誤っているものはどれでしょう？

①枚岡神社　—　粥占神事
②石切劔箭神社　—　注連縄掛（お笑い）神事
③慈眼寺　—　のざきまいり
④常光寺　—　地蔵盆踊り

解説　東大阪の枚岡神社は、占竹（せんちく）の中に詰まった小豆粥の出来具合で農作物の豊凶を占う「粥占（かゆうら）神事」で有名。また当社では毎年12月25日午前10時より注連縄掛（しめかけ）神事が行われるが、その特異な神事から「お笑い神事」とも呼ばれている。

振り売り喧嘩で有名な野崎観音・慈眼寺（大東市）の「のざきまいり」は、上方落語の演目としても有名。

石切劔箭（つるぎや）神社は、でんぼ（腫れ物）の神様として知られる。境内ではお百度参りをする人々が見受けられるとともに、最近ではがん封じの参拝者が目立つという。

石切劔箭神社のお百度石

▶第７回２級　正答率61％　　【正解】②

問題　室町時代に正調河内音頭の原型ができたと伝えられ、毎年８月23日・24日に境内で盛大な地蔵盆踊り大会が催される、八尾市にある寺はどこでしょう？

①大聖勝軍寺　②東光寺　③常光寺　④智識寺

解説　河内音頭は大阪東部、河内地域で伝承されてきた口説（くどき）音頭型式の盆踊り歌の総称。江戸時代から、各村でいろいろな節回しと歌詞で歌われてきたようである。明治時代中期から後期にかけ、滋賀の東近江地方で生まれた江州（ごうしゅう）音頭が寄席で行われ、人気の演目となった。大正時代に初音家太三郎が登場し、現在の河内音頭の節回しが形づくられ、定着していった。

昭和になり寄席の閉鎖や社会状況の変化で河内音頭は衰退した時期があったが、1961年（昭和36）に鉄砲光三郎が発表した「鉄砲節河内音頭」は100万枚を超える空前の大ヒットとなった。昭和40年代には初音家賢次、三音家浅丸らの音頭取りが活躍した。

常光寺は八尾市本町５丁目に所在する臨済宗南禅寺派の寺院である。地元では八尾地蔵尊と呼ばれている。境内に「流し節正調河内音頭」の碑がある。

▶第１回２級　正答率82％　　　　【正解】③常光寺

問題　堺市堺区の大浜公園では、毎年７月31日に夏の堺の風物詩ともいえる行事が行われています。詳しい起源は定かでありませんが、鎌倉時代頃から大浜海岸で行われ、現在も毎年夏に大浜公園で行われている催しは何でしょう？

①堺大魚夜市　　②大浜夏祭

③堺臨海フェスティバル　　④堺まつり

解説　堺大魚夜市は、夏の風物詩として親しまれており、包丁式・古式セリの実演などが行われ、夜には魚セリが行われる。住吉大社の夏祭り（お祓(はら)い）の際、７月31日夜から８月１日にかけて、

堺浦魚市（『和泉名所図会』）

神輿が堺の御旅所（おたびしょ）である宿院頓宮（しゅくいんとんぐう）に渡御（とぎょ）する。かつて堺の漁民たちがその神輿に鮮魚を奉納したと伝えられており、これが大魚夜市の起源とされ、鎌倉時代にまでさかのぼるといわれている。戦前・戦中にはいったん途絶えたが、戦後の1950年（昭和25）に復活した。1974年（昭和49）に再び中止されたが、1982年（昭和57）に堺青年会議所（現・堺高石青年会議所）により復活され、主に大浜公園で開催されている。現在は実行委員会により運営される。

堺まつりは、毎年10月の第３日曜とその前日に行われるイベントで、1974年（昭和49）より開催されている。

▶第１回２級　正答率66％　　【正解】①堺大魚夜市

問題　岸和田だんじり祭はその勇壮さで全国に名が知られる秋の泉州を代表する祭です。曳き手が走り、速度に乗っただんじりを方向転換させる「やりまわし」を見どころとして、多くの見物客を集めています。この「やりまわし」の要所として観覧席が設置される場所は次のうちどれでしょう？

①ジャンジャン場　　②ヤーヤー場
③カンカン場　　④ケンケン場

解説　毎年９月に行われる岸和田だんじり祭では、勢いよく走りながら直角にだんじりの向きを変える豪快な「やりまわし」が祭りの醍醐味となっている。その見物の要所であるカンカン場は府道大阪臨海線の岸和田港交差点付近に位置し、有料の観覧席が設けられる。旧港があった場所にあたり、カンカンとは船荷の重さを量る道具あるいは「看貫場」に由来するといわれ、港の計量に関わる地名である。

▶第７回３級　正答率67％　　【正解】③カンカン場

問題　堺・泉州地域の祭りで、次の神社名と祭の名称の組み合わせのうち、誤っているものはどれでしょう？

①桜井神社　―　上神谷のこおどり
②大鳥神社　―　やっさいほっさい
③日根神社　―　まくら祭り
④方違神社　―　粽祭

解説　上神谷のこおどりは、毎年10月第１日曜日に桜井神社（堺市南区片蔵）で演じられる民俗芸能。本来は雨乞い、雨礼踊りで、鉢ヶ峯寺の氏神の国神社の祭りに演じられた。

大鳥神社（堺市西区鳳北町）の祭りは、４月13日の花摘祭、６月の菖蒲祭、10月のだんじりなど。やっさいほっさいは、石津太神社（堺市西区浜寺石津町中）で12月14日に行われる火祭り。神木を積んだ「とんと」に火をつけ、選ばれた「戎さん」役を担ぎあげて火渡りを行う。

まくら祭りは、日根神社（泉佐野市日根野）の例大祭。５月４日・５日、約５ｍの竹竿に飾り枕を付けた枕幟を背負い、五社音頭を唄いながら御旅所まで渡御する。

粽祭は、方違神社（堺市堺区北三国ヶ丘町）の５月31日の例大祭。菰の葉で埴土を包んだ粽を神前に供える。この粽を受ければ、転居や旅行等の悪方位の災いを祓うとの信仰がある。

▶第５回２級　正答率66％　【正解】②大鳥神社 ― やっさいほっさい

問題　近代の大阪は全国各地から多くの労働者が集まり、その住宅の大半が貸家で長屋だったと言われています。長屋の経営形態のひとつ「裸貸」とはどのような長屋の貸し方でしょう？

①頭金をもらわずに長屋を貸すこと
②現代のルームシェアのような形態で長屋を貸すこと
③畳や建具を備えない長屋を貸すこと
④長屋の管理業務を任せて賃料をとらないこと

解説　大阪は、東京などに比べると借家率がやや高く、借家のうち９割以上が長屋であった。長屋を借りて住むというライフスタイルは、大阪の庶民にとっては当たり前のものといえた。

長屋の貸し方には、附貸（つけがし）と裸貸（はだかがし）があった。江戸時代の大阪では、裸貸が多かったようである。裸貸とは、畳や襖・障子などの建具が付属していない「裸の」家を貸すスタイルで、それらを借家人が持ち込むものであった。京都などにはみられない大阪独特の形で、畳や建具が規格化されていたため可能であった。また、さまざまな商売にも対応しやすいという利点があった。

近代になると、附貸が増えるようになる。附貸とは、畳や建具などが「附いて」いる家を貸すことである。現代のアパート、マンションなどは基本的にはこの形である。両者の貸し方を比べると、裸貸の方が若干家賃が安かったとされる。

▶第2回3級　正答率70％　　【正解】③

問題　高度経済成長期の住宅不足の折、平屋の長屋を二段に重ねた二階建て構造の木造賃貸アパートが数多く建てられました。これらの建築物の大阪を中心とした関西での呼び名は次のうちどれでしょう？

①モダン住宅　　②プレハブ住宅
③文化住宅　　④トリックハウス

解説　1922年（大正11）に東京上野で開催された平和記念東京博覧会には、実物の住宅を展示する「文化村」が設けられ、洋風の生活文化を取り入れたモダンな独立住宅が14棟出品された。この新しい生活スタイルの住宅は、その後昭和前半にかけて全国に普及し、文化住宅と称された。これに対して関西では、第二次世界大戦後に数多く建てられた木造2階建てで、各階に住戸が並ぶ賃貸アパートを文化住宅と呼んでいる。

▶第7回3級　正答率81％　　【正解】③文化住宅

問題　長屋は戦前には庶民の住宅として一般的なものでしたが、

生活

戦災による焼失などにより、2003年（平成15年）時点で大阪市内に残存している長屋は2万戸あまりと少なくなっています。その中で、2005年（平成17年）に長屋としては日本で最初の登録有形文化財となった長屋はどれでしょう？

①からほり長屋

②寺西家阿倍野長屋

③大阪市立大学豊崎プラザ

④長屋再生複合ショップ『惣 -so-』

解説　かつて大阪では借家率が高く、戦前では住まいの約9割が借家であり、そのうちの約9割が長屋であった。

寺西家の長屋は、阿倍野区阪南町にある。木造2階建てで、4戸が連なった長屋である。阪南町では、大正末期から昭和初期にかけて、阪南土地区画整理組合によって区画整理が行われた。1935年（昭和10）までには、宅地の半分以上に長屋が建てられた。

寺西家阿倍野長屋もそのひとつで、1933年（昭和8）に建築された。一時はマンションへの建て替えも考えられていたが、所有者や周囲の熱意によって保存する方法が模索された。2003年、国の登録有形文化財となり、改修工事が実施された。建築当初の外観が復元され、夜間はライトアップもされるようになり、飲食店がテナントとして入居した。第26回大阪まちなみ賞（大阪市長賞）を受賞している。毎年4月29日には、イベント「どっぷり昭和町」が開かれる。

▶第2回2級　正答率80％　　【正解】②寺西家阿倍野長屋

〔生活の出題傾向と対策〕

「生活」科目の出題は大きく分けて「食文化」「祭り」「住まい」の3分野になる。そのうち「食文化」の出題が圧倒的に多く、約3分の2を占める。食文化は「国語」「社会」「芸術・娯楽」「遠足その他」の各科目でも取り扱われるため、それらを総合すると、相当な出題数になる。「祭り」の出題は増加傾向にある。「住まい」は出題数こそ少ないが、毎年ほぼ1問は出題される。

▶食文化

食材から料理、飲食店や外食産業、調味料や飲料、駄菓子までが幅広く出題される。それも現在みられる物事に限らず、歴史的な観点での出題も多く、現代では廃れてしまった食習慣が題材に取り上げられることもある。とはいえ、全般的に見て、食文化に関する問題は正答率が高い。日常生活で馴染みのある事柄が多いためであろう。

⑴食材

食材のうち、最も重要な産品と考えられているのが昆布である。「だし」を下地にした大阪料理、大阪の食文化の根幹をなすもので、江戸初期に開かれた西廻り航路（北前船）によって北海道から伝わって以来、300年以上にわたりさまざまに活用され続けてきた。だしを使った料理のみならず、大阪は道南産の真昆布が第一といった通常はプロの料理人が語るような事柄や、塩昆布、おぼろ（とろろ）昆布、酢昆布、堺の包丁に至るまで、昆布についてはあらゆる事柄が重視される。

野菜については、「なにわの伝統野菜」（18品目）がよく出題されるが、生産量が少なく充分に市場に普及していないものが多い。現物を見たことのない人も多いはずで、知名度や普及度で言えば「なにわ特産品」のほうに分がある。「なにわ特産品」は21品目あり、大阪を代表するブランド野菜となった泉州水なすや、都道府県別の生産量で大阪府が全国の上位にランキングされる菊菜（春菊）やぶどう（デラウエア）も含まれる。また、たまねぎは大阪の泉州が日本における栽培の発祥地、ルーツとなっていることから、食文化史や産業史においても重要な産品で、「なにわの伝統野菜」と「なにわ特産品」の両方に選定されている。

魚介類では、昆布と同様に大阪が主産地でなくとも、料理や食文化史上で重要な食材が取り上げられる、ふぐ、鯨、鰻、ハモ、チヌ（黒鯛）などである。これらの食材には出題に適した歴史やエピソードも多い。また、最近ブランド化が進む産品も出題される。泉たこ、ガッチョ（ネズミゴチまたはハタタテヌメリ）、淀川鰻などであるが、知名度はまだ高いとは言えず、今後の普及宣伝努力が期待される産品である。肉類、畜産物においても犬鳴豚、河内鴨、大阪ウメビーフ、なにわ黒牛などのブランドが徐々に知名度を上げており、普及途上にある。

どんな食材にしても、産地は大阪府下の郊外が多くなる。「国語」「社会」「体育」「芸術・娯楽」科目においては都市型の出題が主で、都市生活者に有利となるが、こと食材に関しては郊外在住者や郊外文化に関心の高い人に有利となる。旅行がてら産地に出かけ、物産販売店や道の駅でご当地食材に触れるのも、楽しい学習になるだろう。

⑵料理

料理で対象になるのは和食から洋食、軽食やファストフードまで幅広く、一般的に言われる郷土料理の枠にまったくとどまらない。逆に言えば、大阪の食文化はあまりに多彩すぎて郷土料理と呼べるものはない。そのなかでも全国に突出して大阪で普及している料理や、大阪発祥の料理が優先して出題される。『大阪の教科書（上級編）』の「大阪十大料理」の項で紹介されている料理や、「社会」科目にはなるが、食の全国ブランドを生み出した発祥企業、チェーン展開で業界シェアの高い外食産業が題材となる。料理にとどまらず、長い伝統や独特のエピソードを持つ特定の店舗名まで出題されることがある。

こうしたユニークな出題傾向は、大阪検定を強く特徴づけるものとなっている。調味料（ソース、ポン酢）や飲料、駄菓子といった、通常は試験に出題されないような細かな題材が取り上げられるのも、非常に面白いところとなっている。

▶祭り

祭りや年中行事は、近年徐々に出題頻度も高まっていて、大阪市内の著名な社寺の行事だけでなく、府下・郊外の社寺にまつわる祭りも出題される。基礎知識を得ようと、主要な祭りを見学してまわるのは容易ではない。まずは大阪天満宮や四天王寺、住吉大社といった著名な社寺の代表的な祭りや行事、縁日は、内容や日取りまで押さえておきたいところである。また、府下・郊外でも特徴のある祭りは、座学でおさらいしておく必要がある。地元在住者でもない限り、直接見聞きし触れる機会がほとんどないからである。

このように、社寺や祭りに関する出題は、著名な観光スポットに限らない。知名度は高くないが珍しい景観や建物のある社寺、年中行事や祭りで他にはない特徴のある社寺、特定の層が願掛けに訪れるユニークな社寺、そして時には、有名神社内にある末社まで取り上げられることもある。

それら複数の社寺が出題される場合でも、観光ルートや回遊性が考慮されることもほとんどない。祭りや社寺に限らず大阪検定全般に言えることであるが、観光者の視点ではなく、生活者の視点で素材が切り取られ、広く生活文化の一断面として社寺を見ている傾向がうかがえる。一年の歳時記や暦の中で、折々に社寺を訪れて願掛けする風習は、地元民にとっての生活の一部であり、大阪にはそうした庶民的な社寺がたくさんある。京都や奈良と違って拝観料を求められることもめったにない。

都心や郊外、有名無名にかかわらず、一見とらえどころのない題材も、観光素材として見る眼鏡を外して、地元で愛され信仰を集める特徴的な社寺に着目すれば、出題傾向はより鮮明になる。もちろん、観光ルートにない郊外の社寺まで出題されるため、対策としては過去問題を中心とした情報整理が必要になる。

▶住まい

住まいの分野で出題される題材は少なく、長屋の形態に関する出題ぐらいである。この他に、(近代) 建築に関する出題は頻度が高いが、本書では「遠足その他」科目に配置した。

〔生活の要点〕

▶食文化

⑴食材

昆布……だし文化、西廻り航路（北前船）、真昆布（道南産）、塩昆布、おぼろ（とろろ）昆布、酢昆布、堺包丁

野菜……「なにわの伝統野菜」(18品目。難波（なんば）葱、毛馬胡瓜、玉造黒門越瓜（しろうり）、勝間（こつま）南瓜、金時人参、大阪しろな、天王寺蕪（かぶら）、田辺大根、芽紫蘇、服部越瓜（しろうり）、鳥飼茄子、三島独活（うど）、吹田慈姑（くわい）、泉州黄玉葱、高山真菜、高山牛蒡（ごぼう）、守口大根、碓井（うすい）豌豆（えんどう））、「なにわ特産品」(21品目。泉州水なす、大阪ふき、大阪なす、紅ずいき、しゅんぎく、泉州きゃべつ 、泉州たまねぎ、大阪きゅうり、泉州さといも、大阪えだまめ、えびいも、能勢ぐり、大阪みかん、大阪ぶどう〈デラウエア・巨峰・ピオーネ〉、大阪こまつな、大阪みつば、大阪ねぎ、若ごぼう、大阪たけのこ、大阪もも、大阪いちじく）

魚介類……ふぐ、鯨、鰻、ハモ、チヌ（黒鯛）、泉たこ、ガッチョ（ネズ

ミゴチまたはハタタテヌメリ)、淀川鰻
肉類、畜産物……犬鳴豚、河内鴨、大阪ウメビーフ、なにわ黒牛

⑵料理

料理……てっちり、大阪鮓(箱寿司、バッテラ)、うどん(きつねうどん)、鰻まむし、かやく御飯、関東煮(タコ、鯨=コロやサエズリ)、しゃぶしゃぶ、オムライス、焼肉とホルモン、すき焼き、ハリハリ鍋、船場汁、小田巻き蒸し
外食・食品……うどんすき(美々卯)、名物カレー(自由軒)、ぜんざい(夫婦善哉)、お好み焼き、たこ焼き、水なす漬物、天ぷら(練り物)、インスタントラーメン、カレー粉、レトルトカレー、回転寿司
調味料……地ソース、ポン酢
飲料・駄菓子……地酒、清涼飲料水、喫茶店メニュー、酢昆布、飴

▶祭り

四天王寺……縁日(21日=お大師さん/弘法大師の月命日、22日=お太子さん/聖徳太子の月命日)、どやどや、聖霊会、彼岸(日想観)、愛染まつり(四天王寺愛染堂勝鬘院)
住吉大社……御田植神事、住吉祭、初辰まいり
大阪天満宮……天神祭
その他、一例として……十日戎(今宮戎神社)、粥占神事・注連縄掛神事(枚岡神社)、だいがく(生根神社)、常光寺地蔵盆踊り(河内音頭)、岸和田だんじり祭(岸城神社)、神農祭(少彦名神社)、やっさいほっさい(石津太神社)

▶住まい

長屋の形態(附貸と裸貸)、寺西家阿倍野長屋、文化住宅

なにわなんでも
大阪検定

6限目

遠足その他

p242～294は択一問題です。各問題に１つのみ解答してください。

p295～302は記述式問題です。漢字を記述する場合は
新字体、楷書でお書きください。

問題　上町台地の西端、松屋町筋沿いには寺町が形成されています。近辺には情緒ある坂道「天王寺七坂」があり、しばしば小説の舞台や映画のロケ地として使用されてきました。さて、写真の坂は愛染坂の南側にある坂ですが何というでしょう？

①口縄坂　　②源聖寺坂
③真言坂　　④清水坂

解説　上町台地は、高いところで海抜20mあまり、大阪市内を流れる大川から南方へ延びる小高く細長い台地である。西側の斜面には勾配の急な坂道があり、なかでも天王寺区の谷町筋と松屋町筋に挟まれた区域には、名前の付いた坂が複数ある。そのうち天王寺七坂と呼ばれる著名な坂があり、北から順に真言坂・源聖寺坂・口縄坂・愛染坂・清水坂・天神坂、そして国道26号線と重なる逢坂（相坂）と続く。選択肢の４つの坂にはすべて階段があるため、問題文の「愛染坂の南側」が第一のヒントになる。

清水（きよみず）坂は、その名の示す通り、清水寺の前にある坂道をいう。天王寺区伶人町にある清水寺は、新清水寺または新清水とよばれ、京都の清水寺から千手観音を移し、懸崖造の本堂を備えた寺である。南の崖に増井の清水、あるいは玉出の滝などとよばれる滝があり、これも京都の清水寺の音羽の滝を模したものである。

▶第２回３級　正答率35％　　　　【正解】④清水坂

問題　河内長野市の標高897mの山で、山頂付近は雄大な草原が広がり、秋にはススキが美しく、ハイキング客も多い山はどこでしょう？

①岩湧山　②金剛山　③天野山　④三国山

解説　岩湧山は標高897.7m、河内長野市南部の金剛生駒紀泉国定公園にある。山頂からは葛城山系、大阪平野、淡路島、六甲山までを望める。山頂一帯は茅（ススキ）が多く茂り、秋風に穂が揺れる様は美しく、「新河内長野八景」に岩湧山頂の花すすきとして登録されている。岩崎元郎選の「新日本百名山」のひとつでもある。

金剛山は標高1125.3m、奈良県御所市と千早赤阪村の境界に位置するが、山頂は御所市側にある。登山客でにぎわうが、葛城修験の聖地でもある。金剛生駒紀泉国定公園にある。

天野山は標高227mの河内長野市北部の丘陵である。古刹、天野山金剛寺が天野川の峡谷に立地する。滝畑方面には関西サイクルスポーツセンターがある。

三国山は標高885.7m、河内長野市の最南端付近にある。大阪府と和歌山県の県境に位置し、頂上付近にはNHKの中継局などがある。金剛生駒紀泉国定公園にある。

▶第１回２級　正答率69％　【正解】①岩湧山

問題　大阪府内を縦横に延びる旧街道のうちで、現在の大阪市内を起点としている街道は、次のうちどれでしょう？

①西国街道　②西高野街道　③熊野街道　④竹内街道

解説　熊野詣への街道は、伊勢路と紀伊路があった。伊勢路は主に東国からの参詣者の道筋であった。京都や西国からは紀伊路が利用された。

京都から熊野に向かうには船で淀川を下り、渡辺津（現在の八軒家浜付近）で上陸し、陸路によって目的地を目指した。渡辺津近辺には熊野王子の１番目の王子、渡辺王子（窪津王子）が置かれたため、渡辺津が熊野詣の起点とされるようになった。

▶第６回２級　正答率59％　【正解】③熊野街道

問題　「浜梶木、今は浮世と（　　）、平野淡路に瓦備後、安土本町、米に唐、久太久太に二久宝……」。これは船場の通り名数え歌です。（　　）に入る言葉は何でしょう？
　①高伏道　　②高道伏　　③伏道高　　④伏高道

解説　船場の通りと筋について宮本又次は「船場では東西線が発達して、どうしても南北線は従となり、横町となった。（中略）大阪城に向う東西線を『通り』といい、南北線を『筋』といって、それには町名は原則としてなかった」（『大阪の町名』清文堂出版）という。また、宮本又次は船場の町（＝通り名）を暗記するための古歌を紹介している（『船場』ミネルヴァ書房）。「浜梶木（はまかじき）、今は浮世（うきよ）と高伏道（こうふしど）、平野淡路、瓦備後、安土本町、米屋唐物（こめやからもの）、久太久太に二久宝、博労順慶、安堂塩町、浜」と。続けて「梶木町はいまの内北浜、今は今橋、浮世小路、米屋町は今の南本町、久太久太は南北久太郎町、二久宝は南北久宝寺町、浜は末吉橋の浜通りである」と解説する。高伏道には特に解説がないが、高＝高麗橋、伏＝伏見町、道＝道修町のことである。

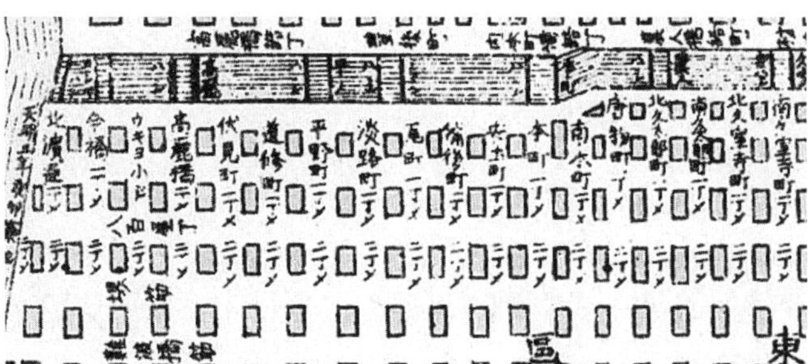

船場の町割りと通り名は江戸時代から今なお基本的に変わっていない
（「大阪府区分新細図」）

▶第２回１級　正答率45％　　　　【正解】①高伏道

問題　現在の国道171号線にほぼ並行する形で走っていた旧街道

で、京都から西宮の区間は山崎道とも言われていた街道は何でしょう？

①京街道　②西宮街道　③淀街道　④西国街道

解説　西国街道は、京都と西国諸国とを結ぶ街道で、古代以来の山陽道を受け継ぐものである。江戸時代には、山崎（京都府乙訓郡大山崎町）から西宮までが山崎通（やまさきみち）（道）と公称され、山崎・芥川・郡山・瀬川・昆陽（こや）・西宮の宿駅が置かれた。脇街道であったが、参勤交代にも利用されていた。

京都の東寺口が西へ下る出発点で、山崎通を経て旧山陽道と結ばれ、下関（山口県）に至った。西国街道は、京都へ上る重要な道であり、京都からは西国三十三所巡礼や四国遍路、有馬への湯治などにも利用される道であった。

郡山宿（茨木市）には、1721年（享保6）に再建された本陣（椿の本陣）が残され、国の史跡となっている。また、芥川（高槻市）などには一里塚跡もあり、街道沿いには古い民家なども残り、往時の雰囲気を伝えている。

▶第1回2級　正答率91%　【正解】④西国街道

問題　御堂筋や堺筋に代表されるように、現在の大阪市内中心部では、南北の道を「筋」と言い、幅の広い道路が多いのですが、豊臣秀吉の城下町建設の際には東西の道が幹線として幅も広くつくられていました。この東西の道は、南北の道の「筋」に対し、一部の例外を除き何と呼ばれているでしょう？

①路　②通り　③骨　④大動脈

解説　大阪の市街地の中心部である船場では、街路が規則正しく碁盤目状に通っている。一部の例外を除いて、東西の街路は「通り」、南北の街路は「筋」と呼ばれている。今日では南北に通る街路に拡幅されたものが多く（堺筋・御堂筋など）、メインストリート化しているが、江戸時代では東西の通りが主要街路であった。

大阪の町では、通りの両側の家並みがひとつの町を構成していた（両側町という）。町家は通りに入口を開き、通りと直行する横町（筋）には入口を持たない形を基本とした。家の後方には背割下水（太閤下水）と呼ばれる溝が通っており、これが町の境界にもなっていた。通りが主要街路となるのは、大坂城との関係や、背割下水の流れる方向に関係があるとも考えられる。そのため、天満や島之内などでは南北が主要街路になる形も認められる。

▶第１回３級　正答率95％　　　　　　　　　　　　　【正解】②通り

問題　大阪市内にある次の道路のうち、三つは南北方向の道路ですが、一つだけ東西方向の道路があります。それはどれでしょう？

①あみだ池筋　　②三津寺筋　　③三休橋筋　　④天神橋筋

解説　大阪市街の中心部では、一般的に東西の街路は「通り」、南北の街路は「筋」と呼ばれているのだが、これは船場を中心とした話であって、例外がある。ミナミの島之内では、東西の街路であるにもかかわらず筋と呼ばれており、三津寺筋や八幡筋、周防町筋は東西の道である。

もともと船場では東西方向の町割りが主であったのに対し、島之内の周防町筋以南では主に南北方向の町割りだったことによる。1989年、南区が東区と合併して中央区になり、町名が統廃合されたが、それ以前は畳屋町、笠屋町、玉屋町、鍛冶屋町、竹屋町と、職人に由来する南北に長い町名があった。

▶第３回３級　正答率51％　　　　　　　　　　　　　【正解】②三津寺筋

問題　大阪東部を南北に走る東高野街道は、国道170号と多くの部分が重なっている歴史ある道です。この国道170号は近鉄瓢箪山駅付近で、ある理由により、自動車の通行が制限されていますが、その理由は何でしょう？

①電車の軌道になっている　　②商店街になっている

③狭いトンネルになっている　　④神社境内を貫いている

解説　近鉄瓢簞山駅前の旧国道170号沿いに形成された商店街サンロード瓢簞山（瓢簞山中央商店街）は、1948年（昭和23）に日本で最初に国道にアーケードを設置した。これにより7時から20時までは車両通行禁止となり、外環状線（新170号）に迂回しなければならない。同じ状態の長崎市浜町とともに全国的に珍しいアーケード国道といえる。ともに国道を通行止めにしてまでアーケードをつくりきった周辺住民の度胸が感じられる。

▶第4回2級　正答率61%　　【正解】②商店街になっている

問題　大阪市街中心地の道路では、主として東西方向に「通り」、南北方向に「筋」が張り巡らされています。次の四つの道路を北から南の順に並べた場合、次の組み合わせのうち正しいものはどれでしょう？

①本町通　―　中央大通　―　長堀通　―　千日前通
②中央大通　―　本町通　―　長堀通　―　千日前通
③本町通　―　中央大通　―　千日前通　―　長堀通
④中央大通　―　本町通　―　千日前通　―　長堀通

解説　大阪の中心部である船場などの街路は、おおむね東西方向を通り、南北方向を筋と呼ぶ。歴史的には通りが主要街路にあたり、江戸時代には4間（近世上方1間＝6尺5寸換算で約7.9m）ほどの幅があり、その両側でひとつの町を形成した。一方、脇道にあたる筋は、幅員3間（同約5.9m）程度の街路であった。

千日前通は、南の大火（1912年）後にできた電車通り。高度経済成長期には、長堀川を埋め立てて長堀通が拡幅され、船場の家屋の立ち退きなどを行って中央大通が開通した。

▶第7回3級　正答率65%　　【正解】①

問題　大阪市内を南北に走る次の四つの道路を東から西への順に並べた場合、正しいものはどれでしょう？

①谷町筋→御堂筋→堺筋→なにわ筋
②谷町筋→堺筋→御堂筋→なにわ筋
③御堂筋→堺筋→なにわ筋→谷町筋
④御堂筋→なにわ筋→堺筋→谷町筋

解説　大阪の中心部では、島之内など一部の例外はあるものの、東西の街路が中心で「通り」と呼ばれ、一方の南北は「筋」と呼ばれ、江戸時代において筋は脇道であった。南北の筋が徐々に主要な道となっていくのは、1874年（明治７）に大阪駅が開設されて以降のことである。

南北の主要な筋を東側から見ていくと、上町筋、谷町筋、松屋町筋、堺筋、御堂筋、四つ橋筋、なにわ筋となる。

▶第４回３級　正答率76％　【正解】②

問題　大阪府下では、富田林をはじめ八尾、久宝寺、枚方、富田、貝塚、大ケ塚などにあったもので、浄土真宗寺院や日蓮宗寺院を中心として、壕や土塁などで要害化した戦国時代の城塞都市は何と呼ばれるでしょう？

①城下町　②楽市楽座　③寺内町　④惣構

解説　寺内町とは戦国時代に浄土真宗の寺院を中心にして、濠や堀、土塁などで防御した自治都市である。1471年（文明３）に本願寺八代法主蓮如が越前国吉崎御坊を営んだ。本坊を中心にして200軒あまりが集まり、坊主・門徒が詰めて防衛にあたっていたが、まだ都市生活の段階までは至っていなかった。その後、1479年（文明11）頃、蓮如は山城国山科に本願寺を建立した。本寺、一家一族と坊官屋敷のある内寺内、町衆の住む外寺内の三郭からなっていた。この山科本願寺が寺内町のはじめとされる。

寺内町は交通の要地や商業活動が活発な地に営まれた。寺内町には、寺院が主導した山科や石山（大坂）、有力土豪が主導した久宝寺や奈良の今井、惣中が主導した富田林や貝塚などの３つの類型がある。日蓮宗では、摂津国尼崎の本興寺寺内町、長遠寺寺内町が知られている。

貝塚寺内町の中心、願泉寺（左）とその町並み

▶第２回２級　正答率77％　　　　【正解】③寺内町

問題　大阪市内の安治川、尻無川、木津川の３河川には、現在も橋梁やトンネルに代わる役割で８カ所15隻の渡船が運航されています。これらはすべて大阪市が運営・管理していますが、渡船に関する次の説明の中で、誤っているものはどれでしょう？

①人は無料で乗船できる
②雨の日も運航されている
③１月１日は休航している
④自転車も有料で船に載せることができる

解説　大阪市が運営する渡船は、市内に８か所ある。そのうち、安治川に天保山、尻無川に甚兵衛（じんべえ）、尻無川に隣接する大正内港に千歳（ちとせ）、木津川に落合上（かみ）・落合下（しも）・千本松・木津川、木津川運河に船町の各渡船がある。木津川渡船のみが港湾局の所管で、他は建設局所管となっている。これらは、いわば道路の代わりとなる市

民の足なので、乗船はすべて無料であり、自転車も無料で載せることができる。晴雨にかかわらず運航されているが、1月1日はすべての渡船が休航となり、木津川・船町渡船は1月3日まで休航となる。

千本松渡船

大阪では、かつて舟運の支障になる場所や架橋できない場所などに、橋のかわりに渡船が設けられていた。市営の渡船は1907年（明治40）にはじまるが、戦後徐々に廃止され今日に至っている。

▶第1回2級　正答率53％　【正解】④

問題　大阪市西区と此花区の境を流れる安治川の交通（舟運）量が増加したため、1944年（昭和19年）に川を渡る手段としてトンネルが設置されました。このトンネルに関する説明の中で正しいものはどれでしょう？

①トンネル内には動く歩道（ムービング・ウォーク）が設置されている
②自転車も有料で通行できる
③トンネルに入るエレベーターが両岸に設置されている
④近くにある安治川水門が閉まるとトンネルの通行が禁止される

解説　安治川をくぐり、大阪市西区の九条と此花区の西九条を結ぶ安治川トンネルは、1944年（昭和19）に開通した河底トンネルである。

安治川は、江戸時代には船の通行を優先するために橋が架けられていなかった。明治初期には、旋回橋の安治川橋（通称「磁石橋」）が架橋されていたが、1885年（明治18）の洪水で流され、以後、橋はなかった。昭和になりトンネル建設が計画され、1935年

（昭和10）より工事が開始された。トンネルの筒にあたる部分は、あらかじめ製作された軀体を沈めてつくる沈埋（ちんまい）工法という国内初の技術を用いて進められた。完成したトンネルは、車道２車線と歩道を持つ画期的なもので、幅は約11m、長さは約80mあった。自動車および人が通行でき、ともにエレベーターで昇降できた。

自動車の利用は1977年（昭和52）に停止となり、現在は歩行者や自転車が無料で利用できる。

▶第１回２級　正答率69％　【正解】③

問題　近代大阪で大きく発展した民間鉄道会社のうち、まったくの民間資本による日本で初めて設立された鉄道会社の現在の社名は何でしょう？

①近畿日本鉄道　②京阪電気鉄道
③南海電気鉄道　④阪神電気鉄道

解説　1885年（明治18）12月、阪堺鉄道が開通した。難波―大和川間の約7.6kmだったが、当初の大和川駅は大和川北岸に置かれており、1888年（明治21）５月に堺の吾妻橋駅までの延伸が完成した。事業の発起人は、大阪の実業家である藤田伝三郎、松本重太郎らで、実質上の私鉄第１号といえ、都市間鉄道としても抜群の収益性を誇った。現在の南海電鉄南海線にあたるもので、会社は1898年（明治31）、南海鉄道に合併された。

▶第４回３級　正答率53％　【正解】③南海電気鉄道

問題　阪急電鉄の前身である箕面有馬電気軌道（のちに阪神急行電鉄に社名変更）は、沿線の住宅地経営やターミナルデパートの創業など様々な手法で事業を拡大していきました。これらの斬新な経営戦略を次々と打ち出した経営者は誰でしょう？

①金子直吉　②小林一三　③松本重太郎　④弘世助三郎

解説　阪急電鉄の経営者として創意あふれる事業を展開した小林一三（いちぞう）（1873～1957）は、現在の山梨県韮崎市出身で、三井銀行を経て、箕面有馬電気軌道（現・阪急電鉄）の専務取締役となった。号は逸翁（いつおう）。池田市に旧邸・雅俗山荘が残され、そのコレクションを収蔵する逸翁美術館がある。

金子直吉は、戦前の商社・鈴木商店の番頭を務めた。松本重太郎は、明治時代の関西財界の重鎮。弘世（ひろせ）助三郎は、日本生命保険の創業者である。

▶第5回3級　正答率80％　　【正解】②小林一三

問題　阪神電鉄阪神本線は梅田から元町までを結んでいます。1905年（明治38年）の開通当初は大阪側の始発駅が今とは違う場所でしたが、その始発駅とはどこだったでしょう？

①福島　②出入橋　③野田　④淀川

解説　阪神電鉄は、1893年（明治26）、神阪電気鉄道として設立され、現名称に改めた後、1905年（明治38）4月、大阪―神戸（三宮）間を結んで開業した。両都市間の所要時間は約90分で、大阪側のターミナルは現在の駅の西方にあたる出入橋駅に置かれた。しかし翌年、より東方にターミナルを設置するため仮線を延伸し、現在、商業施設ハービス・エントがあるあたり（旧大阪中央郵便局の南側）に梅田駅を置いた。1914年（大正3）には、これが複線となった。

1926年（大正15）、2階建ての駅舎を新築し、ホームも6面5線と大規模化した。駅の2階には、直営の大食堂も置かれた。昭和に入ると、梅田駅に阪神マートを設置したり、三宮駅付近を地下

開業1周年の出入橋停留所
（『輸送奉仕の50年』阪神電気鉄道）

化するなど改良に努め、1936年（昭和11）には元町までの延長工事を終えた。

1939年（昭和14）になると、梅田駅をより東方の現在位置まで延伸し、地下化を行った。現在の梅田駅のホームには、当時の面影が感じ取れる。

出入橋駅は、戦後の1948年（昭和23）に廃止され、それに代えて戦時中休止していた福島駅が再開業した。

▶第３回２級　正答率39％　　【正解】②出入橋

問題　近畿日本鉄道「中興の祖」といわれたこの人物は、1959年（昭和34年）の伊勢湾台風による災害というピンチを逆手に取り、復旧とあわせて軌間拡幅工事を繰り上げることを決断し、名阪直通特急の運転を開始しました。大阪商工会議所会頭も務めたこの人物は誰でしょう？

①佐伯勇　②小林一三　③田代和　④堤康次郎

解説　佐伯勇は1903年（明治36）生まれ。東京帝国大学卒業後、大阪電気軌道に入社。終戦後に取締役、専務を経て社長に就任、「近鉄の佐伯」として知られた。近鉄タクシーの創設や大阪～名古屋間の特急運転などを実施した。大阪商工会議所会頭を務める一方、伊勢湾台風の被害を復旧するなど、近鉄再建を指揮。総合経営による近鉄グループを育成した。長期にわたって近鉄球団オーナーを務め、野球殿堂入りも果たした。

▶第７回２級　正答率74％　　【正解】①佐伯勇

問題　地下鉄の路線の中でもっとも歴史が古いのが御堂筋線です。御堂筋線は、1933年（昭和８年）に開通していますが、当初の開通区間はどれでしょう？

①梅田　⇔　なんば　②淀屋橋　⇔　なんば
③梅田　⇔　心斎橋　④淀屋橋　⇔　心斎橋

解説　日本の地下鉄は、1927年（昭和２）、東京ではじめて開通した。しかしこれは民営であり、公営初の地下鉄は大阪であった。

大阪市では、大正末の第二次市域拡張により人口は210万人を超え、市街地での旅客輸送は市電やバスに加えて新たに高速鉄道（地下鉄）の建設が求められていた。1926年（大正15）、高速鉄道の計画が認可を受けたが、当時すでに４路線が計画されていた。そのうち第１号線は、榎阪（えさか）（現・吹田市江坂）と我孫子を結ぶ路線で、今日の御堂筋線にあたるものであった。大阪の南北軸となる拡幅工事中の御堂筋の地下を通る路線であった。

工事は、1930年（昭和５）に開始され、地盤の悪さなどを克服しながら進められた。梅田—心斎橋間を結ぶ3.1kmが開通したのは、1933年（昭和８）５月20日のことである。所要時間は約５分半、運賃は10銭であった。ヴォールト天井の広壮な駅ホームには、エスカレーターも設けられた。

その後、1935年（昭和10）には難波、1938年（昭和13）には天王寺まで延伸された。

▶第２回１級　正答率55％　　【正解】③梅田⇔心斎橋

問題　大阪市内を一周するJR「大阪環状線」、全部で何駅あるでしょう？

①16駅　②17駅　③18駅　④19駅

解説　JR大阪環状線は、大阪駅を起点・終点とするJR西日本の路線である。営業キロでは21.7kmあるが、一部に関西本線との重複区間がある。大阪では、単に「環状線」と呼ばれることが多い。大阪から京橋方面に向かう外回り線と、西九条方面に向かう内回り線があり、大部分は高架線となっている。多くは普通電車が運行されているが、関西本線（大和路快速など）・阪和線（関空快速など）・桜島線（USJ方面）への直通列車もある。

この路線の歴史は古いが、もちろん最初から環状になっていたわけではない。1889年（明治22）、大阪鉄道によって天王寺—湊町（現・JR難波）間が開通したのが最初で、その後、1898年（明治31）には西成鉄道によって大阪駅から西に向かう路線も敷かれた。環状につながったのは、西九条—天王寺間が開通した1961年（昭和36）のことで、環状運転が開始されたのは1964年（昭和39）であった。

▶第１回２級　正答率39％　　【正解】④19駅

問題　大阪市鶴見区の鶴見緑地は週末になると多くの市民が訪れ賑わっています。この鶴見緑地で1990年（平成２年）４月１日～９月30日の183日間開催され、約2300万人もの人々が訪れた国際博覧会の略称は次のうちどれでしょう？

①グリーンエキスポ　②ジャパンフローラ
③花の万博　④ポートピア博

解説　国際博覧会とは、国際博覧会事務局（BIE）が認めた博覧会で、万国博覧会とも呼ばれる。日本では、1970年（昭和45）、大阪の千里丘陵で日本万国博覧会が開催されたのが最初で、愛知万博（2005年）まで５回開催されている。大阪では、日本万国博覧会と、鶴見緑地で開催された国際花と緑の博覧会（1990年、略称「花の万博」「花博」）の２つがある。

花博は、花と緑と生活のかかわりをとらえ、21世紀に向けて潤いのある社会の創造を目指すことをテーマとして、83の国と37の国際機関、18の国際団体の参加を得て行われた。総入場者は、約2313万人であった。

ポートピア博（神戸ポートアイランド博覧会）は、1981年（昭和56）、神戸市で開催された。グリーンエキスポは、同名のイベントがいくつかあるが、関西では1985年（昭和60）に神戸総合運動公園で開かれたコウベグリーンエキスポ'85がある。ジャパンフローラ2000は、2000年に淡路島で開催された。

▶第1回2級　正答率97％　　　　【正解】③花の万博

問題　2025年日本国際博覧会が大阪・関西で開催されることが決定しましたが、そのメイン会場になる予定の人工島の名称は何でしょう？

①舞洲　　②咲洲

③夢洲　　④豊洲

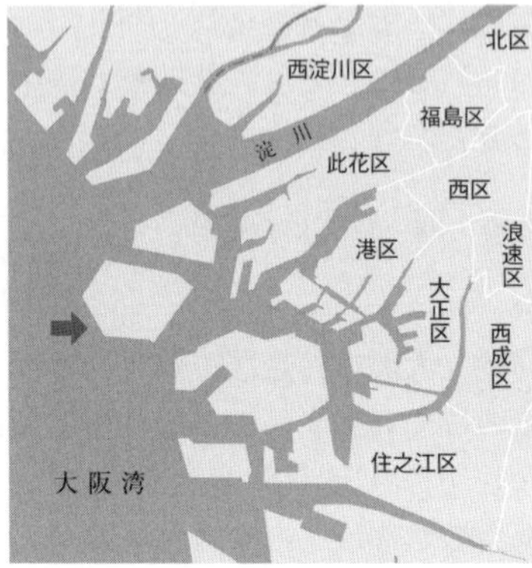

解説　2025年日本国際博覧会のメイン会場になるのは夢洲（ゆめしま）（此花区）。地図では最も西に張り出した人工島である。夢洲の南部にはコンテナターミナルが設けられているが、それ以外の広大な空き地に万博会場、カジノを含む統合型リゾート（IR）ができる計画で、鉄道も敷設される予定。

夢洲の北東に隣接する人工島が舞洲（まいしま）（此花区）。舞洲スポーツアイランドには、舞洲ベースボールスタジアム（命名権別称あり）や、セレッソ大阪の練習グラウンド、舞洲アリーナ（同別称あり、Bリーグ大阪エヴェッサのホームアリーナ）などがある。他に大阪市環境局舞洲工場があり、清掃工場ながらオーストリアの建築家フンデルトヴァッサー設計の奇抜な建物で目を引く。

夢洲の南東に隣接する人工島が咲洲（さきしま）（住之江区）。最も開発が進んでおり、コスモタワー（大阪府咲洲庁舎、旧称はWTCビル）、アジア太平洋トレードセンター（ATC）、国際見本市会場のインテックス大阪があるほか、大阪南港野鳥園、ミズノ本社もある。

▶第11回初級　正答率61％　　　　【正解】③夢洲

問題　西国第二十三番札所であり、紅葉の名所として知られる明治の森箕面国定公園内にあるのは、次のうちどれでしょう？
①久安寺　②勝尾寺　③成田山不動尊　④観心寺

解説　勝尾寺は、箕面市粟生間谷（あおまたに）にある高野山真言宗の古刹で、山号は応頂山。本尊は十一面千手観音で、西国三十三所霊場の第二十三番札所である。御詠歌は「重くとも罪には法（のり）の勝尾寺　仏を頼む身こそやすけれ」。

寺伝によると、草創は奈良時代にさかのぼるとされ、修験者の善仲・善算が草庵をかまえたことにはじまり、開成皇子が開山したという。史料のうえでは、880年（元慶４）に清和太上天皇が訪れたという記事が「日本三代実録」にあらわれるのが最初である。源平の合戦で焼き討ちに遭い、堂宇のほとんどを焼失したが、まもなく復興された。すでに中世には、観音信仰の参詣者でにぎわいをみせていたという。

久安寺は池田市に、成田山不動尊は寝屋川市に、観心寺は河内長野市にある、いずれも真言宗の寺院である。

▶第１回２級　正答率95％　　【正解】②勝尾寺

問題　織田作之助の代表小説『夫婦善哉』には、繁華街にありながら静けさを残す横丁が登場します。現在も「夫婦善哉」という名のぜんざいの店がある、この横丁の名称は何でしょう？
①かっぱ横丁　②ジャンジャン横丁
③法善寺横丁　④日の出横丁

解説　千日前の天龍山法善寺は、浄土宗の寺院で阿弥陀如来を本尊とする。慶長年間（1596～1615）に京都伏見で開基し、現在地には1637年（寛永14）に移転してきた。開基から千日、二千日と念仏法要を重ねて多くの参詣者を集めてきた。

江戸時代以来、境内は出店や見世物興行などで活気にあふれ、近代には多くの飲食店などが仮設店舗としてスタートし、やがて常設化し境内を占領していった。今日、最後に残った名残が、法善寺横丁（横町）として市民に親しまれる南地の異空間である。

盛り場の喧噪の中にあって、クランク状に折れ曲がった石畳と、苔むしたお不動さんに忙しげにお参りする粋筋の女性に、ある種の郷愁を誘われる観光名所でもある。

石畳の路地には、ユニークな店が多く、作家織田作之助ゆかりの「夫婦善哉」や「正弁丹吾亭」があり、歌人や作家の石碑も多い。藤島桓夫（たけお）のヒット曲「月の法善寺横町」はあまりにも有名だ。

▶第４回３級　正答率86％　　【正解】③法善寺横丁

問題　右の写真はある神社の中にある橋です。どこの神社にある橋でしょう？

①住吉大社
②今宮戎神社
③大阪天満宮
④少彦名神社

解説　住吉大社は摂津国住吉郡（現・大阪市住吉区）に鎮座する神社。底筒男命（そこつつのおのみこと）・中筒男命（なかつつのおのみこと）・表筒男命（うわつつのおのみこと）・息長足姫命（おきながたらしひめのみこと）（神功皇后）の四神を祀る。海上交通の守り神として崇敬を集めている。

住吉大社に参詣する人々は朱に塗られた半円形の反橋（そりはし）を越えていかなくてはならない。足元に気をつけながらこわごわ渡る。この橋を越えるだけで「お祓い」になるという。江戸時代中期に編纂された『住吉松葉大記』には、1606年（慶長11）に豊臣秀頼による社殿の大造営があったことが記録されており、この時に反橋も造られたとする説が有力である。

長さ20m、幅5.8m、高さ4.4m、橋を支えるのは石柱である。欄干や床には木が用いられているため、維持管理は大変だった。欄干を飾る銅の擬宝珠（ぎぼし）に刻まれた銘文から、この橋の維持は大阪の船大工仲間の寄進によって行われていたことがわかる。

▶第３回３級　正答率85％　　【正解】①住吉大社

問題　2015年（平成27年）に、堺の特色ある歴史と文化を多様な角度から知ることができる施設「さかい（　　　）の杜（もり）」が堺市堺区にオープンしました。名称の（　　　）に入る文字は、堺にゆかりのある歴史上の人物２名から名付けられました。この２名の組み合わせは次のうちどれでしょう？

①徳川家康と小西行長　　②千利休と与謝野晶子
③仁徳天皇と行基　　④阪田三吉と今井宗久

解説　千利休（1522～1591）は、堺の町衆の間で流行していた茶の湯に興味を抱き、侘び茶を大成し、織田信長、豊臣秀吉に仕えた。堺市堺区宿院町西１丁に利休屋敷跡があり、利休が茶の湯に用いたと伝えられる「椿の井戸」がある。

歌人として著名な与謝野晶子（1878～1942）は、現・堺市堺区甲斐町にあった菓子商・駿河屋の三女として生まれる。夫となる与謝野鉄幹と知り合うまでは堺の地で過ごした。

この２人の名前から１字ずつを採った施設が「さかい利晶の杜」である。

▶第７回３級　正答率85％　　【正解】②千利休と与謝野晶子

問題　鎌倉時代に、後鳥羽上皇が造営したと伝えられる離宮の跡が残されているのは、どこでしょう？

①水無瀬（島本町）　　②天神山（高槻市）
③耳原（茨木市）　　④切畑（豊能町）

解説　後鳥羽上皇（1180～1239）は、院政期の天皇、上皇で、祖父は後白河法皇、父は高倉上皇である。1183年（寿永２）、兄・安徳天皇が平氏とともに西国へ落ちたことをうけ、幼くして天皇となった。1198年（建久９）、土御門天皇に譲位して院政をはじめ、1221年（承久３）までの23年間にわたった。

水無瀬神宮

1221年（承久３）、後鳥羽上皇は討幕を企図して、執権・北条義時追討の院宣を発し、挙兵した。しかし、大敗して隠岐に流され、1239年（延応元）、隠岐で没した。

後鳥羽上皇は、院政時代、しばしば院御所を移し、鳥羽や宇治に離宮を造営したが、大阪府三島郡島本町の水無瀬（みなせ）もそのひとつである。1199年（正治元）頃、水無瀬殿とよばれる離宮が建てられた。上皇没後、その跡には御影堂がつくられ、これがのち水無瀬神宮となった。

▶第２回２級　正答率85％　　　　【正解】①水無瀬（島本町）

問題　2010年（平成22年）に逝去した梅棹忠夫は、文化人類学者として幅広い分野で活躍しました。また、大阪府内のある博物館の初代館長に就任しましたが、その博物館とはどれでしょう？

①弥生文化博物館　　②国立民族学博物館

③日本民家集落博物館　　④吹田市立博物館

解説　梅棹忠夫（1920～2010）は、日本を代表する生態学者にして民族学者。京都大学出身で、今西錦司の門下。文化人類学のパイオニアとして梅棹文明学ともいわれる独自の文明論を展開し、多方面に影響を与え続けた。モンゴル遊牧民の独自な調査研究から生まれた『文明の生態史観』（1967年）や、京都大学人文科学研究所時代の経験から発表された『知的生産の技術』（1969年）は、共に分野を超えたベストセラーとなった。国立民族学博物館の設

立に尽力し、1974年（昭和49）初代館長に就任した。

▶第３回２級　正答率84％　　　　　　　　【正解】②国立民族学博物館

問題　「桜の通り抜け」で知られる造幣局で、現在製造されていないものは、次のうちどれでしょう？

①50円玉　②500円玉　③1000円札　④勲章・褒章

解説　大阪市北区の大川右岸に建つ造幣局は、近代国家としての貨幣制度を確立するために明治政府によって1871年（明治４）４月４日に創業式が挙行された。当時としては画期的な西洋式の設備によって貨幣の製造を行った。大型の機械は輸入せざるをえなかったが、貨幣製造に必要な材料は自給自足した。硫酸・ソーダ・石炭ガス・コークスの製造や、電信・電話・天秤・時計などすべて局内で製作した。事務の面でも西洋式を導入し、職員にも断髪、廃刀、洋服を義務づけ、文明開化に寄与した。

大正時代の造幣局（『大阪府写真帖』）

現在造幣局で製造している貨幣は、500円ニッケル黄銅貨幣・100円白銅貨幣・50円白銅貨幣・10円青銅貨幣・５円黄銅貨幣・１円アルミニウム貨幣の６種類である。他に勲章・褒章や金属工芸品なども製造している。

紙幣は、1871年（明治４）に創設された大蔵省紙幣司（直後に紙幣寮と改称）で印刷されるようになった。現在は国立印刷局となり、東京、小田原、静岡、彦根などの６工場で、紙幣の他、郵便切手や旅券・印紙などの印刷も行っている。

▶第２回２級　正答率83％　　　　　　　　【正解】③1000円札

問題　病気や日常の心配事などについて、人々は願掛けを行ってきました。大阪市天王寺区にある一心寺には、大坂の陣で深酒をして戦死したと伝えられる徳川方武将の墓があり、しゃもじを奉納して祈願する酒絶ちの神として信仰されています。この武将は誰でしょう？

①井伊直孝
②松平忠直
③本多忠朝
④前田利常

解説　徳川四天王、本多忠勝の次男、忠朝（1582〜1615）は、父と関ケ原の戦いに参戦し功を上げ、上総の大多喜城主となり、大坂夏の陣で戦死した。酒豪で酒癖が悪かったとも、深酒のため討ち死にしたとも伝えられ、深酒を悔い死後は酒癖の悪い者を戒めると言い残したとの伝承があり、一心寺の墓碑は、酒断ち祈願の対象となり、酒に苦しむ人や家族が参拝する。現在はシャモジだが、かつては墓を拝む姿を描いた小絵馬が奉納された。墓碑は、1616年（元和２）建立。

大阪の酒断ち祈願には、ほかに酒乱で兄を殺した遊女かしくの墓（大阪市北区曽根崎・法清寺）がある。

井伊直孝、松平忠直、前田利常は、大坂の陣に参戦した徳川方の武将。

▶第６回１級　正答率83％　　　　【正解】③本多忠朝

問題　2008年（平成20年）、大阪のある建築物が、専門誌によって、パルテノン神殿などとともに「世界を代表する20の建築物」に選ばれたと、英国の新聞「THE TIMES」で報じられました。眺望とビルの形状の二つの魅力を兼ね備え、外国人観光客からも人気のある建築物はどれでしょう？

①りんくうゲートタワービル　②なんばHatch

③通天閣　④梅田スカイビル

解説　梅田スカイビルは1993年、原広司の設計により新梅田シティ内に建築された40階建て、高さ173mの超高層ビルである。東西2棟からなり、両棟の頂部を連結する円形の空中庭園展望台からは360度の眺望が楽しめる。2008年にイギリスの新聞「タイムズ」で紹介されたのを機に、外国人観光客が急増した。また地下1階の飲食店街「滝見小路」には昭和初期の大阪の町並みが再現され、人気スポットとなっている。

▶第6回3級　正答率83%　【正解】④梅田スカイビル

問題　法善寺横丁は、賑やかな繁華街の中に静けさを残すミナミの観光スポットの一つです。法善寺には不動明王と金毘羅堂が残っていますが、このうち右の写真の西向不動明王の通称は何でしょう？

①水引不動　②水呑不動

③水掛不動　④びしょぬれの不動

解説　店が建て込んだ路地の中に苔むした不動明王が立っている。いつ訪れても、このお不動さんに杓で水を掛け、願い事をする人を目にする。大阪の庶民信仰の一端が見てとれる場所である。

水掛不動は法善寺という寺の一隅にある。元々は本堂などが建っていたが、戦災によって多くの建物が失われた。水掛不動と金毘羅堂が再建され、今日の姿となっている。

▶第6回3級　正答率82%　【正解】③水掛不動

問題　大阪府下で唯一、重要伝統的建造物群保存地区に選定されたまちなみをもつ、寺内町として知られる南河内地域の市はどこでしょう？

①大阪狭山市　②貝塚市　③河内長野市　④富田林市

解説　富田林市の富田林寺内町は、中世に浄土真宗興正派の富田林御坊（富田林興正寺別院）を中心とする寺内町として成立し、近世には在郷町として発展した。町内は6筋7町（のちに8町）に整然と区画され、通りに面して国の重要文化財となった旧杉山家住宅、仲村家住宅などの豪壮で優れた意匠の町家が立ち並ぶことから、1997年に、大阪府で唯一の国の重要伝統的建造物群保存地区に選定された。

富田林寺内町の旧杉山家住宅

貝塚市にも、中世末に浄土真宗本願寺派の貝塚御坊（願泉寺）を中心に貝塚寺内という寺内町が成立し、江戸時代には願泉寺住職の卜半（ぼくはん）家が、徳川幕府から特権を与えられて領主となるという特異な発展をした。古い町並みは少し残っている。また河内長野市には観心寺、金剛寺、河合寺などの古代からの寺院が、大阪狭山市には日本最古のため池、狭山池があり、地域の歴史的な景観を形成している。

▶第1回3級　正答率78％　【正解】④富田林市

問題　次の文章は与謝野晶子の「故郷」という文章の一部です。（　　）にあてはまるのはどれでしょう？

故　郷

堺の街の妙国寺、　　その門前の庖丁屋の

浅葱納簾の間から　　　　光る刃物のかなしさか。
御寺の庭の塀の内、　　　鳥の尾のよにやはらかな
青い芽をふく（　　）をば　立って見上げたかなしさか。

①菖蒲　②躑躅　③銀杏　④蘇鉄

解説　1878年（明治11）、堺の和菓子屋「駿河屋」の三女として与謝野晶子は生まれた。堺を題材にした作品を多く残している。「故郷」に詠われた妙国寺は材木町東に所在する日蓮宗の寺院。1562年（永禄５）に三好義賢（よしかた）が南北５丁・東西３丁の土地を開山した日珖上人に寄進した。日珖上人は堺の豪商であった父油屋伊達常言、兄常祐が協力して、ここに堂塔伽藍を建立、寄進した。皇室から勅願所と定められた。1583年（天正11）までに14の坊、南北の学問所を備えた伽藍が完成する。その後、大坂夏の陣で全山焼失したが、1628年（寛永５）に本堂が再建され、続いて他堂も再建された。しかし、第二次世界大戦時の堺大空襲によって大半が焼失した。建物は戦後に再建されたものばかりであるが、境内の蘇鉄は樹齢1100年と言われている。この蘇鉄は1924年（大正13年）、国の天然記念物に指定された。

▶第２回２級　正答率77%　　【正解】④蘇鉄

問題　白い大理石を敷き詰めたりんくうタウンの海岸線に沿って続く人工渚で、2006年（平成18年）には「恋人の聖地」に認定され、週末には多くのカップルや家族連れが訪れる場所はどこでしょう？

①マーブルビーチ　②ぴちぴちビーチ
③ときめきビーチ　④トパーズビーチ

解説　関西国際空港の対岸に設けられた「りんくう公園」は、JR関西空港線・南海空港線のりんくうタウン駅からアクセスできる。シンボル緑地には四季の泉、夕日の見える丘、夏至の階段、冬至の岩屋、内海などがつくられ、シーサイド緑地には萩の休憩所や

マーブルビーチがつくられている。マーブルビーチは、白く丸い大理石（マーブル）を敷き詰めた人工の渚である。

マーブルビーチ

NPO法人地域活性化支援センターが企画するプロジェクト「恋人の聖地」のひとつにも選ばれている。「恋人の聖地」は全国に約140か所あり、大阪府内にはハルカス300展望台（大阪市阿倍野区）などがある。

ぴちぴちビーチは箱作海水浴場（阪南市）の、ときめきビーチは淡輪海水浴場（岬町）の愛称である。

▶第１回２級　正答率74％　　【正解】①マーブルビーチ

問題　次の建物のうち、現在の空堀商店街の最も近くにあるのはどれでしょう？

①川端康成記念館　②開高健記念館

③司馬遼太郎記念館　④直木三十五記念館

解説　直木三十五記念館は、大阪市中央区谷町の複合文化施設「萌（ほう）」２階にある。作家・直木三十五（1891〜1934）にゆかりの空堀界隈で、直木も通った桃園小学校跡地横に2005年に設立された。現地では長屋リノベーションによるまちづくりを先導しており、運営は市民参加型で行われている。

川端康成記念館は神奈川県鎌倉市の川端康成（1899〜1972）の旧宅にある施設で、1972年（昭和47）設立の財団法人川端康成記念会の運営である。また川端の故郷である茨木市には茨木市立川端康成文学館が1985年（昭和60）に設立されている。

茅ヶ崎市開高健記念館は、大阪出身の作家、開高健（1930〜1989）が、没するまでの15年間の住まいとした神奈川県茅ヶ崎市の旧宅を改装し、2003年に開館した資料館である。

司馬遼太郎記念館は東大阪市下小阪にあり、司馬遼太郎（1923～1996）の自宅敷地に2001年に開館。司馬遼太郎記念財団により運営されている。

▶第１回３級　正答率73％　　【正解】④直木三十五記念館

問題　下は、1924年（大正13年）の中之島のパノラマ地図です。現在、東洋陶磁美術館が建っているあたりには、当時は別の建築物がありました。その建築物は何だったでしょう？

①博物館　②病院　③大学　④ホテル

解説　大阪市立東洋陶磁美術館が建つあたりには、かつて大阪ホテルが建っていた。大阪ホテルは明治のはじめ、長崎で自由亭という名の西洋料理店を開業していた草野丈吉が、川口居留地に隣接する梅本町の雑居地に自由亭ホテルを開設したことに始まり、1881年（明治14）に中之島の東部へ移転した。しかし、このホテルは1901年（明治34）に焼失する。折しも大阪では第５回内国勧業博覧会の開催が２年後に控えており、翌年に大阪ホテル株式会社が組織されて、洋館２階建ての大阪ホテルとして開業した。当時の中之島は大阪の近代化を象徴する地域であり、大阪ホテルも絵葉書や絵画などに描かれた。しかし、これも1924年（大正13）に焼失し、以後この地にホテルが再建されることはなかった。

なお1935年（昭和10）、住友中之島ビルの位置に開業した新大阪ホテル（現・リーガロイヤルホテル）は、大阪ホテルと区別するためにこの名が付けられた。

▶第４回１級　正答率71％　【正解】④ホテル

問題　大阪狭山市池尻中二丁目に2001年（平成13年）に開館した博物館「大阪府立狭山池博物館」があります。この博物館について正しく述べているものはどれでしょう？

①大人１名の入場料は500円である
②安藤忠雄建築研究所が設計した
③展示物は概ね大阪狭山市の産業史についてである
④代表的な展示物は館内に保存している前方後円墳である

解説　狭山池の景観整備によって、新たに生まれ変わった親水空間に自然と一体感を感じられる施設として大阪府立狭山池博物館がある。さまざまな公共建築で知られる安藤忠雄建築研究所の設計によるもので、鉄筋コンクリート造りで地上２階（一部３階)、延床面積4948.47m²、常設展示室1815m²の施設として、2001年に開館した。

狭山池の堤や出土遺物を中心に、広く東アジア的視野で人間と自然との関わりを追求する土地開発史を専門とするユニークな博物館である。

一方で、各種講座・講演会を通じて、地域連携を図り、生涯学習や学校教育の現場としても幅広い活動を展開し、南河内地域における文化拠点を目指している。

入館料は無料で、展示物としては狭山池の誕生から、平成の改修に至る狭山池の豊富な歴史情報をわかりやすく展示するほか、狭山池のそばで生涯を送った考古学者、末永雅雄の紹介コーナーがある。

▶第３回２級　正答率70％　【正解】②安藤忠雄建築研究所が設計した

問題　大阪市東淀川区の瑞光寺境内にある弘済池には、長さ約

6m、幅約3mの橋が架かっており、その欄干はある動物の骨でつくられています。その動物とは次のうちどれでしょう？
　①マンモス　②ナウマンゾウ　③クジラ　④ワニ

解説　1756年（宝暦6）、瑞光寺第4世潭住禅師が南紀太地町に赴いた際、彼の地の鯨漁が近年不漁であることを聞いた。禅師が祈禱を行ったところ、たちまち漁獲量が増えた。漁師は黄金30両と鯨の骨18本を寄進した。禅師は鯨の骨で寺内の弘済池に橋を架け、鯨の冥福を祈ったという。これが今日に残る「雪鯨橋」の由緒である。瑞光寺はその後、大いに繁栄し、江戸後期の第10世海印禅師の頃には、境内1万坪にわたる巨大な寺院となった。

▶第7回2級　正答率70%　【正解】③クジラ

問題　大阪府にある美術館・博物館について、名称と所在地の組み合わせのうち、誤っているのはどれでしょう？
　①大阪市立美術館　—　天王寺公園内
　②国立民族学博物館　—　万博記念公園内
　③大阪市立科学館　—　四ツ橋駅付近
　④国立国際美術館　—　中之島4丁目

解説　大阪市立美術館は、1936年（昭和11）天王寺公園内で開館。国立民族学博物館は、1974年（昭和49）に吹田市の万博記念公園内に設置された。国立国際美術館の設立は1977年（昭和52）で、当初は吹田市の万博記念公園にあったが、2004年、現在地の大阪市北区中之島4丁目へ移転した。

　大阪市立科学館の前身は大阪市立電気科学館で1937年（昭和12）に大阪市西区新町の四ツ橋交差点北東角に開館したが、1989年に市政施行100周年を記念し、現在の大阪市北区中之島4丁目に移転した。

▶第6回2級　正答率68%　【正解】③

問題　大阪市内のある地域には、古くから固有種のフジが生息しており、和歌にも度々詠まれてきました。江戸時代には右のように「浪花百景」にも描かれ、江戸時代には「吉野の桜」「高雄の紅葉」とともに三大名所といわれたと伝えられています。明治期には植物学者の牧野富太郎によって正式にこのフジの固有の名称が定められました。このフジの名称を何というでしょう？

①野田藤　②塚本藤
③豊崎藤　④阿倍野藤

解説　「野田藤」は「牛島藤」（埼玉県春日部市)、「春日野藤」（奈良春日大社）と並んで日本三大名藤のひとつとして知られてきた。1364年（正平19／貞治３）には室町幕府２代将軍・足利義詮が住吉詣の途中に立ち寄り、また、1594年（文禄３）には豊臣秀吉が野田藤を見るために訪れたほどである。江戸時代には参勤交代で大阪を通過する西国大名が苗や種を国許に持ち帰るほどであった。藤の老木は第二次世界大戦の空襲で焼失したが、地元住民の努力によって復興しつつある。

▶第６回２級　正答率62％　【正解】①野田藤

問題　1999年（平成11年)、農林水産省は「日本の棚田百選」を選定し、大阪府では二つの棚田が選定されました。一つは千早赤阪村下赤阪の棚田ですが、もう一つの棚田はどこにあるでしょう？
①河内長野市　②能勢町　③河南町　④太子町

解説　「棚田」は山地の傾斜面につくられたものだが、古くからの農耕文化に支えられ、今日まで脈々と維持されてきた。その美しい景観は日本人の心のふるさととして親しまれる歴史的文化遺産であるとともに、水源涵養、洪水調節、多様な生物の生息場所等、多くの公益的機能を有している。農林水産省は「日本の棚田百選」を審査したが、大阪では、能勢町の「長谷」、千早赤阪村の「下赤阪」の2地区が選定されている。

▶第4回2級　正答率62%　　　　【正解】②能勢町

問題　貝塚市には、大阪府内で唯一、明治期以前に建てられた右の写真の三重塔を持つ寺があります。聖武天皇の勅命により行基によって開創されたと伝えられるこの寺の名称は何でしょう？

①家原寺
②一心寺
③水間寺
④孝恩寺

解説　水間寺は天台宗に属し、聖武天皇の勅願により行基が開創したと伝える。中世には広大な寺領を有し興隆したが、1585年（天正13）に豊臣秀吉方の焼き討ちによって焼失し、その後岸和田藩主の庇護を受け再興された。1784年（天明4）には本堂と三重塔などが再び被災し、1811年（文化8）に本堂が、さらに天保年間（1830～1844）に三重塔が再建された。現在の建物はこの時のもので、特に塔は大阪府内に現存する明治期以前の三重塔としては唯一である。また境内では毎年正月に若中（わかちゅう）と呼ばれる座中（ざなか）男子により、餅を搗きながら音頭に合わせて杵で上げ下ろしする「水間寺千本搗餅つき」が行われる。ともに貝塚市指定文化財。

▶第6回2級　正答率61%　　　　【正解】③水間寺

遠足その他

問題　2015年（平成27年）は、長野県の善光寺で行われる御開帳が話題になりました。善光寺の本尊は、現在の大阪市西区にある阿弥陀池から出現したという伝説が今に伝えられています。この阿弥陀池がある寺はどれでしょう？

①竹林寺　②九条院　③和光寺　④大黒寺

解説　まず、17世紀中頃に難波の堀江＝阿弥陀池が大阪の地に見出される。その後、1694年（元禄７）四天王寺で善光寺如来の出開帳が行われ大盛況となり、この後に善光寺講ができ、阿弥陀池に念仏堂がつくられる。1698年（元禄11）、堀江川が開削され、堀江地域開発の中心地となるべく和光寺が創建される。

時系列的には、和光寺の阿弥陀池ではなく、阿弥陀池のほとりに和光寺が建てられたのである。

▶第７回１級　正答率58％　【正解】③和光寺

問題　天王寺公園内にある庭園は、山県有朋（やまがたありとも）の別邸である無鄰菴（むりんあん）などを作庭した小川治兵衛（おがわじへえ）によるもので、大名庭園をモデルとした林泉式回遊庭園です。この庭園の名称は何でしょう？

①龍泉園（りゅうせんえん）　②普門園（ふもんえん）　③兼六園（けんろくえん）　④慶沢園（けいたくえん）

解説　慶沢園は、天王寺公園内、市立美術館の東側にあり、住友家15代当主吉左衛門（春翠）が本邸の庭園として、1908年（明治41）から10年の歳月をかけて造営したものである。1915年（大正４）に本邸が鰻谷からこの地へ移された当時は「恵沢園」と名付けられていたが、完成時にこの名に改められた。その後1925年（大正14）に住友家は本邸を神戸の住吉へ移し、翌年に庭園を含めて敷地約１万3000坪が大阪市へ寄付された。

慶沢園は、大名庭園をモデルとした林泉式回遊庭園で、中島を浮かべた大きな池の三方に築山をつくり、また周囲には園路や飛石、橋、茶室、四阿（あずまや）などが配されている。設計・施工を担当したのは、庭師として高名であった「植治」こと七代目小川治兵衛であった。彼は明治中期から昭和初期にかけて京都を中心に活躍し、山県有朋の無鄰菴庭園をはじめ平安神宮神苑や円山公園など、多くの作品を残している。大阪市指定名勝。

▶第４回３級　正答率55％　　　　　　　　　　　　【正解】④慶沢園

問題　当時鎖国状態にあったチベットを、日本人で初めて訪れたとされ、生家跡近くの南海線「七道」駅前に銅像が立っている人物は誰でしょう？

①河口慧海
②呂宋助左衛門
③小河一敏
④大塚三郎兵衛

解説　河口慧海（かわぐちえかい）は1866年（慶応２）、現在の堺市堺区北旅籠町の樽桶製造業の家に生まれる。1888年（明治21）に上京し、1890年（明治23）本所の黄檗宗五百羅漢寺で得度し出家する。中国やわが国に伝えられた漢訳仏典の不備を解くために、梵語原典とその忠実な逐語訳と聞いていたチベット語訳仏典を入手しようと、鎖国下のチベットに入ることを志した。インド、ネパールを経て、1900年（明治33）にチベットに密入国した。ラサのセラ大学に学んだが、1902年（明治35）に日本人であることが発覚しそうになり、急遽帰国した。1904年（明治37）再渡航し、インドでの研究調査を経て、２度目のチベット入りを果たした。大部のチベット語仏典を蒐集することに成功し、1915年（大正４）に帰国した。1945年（昭和20）東京世田谷の自宅で死亡。80歳。持ち帰った大量の資料は現在東北大学で保管されている。

呂宋（るそん）助左衛門は安土桃山時代の貿易家。本名は納屋助左衛門。堺の納屋衆の出であったと思われる。

小河一敏（おごうかずとし）は幕末の豊後岡藩の藩士。尊王攘夷派の志士。明治維新後は堺県の初代知事となる。
　大塚三郎兵衛は明治時代、堺を代表する酒造家。銘柄「菊泉」で名高かった。

▶第２回２級　正答率54％　　【正解】①河口慧海

問題　東大阪市にある瓢簞山稲荷神社はある占いの総本社とされています。この神社は何の占いの総本社といわれているでしょう？
　①辻占　　②風水　　③姓名判断　　④四柱推命

解説　瓢簞山稲荷神社は辻占（つじうら）の総本社といわれ、その創建は1583年（天正11）豊臣秀吉が大坂城築城にあたり、鎮護神として伏見桃山城から「ふくべ稲荷」を勧進したことが由緒とされる。当社では、全国的にも珍しい辻占が今も盛んである。辻占とは、道行く人によって神意を占うもので、古代に行われた占いのひとつ。江戸時代に東高野街道で辻占の風習があったというが、明治に入って当社の宮司が創始したといわれる。

▶第７回２級　正答率53％　　【正解】①辻占

問題　伊勢音頭「大阪はなれてはや玉造」の続きの歌詞では、大阪市内の菅笠（すげがさ）の名所が紹介されています。この名所の地には資料館があり、右の写真のように菅笠を展示しています。その名所とはどこでしょう？

　①玉造　　②今里　　③深江　　④布施

解説　深江のあたりは、低湿地で菅が生い茂っていたことから「菅の里」と呼ばれていた。江戸時代の『摂津名所図会』には「名産深江菅笠」と記され、伊勢に通じる奈良街道沿いにあることから、

伊勢参り用の菅笠が多くつくられた。

現在でも伊勢神宮の式年遷宮や、天皇即位後の大嘗祭に用いられる菅笠・菅翳は深江の地でつくられたものが用いられている。

▶第7回2級　正答率51%　【正解】③深江

問題　中之島にある大阪市立東洋陶磁美術館には、2点の国宝を含む名品が数多く収蔵されています。これらのコレクションの多くは、かつて日本の十指に入る総合商社の経営者が収集したものですが、何と呼ばれているでしょう？

①鈴木コレクション　②岩井コレクション

③豊田コレクション　④安宅コレクション

解説　大阪市立東洋陶磁美術館は、世界的に有名な安宅（あたか）コレクションの中国陶磁、韓国陶磁約1000点を住友グループ21社から寄贈されたことを記念し、1982年（昭和57）に設立された。

安宅コレクションは、1977年（昭和52）に経営破綻した大手商社の安宅産業株式会社および創業家2代目の安宅英一会長が収集したものであった。

「油滴天目茶碗」（建窯・南宋時代、12〜13世紀）、「飛青磁花生」（龍泉窯・元時代、14世紀）の2点の国宝と「青磁鳳凰耳花生」（龍泉窯・南宋時代、13世紀）など13点の重要文化財を含む安宅コレクションは東洋陶磁のコレクションとしては、世界第一級の質と量を誇るものとなっている。展示では、自然光を取り込んだ自然採光室、回転式展示台、免震展示台など、設備にもさまざまな工夫をこらしている。

大阪市立東洋陶磁美術館

▶第5回3級　正答率46%　【正解】④安宅コレクション

問題　かつて、関西国際空港の埋め立て土砂の積み出し桟橋であった場所（岬町）は、現在海釣り公園として人気を集めています。この場所は通称何と呼ばれているでしょう？

①海釣りパーク小島　　②とっとパーク小島

③フィッシングパーク小島　　④ぴちぴちパーク小島

解説　関西国際空港二期事業の土砂採取事業では、2001年から2005年まで、岬町多奈川東畑地区から、約7000万 m^3 の土砂を採取し、小島地区の積出桟橋までの約3.6kmをベルトコンベアで搬送した。

「岬町海釣り公園とっとパーク小島」は、岬町がこの桟橋を有効利用し、2007年に全国初の「道の駅」併設の有料海釣り公園として設置した。全長220mの桟橋で、200人の釣り人を収容し、展望デッキも備える。桟橋両側に投石・間伐材の魚礁を沈め、周年釣れるマダイ、チヌ（クロダイ）、アジのほか、カワハギなどの小物、根魚のガシラ（カサゴ）からハマチ、シオ（カンパチの幼魚）といった青物まで季節により多彩な魚種が楽しめる。

府内の海釣り公園には、ほかに大阪市の大阪南港魚つり園がある。なお、選択肢「ぴちぴちパーク小島」はないが、阪南市の箱作海水浴場に「ぴちぴちビーチ」の愛称がある。

とっとパーク小島

▶第２回２級　正答率38％　　【正解】②とっとパーク小島

問題　京都や奈良に比べると数は少ないものの、四つの本殿がすべて国宝である住吉大社など、国宝の建造物が大阪にも存在します。次のうち大阪府内にある国宝はどれでしょう？

①四天王寺五重塔　　②石切劔箭神社本殿

③大阪城天守閣　　　④観心寺金堂

解説　大阪にある国宝の建造物は5か所である。まずは、住吉大社（大阪市住吉区）の第一本宮から第四本宮までの四棟からなる本殿。観心寺（河内長野市）は役小角の創建と伝えられるが、後醍醐天皇（1288〜1339）の命により楠木正成（1294？〜1336）が奉行として建立した金堂（入母屋、本瓦葺）で知られる。他には、石山寺、金剛三昧院とともに三名塔といわれる慈眼院（泉佐野市）の多宝塔。鎌倉時代前期の建物で、中央が吹き抜けになった「割拝殿」様式の桜井神社（堺市）拝殿。大阪府下最古の木造建築といわれる孝恩寺（貝塚市）観音堂で、以上が国宝建造物である。

四天王寺五重塔の創建は、593年（推古天皇元）といわれるが、幾度かの災害や戦禍によって建て替えられ、今日の塔は1959年（昭和34）に建立された。

観心寺金堂

石切劔箭（つるぎや）神社の本殿・拝殿は1932年（昭和7）の造営。大阪城天守閣は1931年（昭和6）に大阪市民の寄付によって復興された。

▶第3回2級　正答率32％　　　　　　【正解】④観心寺金堂

問題　右の写真の建物は、東洋紡績の専務だった岡常夫の100万円の寄付と関係業界の50万円を加えた基金をもとに建てられました。当初から本格的な冷暖房の普及を予想してダクトの径を太くするなど時代を先取りした歴史的建造物で、2003年（平成15年）に国の重要文化財に指定

された渡辺節と村野藤吾設計のこの建物は次のうちどれでしょう？

①船場ビルディング　②堺筋倶楽部

③生駒ビルディング　④綿業会館

解説　綿業会館は、東洋紡績専務取締役であった岡常夫の遺贈金100万円に、関係業界からの拠出金50万円を加えて、綿業界の社交クラブとして1931年（昭和６）に建築された。設計は渡辺建築事務所の渡辺節（せつ）で、村野藤吾（とうご）も参画していた。建物は鉄骨鉄筋コンクリート造６階建て、地下１階で、三休橋筋に面して建つ。外観は茶褐色のタイル張りでルネサンス風とするのに対して、内部は各室でそれぞれ異なる様式を取り入れ、しかもそれらは完成度が高く、なかでも談話室は最も豪華なつくりとなっている。また設備面でも最新技術を導入するなど、渡辺節の代表作のひとつとして、2003年に国の重要文化財に指定された。

▶第７回２級　正答率86％　【正解】④綿業会館

問題　大阪を拠点に活躍した村野藤吾は、早稲田大学卒業後、渡辺節の設計事務所に入り、綿業会館の設計などに携わりました。独立後も御堂筋に面した新歌舞伎座など数多くの建造物の設計を行い日本を代表する建築家の一人として活躍しました。次のうち彼の作品ではない建築物は、どれでしょう？

①梅田吸気塔

②池田泉州銀行泉州営業部（旧泉州銀行本店）

③輸出繊維会館　④船場センタービル

解説　梅田吸気塔は大阪駅前に位置し、梅田地下街の吸気塔として1963年（昭和38）に建設された。池田泉州銀行泉州営業部（旧泉州銀行本店、1959年）は岸和田市にあり、御影石張りの正面外観に特徴がある。輸出繊維会館（1960年）は中央区備後町に建つ鉄骨鉄筋コンクリート造８階建てのビルで、これら３件は村野藤吾の作品である。船場センタービル（1970年）は日建設計および大建設計の設計で、屋上に阪神高速道路が通る。

▶第７回１級　正答率72%　　【正解】④船場センタービル

問題　1880年（明治13年）、この幼稚園は、現在の大阪市中央区今橋に開設され、2007年（平成19年）には園舎が国の重要文化財に指定されました。この幼稚園はどれでしょう？

①菅南幼稚園
②銅座幼稚園
③桃園幼稚園
④愛珠幼稚園

解説　大阪市立愛珠（あいしゅ）幼稚園は1880年（明治13）、現在の北浜４丁目に設立されたが、その後現在地へ移り園舎も新築された。これが現在の建物で、1901年（明治34）に竣工した。園舎は玄関棟、遊戯室棟、保育室棟などが並び、これらの建築は御殿風の意匠をもつ極めて上質なもので、2007年、現存最古の幼稚園建築として国の重要文化財に指定された。ストラディバリウスのバイオリンをはじめ、多くの貴重な教材資料を保存している点も注目される。

▶第７回２級　正答率88%　　【正解】④愛珠幼稚園

遠足その他

問題　次の建築物の高さについて高いものから低いものの順に並べた場合、次の組み合わせのうち正しいものはどれでしょう？

A．中之島フェスティバルタワー　B．通天閣　C．あべのハルカス

①A→B→C　②B→C→A

③C→B→A　④C→A→B

解説　中之島フェスティバルタワーは39階建てで高さは200mあり、2012年に新朝日ビルの跡地に建築された。四つ橋筋を挟み東西に超高層のツインタワーを建設するプロジェクトの一環で、西地区は2017年に竣工した。

通天閣は現在２代目で、1956年（昭和31）に内藤多仲の設計により建てられた。現在の高さは避雷針を含めて108mあり、建築当初は日本一の高さを誇っていた。

あべのハルカスは、阿部野橋ターミナルビル旧本館（近鉄百貨店西館）の跡地に建ち、大阪歴史博物館や国立国際美術館などを手がけたシーザー・ペリの監修のもと、2014年３月に竣工した。60階建て、高さ300mで現在日本一高いビルである。

▶第７回３級　正答率73％　【正解】④C→A→B

問題　大阪市北区天満橋にある泉布観は大阪府下に現存する最も古い洋風建築で、国の重要文化財に指定されています。四周をめぐるベランダが印象的なこの建物は何を目的に建てられたものでしょう？

①大阪府知事の公館　　②紡績会社経営者の私邸

③造幣寮の応接所　　④英国総領事館

解説　明治維新後、新政府は貨幣を鋳造する必要から、大阪の淀川沿いに造幣寮を設置し、1871年(明治４)４月、創業式を行った。建設にあたっては、すでに鹿児島や長崎で建設工事に携わっていたアイルランド出身の技師トーマス・J・ウォートルスに担当させた。貨幣鋳造場や異人館など多くの洋風建築がつくられたが、造幣寮の応接所（迎賓館）として建築されたのが泉布観（せんぷかん）である。「泉布」は貨幣を、「観」は館を意味し、明治天皇の行幸（1872年）の際、天皇により命名された。

泉布観

泉布観は、イギリスが植民地などにつくったコロニアル様式の建物で、１、２階の四周に御影石の円柱を立てたベランダが配されているのが大きな特徴である。各室の暖炉にはタイルが用いられるなど、骨太なつくりのなかにも美しい一面をのぞかせている。同時期に建てられた造幣寮貨幣鋳造場玄関は、昭和初期に泉布観北側に移築された。開業当初の面影を残す建物として国の重要文化財に指定されている。

▶第２回１級　正答率81％　　【正解】③造幣寮の応接所

問題　右の写真の建築物は、1918年（大正７年）に建築され、国の登録有形文化財となっています。現在は飲食店として利用されていますが、大阪市何区にあるでしょう？

①中央区　②浪速区
③西成区　④阿倍野区

解説　飛田新地は大阪府が1916年（大正５）、天王寺村字飛田（現・大阪市西成区山王３丁目一帯）を遊廓として指定したことに始まる。このあたりは今日でも当時の面影が残り、なかでも鯛よし百番はその趣をよく伝える建築として知られる。建物は、角地に建つ木造２階建てで、外観は２階に朱塗りの擬宝珠高欄を巡らし、また隅切りされた角に玄関を開いて唐破風を付し、正面を整える。内部は中庭のまわりに各室を配し、日光東照宮陽明門を模した日光の間、桃山期の豪華な書院造を模した牡丹・鳳凰・紫苑殿など、各室ごとに趣向を凝らす。現在は料亭として営業している。国登録有形文化財。

▶第６回１級　正答率60％　【正解】③西成区

問題　大阪では大大阪時代に建てられた教会が今も現役で使われています。次のうち、1868年（慶応４年）の大阪開港にともない整備された外国人居留地、川口にある日本聖公会川口基督教会はどれでしょう？

①

②

③

④

解説　①は日本基督教団大阪教会。江戸堀に建つロマネスク様式の聖堂で、ウィリアム・メレル・ヴォーリズの設計により1922年（大正11）に建築された。国登録有形文化財。

②は日本基督教団浪花教会。高麗橋に建つ鉄筋コンクリート造３階建てのゴシックスタイルで、1930年（昭和５）に竹中工務店の設計施工により建築された。

③は日本聖公会川口基督教会。1920年（大正９）、ウィリアム・ウィルソンの設計により竣工した煉瓦造、英国ゴシック様式の聖堂である。阪神・淡路大震災で被災したが、見事に再生された。国登録有形文化財。

④は日本フリーメソジスト教団大阪日本橋キリスト教会。鉄筋コンクリート造３階建てで、1925年（大正14）に建築された。国

登録有形文化財。

▶第４回１級　正答率51％　【正解】③

問題　大阪の建築物には、同じ人物が複数の建築物の設計に関わっているケースが数多くあります。次の建築物の組み合わせのうち、同じ人物の設計ではない建築物の組み合わせはどれでしょう？

①大阪ガスビル　—　高麗橋野村ビルディング
②綿業会館　—　大阪倶楽部
③日本基督教団大阪教会　—　大丸心斎橋店
④近つ飛鳥博物館　—　狭山池博物館

解説　大阪ガスビルは、1933年（昭和８）に建築された安井武雄の代表作で、歴史様式から解放された自由さに特色がある。安井の作品としてはこのほか、大阪倶楽部（1924年）や高麗橋野村ビルディング（1927年）などが現存する。

綿業会館は1931年（昭和６）に渡辺節の設計により建築された。地味な外観に対して内部は各室の様式が異なり、しかも完成度が高く、彼の最高傑作とされる。国重要文化財。

大丸心斎橋店はウィリアム・メレル・ヴォーリズの代表作で、アール・デコ装飾を特色とし、1922年（大正11）から1933年（昭和８）にかけて４期にわたる工事で完成した（2019年に外壁と意匠の一部を残して建て替えられた）。ロマネスク様式の日本基督教団大阪教会も彼の設計で、1922年（大正11）に建築された。

近つ飛鳥博物館（1994年）と狭山池博物館（2001年）は、ともに安藤忠雄の設計である。

▶第５回１級　正答率61％　【正解】②綿業会館 — 大阪倶楽部

問題　1904年（明治37年）に開館し、国の重要文化財にも指定され、2015年（平成27年）、54年ぶりに正面玄関から自由な出入りが可能となった右の写真の建物は次のうちどれでしょう？

①日本銀行大阪支店
②大阪府立中之島図書館
③大阪市立美術館　④大阪科学技術館

解説　大阪府立中之島図書館は、15代住友吉左衛門が建築費15万円並びに図書購入費5万円を寄付し、1904年（明治37）に建設された。工事は住友本店臨時建築部の直営で行われ、野口孫市と日高胖（ゆたか）が設計を担当していた。建物は当初十字形平面の本館のみであったが、1922年（大正11）に再び住友家が寄付をし、日高胖の設計により左右両翼が増築された。外観は典型的な古典様式で、吹き抜け階段など内部意匠も格調高く、ルネサンス様式の優れた作品として国の重要文化財に指定されている。なお、正面玄関はスペース確保のために1961年（昭和36）から閉じられていたが、2015年、54年ぶりに開かれ、出入りが可能となった。

▶第7回3級　正答率63%　【正解】②大阪府立中之島図書館

問題　大正期以降、堺筋沿いに相次いで鉄筋コンクリート構造の百貨店が建てられました。次の百貨店（名称は当時）のうち、最も南にあり、建築物が現存するものはどれでしょう？

①高島屋長堀店　②松坂屋大阪店
③白木屋大阪店　④三越大阪店

解説　大正期の堺筋は、1911年（明治44）に道幅が拡幅されるとともに翌年には市電が敷設され、大阪のメインストリートとなっ

遠足その他

て、近代的な百貨店が立ち並んでいた。高麗橋の三越が1917年（大正６）に木造町家から洋風建築へ建て替えたのをはじめ、1921年（大正10）に白木屋（備後町）、翌年に高島屋（長堀橋）、そして1934年（昭和９）には松坂屋（日本橋）が店を構えた。このうち建物が現存するのは松坂屋（現・高島屋東別館）のみである。

▶第４回２級　正答率41％　　　　　　　　【正解】②松坂屋大阪店

問題　大阪市に生まれ、独学で建築を学び、その後「住吉の長屋」で日本建築学会賞を受賞した世界的建築家で、大阪府立近(ちか)つ飛鳥博物館や司馬遼太郎記念館などを設計した建築家は誰でしょう？

①黒川紀章　　②安藤忠雄　　③村野藤吾　　④岡本太郎

解説　日本を代表する世界的建築家として知られる安藤忠雄は、1941年（昭和16）に大阪市港区で生まれ、独学で建築を学んだ。大阪での作品としては日本建築学会賞（作品）を受賞した「住吉の長屋」をはじめ、「大阪府立近つ飛鳥博物館」や「司馬遼太郎記念館」などがある。コンクリート打ち放しのモダニズム建築に自然を融合させて独自の作風を確立し、1995年には建築界のノーベル賞といわれるプリツカー賞も受賞した。

大阪府立近つ飛鳥博物館

▶第７回３級　正答率79％　　　　　　　　【正解】②安藤忠雄

問題　写真は此花区の舞洲にあるゴミ処理施設（大阪市環境局舞洲工場）です。これまでのゴミ処理施設の外観と一線を画したこの建物を設計したフリーデンスライヒ・フンデルトヴァッサーは、舞洲工場以外にも大阪にある施設を設計しています。次のうちどの建物を設計しているでしょう？

①国立国際美術館　　②キッズプラザ大阪
③なんばパークス　　④梅田スカイビル

解説　フリーデンスライヒ・フンデルトヴァッサー（1928～2000）は、自然との調和をテーマに、曲線を多用した建築でも知られるオーストリア・ウィーン生まれの芸術家である。大阪市での作例は、大阪市環境局舞洲工場のほかに、キッズプラザ大阪４階の「こどもの街」（北区）があり、すべてが曲線、迷路のような回廊、曲がった壁、チューブスライダーなどで生物のように構成され、日本で唯一の屋内作品として評価されている。下水汚泥処理施設の大阪市舞洲スラッジセンター（此花区）も彼の作品である。

国立国際美術館は、2004年に万博公園から中之島に移転、完全地下型の美術館として開館した。設計はアメリカで活躍するシーザー・ペリで、大阪歴史博物館の設計も手がける。大阪球場跡地に2003年にオープンしたなんばパークスは、六本木ヒルズなどを手がけたアメリカのジョン・A・ジャーディの設計。1993年完成の高層ビル、梅田スカイビルは、原広司＋アトリエ・ファイ建築研究所、木村俊彦構造設計事務所、竹中工務店による設計である。

▶第３回１級　正答率75％　　【正解】②キッズプラザ大阪

問題　かつて大阪市は、面積や人口で東京市を凌ぎ日本一となり、大大阪の時代を迎えました。この時代、数々のモダン建築が建てられました。次のA～Dの記述は大阪市内のあるモダン建築に関する説明です。この説明にあてはまる建築物の名はどれでしょう？

A．1933年（昭和８年）に竣工した

B．設計者の安井武雄は、大阪倶楽部と高麗橋野村ビルディングの設計にも関わっている

C．南館８階にはレストランがある

D．後年に増築された北館部分と一体となって使用されている

①大阪ガスビル　　②中央電気倶楽部

③芝川ビル　　④北浜レトロビルヂング

解説　大阪ガスビルは1933年（昭和８）、安井武雄の設計、大林組の施工によって建築された。建物は鉄骨鉄筋コンクリート造８階建てで、白と黒で構成された壁面や大きく開けられたガラス窓など、かつて安井が設計した1924年（大正13）の大阪倶楽部や、1927年（昭和２）の高麗橋野村ビルディングと比べると、歴史様式からより解放された自由さがみられる。建物はその後、1966年（昭和41）に北館が増築されたが、庇のラインを揃えて新旧の連続性が図られており、増築部分も含めて国の登録有形文化財となっている。なお、８階の食堂は現在でも営業を続けており、2001年には開業当時の雰囲気に復元された。

大阪ガスビル

▶第７回２級　正答率77％　　【正解】①大阪ガスビル

問題　大阪市北区中之島にある右の写真の大阪市中央公会堂は当時の金額で100万円の寄付金によって建設されました。この寄付を行った人物は次のうち誰でしょう？

①岩本栄之助　　②野村徳七

③住友吉左衛門　　④松下幸之助

解説　大阪市中央公会堂は、岩本栄之助の寄付100万円により1918年（大正７）に建設された。ネオ・ルネサンス風の建築で、岡田信一郎の原案をもとに辰野金吾が実施設計を行っており、辰野の代表的作品のひとつに数えられる。内部は集会室や食堂・貴賓室などが設けられ、なかでも貴賓室の松岡壽（ひさし）画伯による天井画や、正面に嵌められた木内真太郎制作のステンドグラスは芸術的な価値が高く、大正期を代表する洋風建築として国の重要文化財に指定されている。なお、1999年から実施された保存再生工事により、免震装置などの補強が行われ、また地下には展示室が設けられて岩本栄之助ゆかりの資料などが展示されている。

岩本栄之助

▶第７回３級　正答率46%　　【正解】①岩本栄之助

問題　北船場を中心に魅力的なモダン建築が数多く残り、近年はこれらを見ながら大阪のまちあるきを楽しむツアーなども行われています。地図上のAとBの位置にある建築物の組み合わせとして正しいものはどれでしょう？

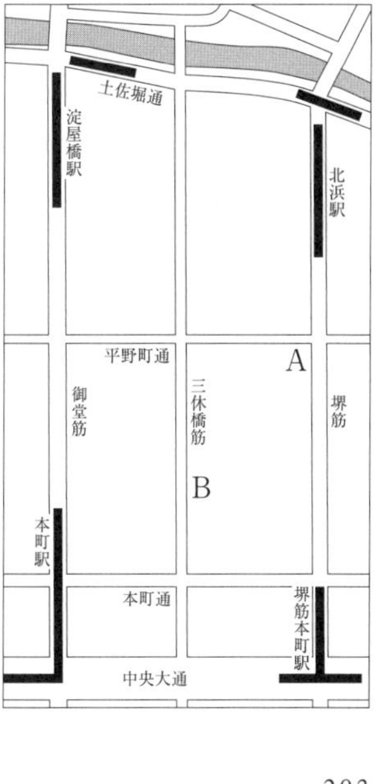

①A　生駒ビルヂング
　B　綿業会館
②A　綿業会館
　B　大阪倶楽部
③A　芝川ビル
　B　生駒ビルヂング
④A　大阪倶楽部
　B　芝川ビル

解説　生駒ビルヂングは、堺筋と平野町通が交わる南西角に建つ。1930年（昭和５）に堺筋より西側の平野町で軒切りが実施されたのを機に、それまでの伝統的な木造の町家から鉄筋コンクリート造５階建てのビルへ建て替えられた。国登録有形文化財。

綿業会館は、東洋紡績専務取締役であった岡常夫の遺贈金100万円に、関係業界からの拠出金50万円を加えて、綿業界の社交クラブとして1931年（昭和６）に建築された。建物は、備後町通と三休橋筋が交わる東北角に位置し、玄関は三休橋筋に開く。鉄骨鉄筋コンクリート造６階建てで、茶褐色のタイル貼りの地味な外観に対して、内部は各室の様式が異なり、しかも完成度が高く、設計者渡辺節の最高傑作とされる。国重要文化財。

▶第４回２級　正答率65％　【正解】①Ａ生駒ビルヂング　Ｂ綿業会館

問題　東京駅を設計した建築家として著名な辰野金吾は、大阪でも数々の名建築を残しています。次の写真のうち、辰野金吾が設計した建築物はどれでしょう？

①

②

③

④

解説　辰野金吾は明治・大正期の日本を代表する建築家で、日本銀行本店、同大阪支店、東京駅、大阪市中央公会堂などの代表作がある。1902年（明治35）に東京帝国大学工科大学長を退官後は、葛西万司との辰野葛西建築事務所に引き続き、大阪にも片岡安と1905年（明治38）辰野片岡建築事務所を設立して、主要な銀行・会社・工場・住宅など数多くの建築作品を手がけた。

1912年（明治45）に建築された旧大阪教育生命保険の社屋（①）もそのひとつ。中央区高麗橋にある建物は煉瓦造２階建てで、煉瓦壁面を白石で水平に区切る外観は辰野式と呼ばれる特徴をよく示している。船場に現存する数少ない煉瓦造の建物として貴重。

なお、写真の②は大阪府立中之島図書館、③は大阪府庁、④は中央電気倶楽部で、辰野金吾の設計ではない。

▶第４回２級　正答率55％　　　　【正解】①

問題　大阪には難読地名・駅名が数多くあります。問題①の漢字４文字の地名の読み方をひらがなで、②のひらがなの地名を漢字で書いてください。

①住道矢田（大阪市東住吉区）

②みてじま（大阪市西淀川区）

解説　住道は現在「すんじ」と発音されているが、平安時代の辞書『和名類聚抄（わみょうるいじゅうしょう）』では当地の「住道郷」に「須无知（すむち）」の読みをあてている。大阪市東住吉区住道矢田に鎮座する中臣須牟地神社は「なかとみすむち」、住吉区長居西に鎮座する神須牟地神社は「かみすむち」で、このことから住道は本来「すむち」であったが、地元の発音によって「すんじ」に変化したものと思われる。

御幣島は現在「みてじま」と読まれているが、「みてぐらじま」とも読まれた。奈良時代から平安時代初期に編纂された『住吉大社神代記（すみよしたいしゃじんだいき）』には「幣島浜」の記述があり、神功皇后が船の航行の安全のために姫神を祀ったところとされる。中世には幣島庄（てぐらじまのしょう）があった。幣・幣帛（みてぐら）は神に奉納する物の総称であり、神に祈りをささげた場所なのであろう。

▶第４回１級　正答率56％　　【正解】①すんじやた

▶第４回１級　正答率74％　　【正解】②御幣島

問題　大阪には難読地名や駅名が数多くあります。問題①、②の駅名の読み方をひらがなで、③、④の駅名を漢字で書いてください。

①孝子（南海電鉄・南海線）

②布忍（近鉄・南大阪線）

③きれうりわり（大阪メトロ・谷町線）

④かんまき（阪急電鉄・京都線）

解説　南海電鉄の「孝子」は大阪府泉南郡岬町の地名であり、和歌山県と隣接している。古くより孝子越街道が通り、孝子峠で紀州側に抜ける。孝子の名は、三筆として知られる橘逸勢と娘の孝行譚に由来するともいう。

近鉄の「布忍」は松原市の地名で、古くは「ぬのし」「ののせ」などとも読んだらしい。布忍神社に伝わる地名の由来では、神を迎えるとき白い布を敷いたことによるという。

大阪メトロ（地下鉄）の「喜連瓜破」は、平野区の喜連と瓜破を合わせた駅名で、大阪の地下鉄駅名にはこのパターンが多い

(「野江内代」「関目高殿」など)。喜連は、古代の伎人（くれひと）郷とされ、「くれ」が転訛して「きれ」となったともいう。また瓜破は、室町時代より確認できる地名である。

阪急電鉄の「上牧」は高槻市の地名で、古代には付近に上・中・下の３つの牧（まき）があって、当地はその上牧があったとされる。

▶第２回１級　正答率42%　【正解】①きょうし

▶第２回１級　正答率59%　【正解】②ぬのせ

▶第２回１級　正答率53%　【正解】③喜連瓜破

▶第２回１級　正答率67%　【正解】④上牧

問題　難波と平城京を結ぶ奈良街道上にあり、道程には趣深い石畳やお伊勢参りの旅人を迎えたという石仏が残る峠の名前を漢字２文字で書いてください。

解説　大阪と奈良、京都と奈良を結ぶ街道を、大阪側・京都側からは奈良街道といった。大阪から奈良へは竜田越（道）と暗越（くらがりごえ）があった。

竜田越は難波宮と平城宮を結ぶ古代の主要道で、四天王寺から旧大和川の河道沿いに、八尾、柏原を経て、大和川の亀ノ瀬北岸の竜田山（独立した山ではないが大和川北岸の山の総称）を越え、法隆寺から奈良に至る街道。

暗越奈良街道は大阪と奈良を結ぶ最短ルートで、江戸時代には大阪市街地の東端・玉造が起点であったが、明治初年以降は高麗橋が起点となる。生駒山（標高642m）の南側の暗峠（くらがりとうげ）（455m）を越え奈良に至るルートで、大和郡山藩主の脇往還として利用されたため、峠の頂上は郡山藩によって敷設された石畳が残る。

大阪の枚岡側から峠の頂上まで約2.5kmは急勾配であるが、峠頂上から奈良方面は緩やかな下り坂が続く。現在は国道308号線となっていて、小型の自動車であれば通行は不可能ではない。

1914年（大正３）に大阪電気軌道（現・近鉄）が生駒山地をトンネルで貫き、大阪市—奈良市間を鉄道で結んだため、暗越奈良街道は急速にすたれてしまったが、今なお暗峠には石畳や石仏に往時の風情を残している。

▶第２回１級　正答率64％　　【正解】暗峠

問題　次の文章は与謝野晶子の「私の生ひ立ち　九　堺の市街」から引用したものです。（　　）にあてはまる語句をそれぞれ２文字で書いてください。（問題①はひらがなでも可。他は漢字で書いてください。）

私はこの話のおしまひに私の生れた堺と云ふ街を書いて置きたく思ひます。堺は云ふまでもなく（ ① ）の海に面した（ ② ）国の一小都市です。堺の街端れは即ち（ ② ）の国端れになつて居る程に、（ ② ）の最北端にあるのです。（ ③ ）の国とは昔は地続きでしたが、今は新大和川と云ふ運河が隔てになつて居ます。大和橋はそれにかかつた唯一の橋です。水に流されて仮橋になつて居たことが二度程ありました。仮橋は低くて水と擦れ擦れでしたから、子供心にはその方を渡るのが面白かつたのでした。

〜　中略　〜

大道をまた一町南へ行きますと宿院と云ふ（ ④ ）神社のお旅所があります。私の通つた小学校は宿院小学校と云つて、その境内の一部にあるのです。芝居や勧工場があつて、堺では一番繁華な所になつて居るのです。小学校の横を半町も東へ行きますと寺町へ出ます。大小路に次ぐ大きい町幅の所で、南へ七八町伸びて居ますが、寺ばかりと云つてよい程の街ですから静かです。向うの突当りが（ ⑤ ）寺です。千利休が建てたと云ふ茶室があります。私など少し大きくなりましてからは、折々お茶の会に行つたりしました。その隣は大安寺で私の祖母の墓があつたのでしたが、今では父も母も其処へ葬られてしまひました。（以下略）

解説　与謝野晶子（1878～1942）は堺に生まれる。歌人であり、『源氏物語』をはじめとする古典研究、婦人問題に関する評論活動、作家活動など多方面に活躍した人物である。

「私の生ひ立ち」は雑誌「新少女」1915年（大正４）の４月号から12月号まで連載されたものである。その後「私の生ひ立ち」は1985年（昭和60）に刊行社から単行本『私の生ひ立ち』として出版された。

「ちぬ」は大阪湾の東側、和泉国の沿岸の古称。したがって、堺が面している海、大阪湾を古くは茅淳の海といった。「ちぬ」には血沼・血淳・珍努・千沼・陳奴の文字をあてることもある。『古事記』神武段に「血沼海」、『日本書紀』神武即位前紀に「茅淳山城水門」が見える。また、『日本書紀』允恭８年２月条の「茅淳宮室」が、雄略14年４月条には「茅淳県主」が見える。なお、「ちぬ」の語源については、⑴魚の黒鯛からきたとする説、⑵茅花（ちばな・つばな）説があるが、大阪湾で黒鯛（＝ちぬ）が豊富にとれたので、茅淳海といわれるようになったという説が有力である。

　和泉は、泉井上神社（現・和泉市）で泉が湧出したことによる。摂津は、津国を統治したため、こうよばれたとされる。堺の名称は熊野九十九王子のひとつである「境王子」に由来するとされている。摂津国住吉郡と和泉国大鳥郡にまたがっていて、両国の境界線上にあることから「境」と称し、のちに「堺」となる。本来は堺の大小路より北が摂津国住吉郡堺北庄、南が和泉国大鳥郡堺南庄とな

与謝野晶子とその著書
『私の生ひ立ち 普及版』
（刊行社、装画は竹久夢二）

っていた。文字通り両国の境界が堺の中心を通っていたのである。1704年（宝永元）に大和川が付け替えられると、事実上新大和川が摂津と和泉の境界のようになってしまった。1871年（明治４）に新大和川が正式に摂津・和泉の境界となる。

住吉神社とは住吉大社のことで、住吉祭は７月31日（かつては旧暦６月晦日）を中心に行われる。30日の宵宮祭にはじまり、31日に例祭、この日の夕方に夏越祓神事、いわゆる「茅の輪くぐり」がある。８月１日には御旅所（おたびしょ）である堺の宿院頓宮に神幸する。宿院は住吉神の「宿居」から転じたといわれている。宿院頓宮では飯匙堀（いいかいぼり）で荒和大祓（あらにごのおおはらえ）を行う。かつての神幸は、神輿を中心に、騎馬や徒歩の行列を組んで宿院へ向かい、途中の新大和川では神輿の授受があり、摂河泉一の大祭であった。宿院は住吉神の頓宮であったが、1875年（明治８）からは、８月１日の住吉神の渡御の前日、７月31日に和泉国の大鳥大社からも渡御が行われている。

南宗寺は1526年（大永６）、京都大徳寺の七十六代住職古嶽宗亘が南庄舳松（現・堺区協和町）にあった小院を南宗庵としたのにはじまるとされる。大坂の陣による焼失後、1619年（元和５）に現在の地、南旅篭町東に再建された。山門・仏殿・唐門は国の重要文化財に指定されている。方丈の枯山水庭園は古田織部の作と伝えられ、国の名勝に指定されている。

▶第２回１級　正答率64％　【正解】①茅渟（ちぬ）
▶第２回１級　正答率75％　【正解】②和泉
▶第２回１級　正答率67％　【正解】③摂津
▶第２回１級　正答率33％　【正解】④住吉
▶第２回１級　正答率64％　【正解】⑤南宗

問題　次の文章は織田作之助の「木の都」から引用したものです。（　　）にあてはまる語句を書いてください。

大阪は木のない都だといはれてゐるが、しかし私の幼時の記憶は不思議に木と結びついてゐる。

それは（　①　）神社の境内の、巳さんが棲んでゐるといはれて怖くて近寄れなかつた樟の老木であつたり、北向八幡の境内の蓮池に落つた時に濡れた着物を干した銀杏の木であつたり、中寺町のお寺の境内の蟬の色を隠した松の老木であつたり、源聖寺坂や（　②　）坂を緑の色で覆うてゐた木々であつたり――私はけつして木のない都で育つたわけではなかつた。大阪はすくなくとも私にとつては木のない都ではなかつたのである。

試みに、千日前界隈の見晴らしの利く建物の上から、はるか東の方を、北より順に（　③　）の高台、生玉の高台、（　④　）丘の高台と見て行けば、何百年の昔からの静けさをしんと底にたたへた鬱蒼たる緑の色が、煙と埃に濁つた大気の中になほ失はれずにそこにあることがうなづかれよう。

そこは俗に（　⑤　）とよばれる一角である。（以下略）

①空欄にあてはまる語句を漢字３文字で書いてください。
②空欄にあてはまる語句を漢字２文字で書いてください。この坂は天王寺七坂のうち、源聖寺坂と愛染坂の間にあります。
③空欄にあてはまる地名を漢字２文字で書いてください。この地名は現在松屋町筋の東西にわたっています。
④空欄にあてはまることばを漢字２文字で書いてください。この場所は日想観を修する場として僧侶や信者が数多く訪れた場所です。
⑤空欄にあてはまる地名を漢字２文字で書いてください。

解説　織田作之助（1913〜1947）の「木の都」は、「新潮」1944年（昭和19）３月号が初出で、設問はその冒頭部分。

①は生国魂神社で、境内には淀君ゆかりの鴫野（しぎの）神社があって、縁結び・悪縁切りなどの願掛けがなされるが、その背後には巳さんの御神木がある。また表参道両側の蓮池は埋め立てられて、生玉公園となったが、かつては蓮池に城方向（きたむき）八幡宮や精鎮社（元の弁財天社）が祀られていた。

②は口縄坂。谷町筋から西へ下る坂で、登り口に源聖寺がある

遠足その他

源聖寺坂が生国魂神社のすぐ南側、学園坂をはさんでさらに南側を通るのが口縄坂で、登りきったところに「木の都」の文学碑がある。名称は坂道が蛇のように曲がることに由来すると推定されるが、異説もある。

上町台地の高台を北から南に見ているので、③は高津、生玉をはさんで④は夕陽丘の高台となる。高津宮（中央区）の境内は、江戸時代から展望台として知られていた。大阪の市街から住吉の浦まで見渡せ、常に茶店には遠眼鏡が置かれていた。四天王寺西から生国魂神社にかけての高台は夕陽丘とよばれる。平安末期の浄土信仰の高まりで、海に沈む夕陽に西方浄土を憶念する日想観の適地とされた。地名は、この地に草庵（夕陽庵）を結んだ歌人藤原家隆（いえたか）（1158～1237）の日想観を反映した歌や庵の名に由来するとされ、家隆塚（かりゅうづか）（天王寺区夕陽丘町５）は家隆の墓と伝えられる。

⑤は上町。上町台地稜線の西側にある近世の大阪でも早くに開けた地域で、豊臣期の城下町では下町筋（船場）の開発に伴い、それに対する上町の名称が定着したとされる。

▶第３回１級　正答率40％　【正解】①生国魂
▶第３回１級　正答率70％　【正解】②口縄
▶第３回１級　正答率53％　【正解】③高津
▶第３回１級　正答率76％　【正解】④夕陽
▶第３回１級　正答率46％　【正解】⑤上町

〔遠足その他の出題傾向と対策〕

広く名所旧跡、観光素材にまつわる出題や、特定の科目に分類しづらいさまざまな問題をここに集めた。交通機関、駅、鉄道（経営者も含む）や、道路、街道、（近代）建築、ミュージアムに関する問題も含めている。また、末尾に記述式問題も収めた。

▶名所旧跡

一般的に、「観光」「文化」「歴史」などの名称を冠した多くのご当地検定では、名所旧跡や社寺にまつわる微に入り細にわたった問題が出題される。そうした出題傾向を持つ検定試験では、名所の由来や社寺の縁起といった、現地の案内板に記されているような情報を覚える必要がある。これらの多くは観光ガイドや観光産業向けの情報と言える。大阪検定では、このような些末な知識はあまり要求されない。身につけておくと生活に役立つ知恵や、生活空間にまつわる情報が盛り込まれる。

一方、観光名所としては、通天閣と新世界に関する出題が目立つが、現在の状況よりも歴史的な変遷をたどれる知識が求められ、「芸術・娯楽」科目の各分野で作品に関連した出題もある。また、通天閣・新世界に並ぶ代表的観光スポットして大阪城天守閣（三代目）があるが、「社会」科目で触れたとおり、石垣や櫓、大阪城公園内の一施設といった細部にわたる出題がなされる場合があるため、試験対策は必要となる。もっとも、無理して丸暗記するよりも、一度現地を訪れて細部を見学すれば記憶に焼き付けられるから、それが最良の対策となるであろう。

展望塔や高層ビルに関する出題も定番の素材となっている。

▶交通機関など

生活者視点という特徴は、道路や交通機関といった素材においてもうかがえる。頻繁に出題される「通り」と「筋」、有名無名を問わない橋や川、観光客が来そうもない地元商店街や鉄道駅にまつわる出題は、その最たるものと言える。道路や橋、川は特別な観光素材ではなく、生活空間の中に当たり前のようにある素材が出題される。とはいえ、無名の些末な事柄が出題されるわけではない。大阪の市街を形成する重要な要素であるがゆえに頻繁に取り上げられるわけである。天王寺七坂や旧街道にまつわる出題も頻度が高いが、現在のところは観光スポットというよりも、歴史や地理地形に関連づけて取り扱われる。路面電車や渡船についても、あくまで生活の足として取り上げられる。

鉄道については、私鉄王国として名高い大阪ゆえに、各私鉄の成り立ちや創業者、開業初期の路線や旧社名といった歴史的知識が問われる出題も多い。鉄道ファンが好むような車両や列車編成に関する出題はほとんどなく、産業史、交通史の視点と、通勤通学に日常使う生活者の視点が求められる。

▶（近代）建築など

（近代）建築は、著名な建築物が中之島・船場エリアに集積しているが、いずれも観光に特化したものではなく、企業や店舗、公共施設として活用されているものである。多くは大正時代から昭和初期の大大阪時代に建造され、建物の新陳代謝が激しい都心部において、80年から100年に及ぶ歴史の風雪に耐え、「生きた建築」として存在感を保っているところに意義がある。著名な建築物では、設計した建築家や、建設費を寄贈した人物の名前まで出題されることもあり、一通り押さえておかないと相当な難問に感じられるだろう。

ミュージアム（博物館、美術館、資料館、文学館など）も比較的よく出題される素材である。大阪検定では科目・分野を問わず現地を訪れた人に有利な出題がなされることがある。机上の知識だけでなく、受験をきっかけに観劇や美術鑑賞、街歩きでもよいので、実地で「生きた知識」を得る機会の大切さを強調している。全般的に、詰め込み型の知識ではなく、学びを楽しむ狙いが出題方針には込められている。

〔遠足その他の要点〕

▶名所旧跡

通天閣（初代、二代目）と新世界、大阪城天守閣（三代目）

展望塔・高層ビル……あべのハルカス、梅田スカイビル、りんくうゲートタワービル

▶交通機関など

鉄道……南海電鉄、阪神電鉄、阪急電鉄、京阪電鉄、近鉄、大阪メトロ（御堂筋線など）、JR大阪環状線

▶（近代）建築など

（近代）建築……日本銀行大阪支店、大阪府立中之島図書館、大阪市中央公会堂、北浜レトロビル、日本聖公会川口基督教会、青山ビル、新井ビル、伏見ビル、日本基督教団大阪教会、大阪倶楽部、船場ビルディング、三井住友銀行大阪本店営業部、芝川ビル、高麗橋野村ビル、生駒ビルヂング、日本基督教団浪花教会、綿業会館、大阪ガスビル

参考文献

- 『大阪の教科書　ビジュアル入門編　大阪検定公式テキスト』創元社編集部編、橋爪紳也監修、創元社、2018年
- 『大阪の教科書　上級編　大阪検定公式テキスト』創元社編集部編、橋爪紳也監修、創元社、2019年
- 『第１～７回　大阪の問題集　大阪検定公式出題・解説集』橋爪紳也監修、2010～2016年、創元社
- 『国史大辞典』全15巻、吉川弘文館、1979～97年
- 『日本史年表』岩波書店、1966年
- 『近代日本総合年表』岩波書店、1984年
- 『コンサイス人名辞典　日本編』三省堂、1983年
- 『現代日本朝日人物事典』朝日新聞社、1990年
- 『新修大阪市史』全10巻、大阪市、1988～96年
- 『大阪府全志』全５巻、井上正雄、清文堂出版、1922年（1985年復刊）
- 『図説大阪府の歴史』河出書房新社、1990年
- 『県史27　大阪府の歴史』山川出版社、1996年
- 『堺市史』全８巻、堺市、1929～31年
- 『大阪百年史』大阪府、1968年
- 『近代大阪年表』NHK大阪放送局編、日本放送出版協会、1983年
- 『大阪史蹟辞典』三善貞司編、清文堂出版、1986年
- 『大阪人物辞典』三善貞司編、清文堂出版、2000年
- 『郷土研究　上方』（復刻版）第１～11巻、上方郷土研究会編、新和出版社、1969～70年（原書は1931～44年）
- 『毎日放送文化双書３　大阪の文化財』上田宏範ほか、毎日放送、1973年
- 『毎日放送文化双書７　大阪の世相』岡本良一・渡辺武、毎日放送、1973年
- 『毎日放送文化双書８　大阪の風俗』宮本又次、毎日放送、1973年
- 『毎日放送文化双書11　大阪の芸能』山口廣一ほか、毎日放送、1973年
- 『毎日放送文化双書12　大阪の情報文化』加藤三之雄・南木淑郎、毎日放送、1973年
- 『船場　風土記大阪』宮本又次、ミネルヴァ書房、1960年
- 『キタ　風土記大阪』宮本又次、ミネルヴァ書房、1964年
- 『日本歴史新書　大阪　増補版』宮本又次、至文堂、1966年
- 『関西文明と風土』宮本又次、至誠堂新書、1971年
- 『実記　百年の大阪』読売新聞大阪本社社会部編、朋興社、1987年
- 『大阪まち物語』なにわ物語研究会編、創元社、2000年
- 『最新大阪ものしり事典』創元社編集部編、創元社、1994年
- 『大阪力事典　まちの愉しみ・まちの文化』橋爪紳也監修、大阪ミュージアム文化都市研究会編、創元社、2004年
- 『新世界興隆史』徳尾野有成、新世界興隆史刊行会、1934年
- 『モダン道頓堀探検　大正、昭和初期の大大阪を歩く』橋爪節也編著、創元社、2005年
- 『戎橋とともに400年　なんば戎橋筋商店街100周年記念誌』戎橋筋商店街振興組合、2014年
- 『大阪万博の戦後史　EXPO'70から2025年万博へ』橋爪紳也、創元社、2020年
- 『日本国語大辞典　第２版』全13巻、小学館、2000～02年
- 『大阪ことば事典』牧村史陽編、講談社学術文庫、1984年
- 『日本のことばシリーズ27　大阪府のことば』平山輝男・郡史郎ほか編、明治書院、1997年

- 『大阪弁』前田勇、朝日新聞社、1977年
- 『日本歴史地名大系第28巻　大阪府の地名』平凡社、1986年
- 『角川日本地名大辞典27　大阪府』角川書店、1983年
- 『大阪の町名　大坂三郷から東西南北四区へ』大阪町名研究会編、清文堂出版、1977年
- 『明治前期・昭和前期　大阪都市地図』清水靖夫編、柏書房、1995年
- 『大阪の橋』松村博、松籟社、1987年
- 『大阪の橋ものがたり』伊藤純・橋爪節也・船越幹央・八木滋、創元社、2010年
- 『水都大阪と淀川』大阪歴史博物館、2010年
- 『水都大阪2009　水辺の文化座ドキュメントブック』水都大阪2009実行委員会事務局、2009年
- 『戦争の日本史8　南北朝の動乱』森茂暁著、吉川弘文館、2007年
- 『大坂時代と秀吉』脇田修、小学館ライブラリー、1999年
- 『大坂　豊臣と徳川の時代　近世都市の考古学』大阪歴史博物館・大阪文化財研究所編、高志書院、2015年
- 『豊臣期大坂図屏風』大阪城天守閣編、大阪観光コンベンション協会、2009年
- 『図説再見大阪城』渡辺武、大阪都市協会、1983年
- 『大坂城』岡本良一、岩波新書、1970年
- 『木村蒹葭堂　なにわ知の巨人』大阪歴史博物館編、思文閣出版、2003年
- 『浮瀬　奇杯ものがたり』坂田昭二、和泉書院、1997年
- 『江戸と大阪』幸田成友、冨山房、1934年
- 『値段の明治大正昭和風俗史』朝日新聞社、1981年
- 『朝日新聞社史　大正・昭和戦前編　大正元年（1912年）～昭和20年（1945年）』朝日新聞社、1991年
- 『改訂　大阪大空襲　大阪が壊滅した日』小山仁示、東方出版、1985年
- 『大阪市立大学百年史　全学編』大阪市立大学、1987年
- 『大阪商人』宮本又次、講談社学術文庫、2010年
- 『豪商鴻池』大阪歴史博物館編、東方出版、2003年
- 『大阪川口居留地の研究』堀田暁生・西口忠編、思文閣出版、1995年
- 『造幣局125年史』造幣局125年史編集委員会編、大蔵省造幣局、1997年
- 『大阪砲兵工廠の研究』三宅宏司、思文閣出版、1993年
- 『大同生命100年の挑戦と創造』大同生命保険、2003年
- 『阪神電気鉄道百年史』阪神電気鉄道、2005年
- 『近畿日本鉄道100年のあゆみ　1910～2010』近畿日本鉄道、2010年
- 『三和銀行史』三和銀行、1954年
- 『世界企業への道　ダイキン工業80年史』日本経営史研究所編、ダイキン工業、2006年
- 『日本の魔法瓶』全国魔法瓶工業組合、1983年
- 「大阪春秋」138号、新風書房、2010年
- 『伝統芸能シリーズ3　文楽』山田庄一、ぎょうせい、1990年
- 『国立劇場芸能鑑賞講座　文楽』国立劇場事業部、1975年
- 『人形浄瑠璃舞台史』人形舞台史研究会編、八木書店、1991年
- 『文楽ハンドブック　改訂版』藤田洋編、三省堂、2003年
- 『演劇百科大事典』全6巻、早稲田大学演劇博物館編、平凡社、1960～62年
- 『歌舞伎事典』服部幸雄ほか編、平凡社、1983年
- 『日本芸能人名事典』倉田喜弘・藤波隆之編、三省堂、1995年
- 『歌舞伎人名事典』野島寿三郎編、日外アソシエーツ、1988年
- 『上方演芸大全』大阪府立上方演芸資料館編、創元社、2008年
- 『上方演芸辞典』前田勇編、東京堂出版、1966年

- 『上方芸能事典』森西真弓編、岩波書店、2008年
- 『現代上方落語便利事典』相羽秋夫、少年社、1987年
- 『上方落語の戦後史』戸田学、岩波書店、2014年
- 『漫才太平記　かみがた演芸』吉田留三郎、三和図書、1964年
- 『上方喜劇　鶴家団十郎から藤山寛美まで』三田純市、白水社、1993年
- 『大阪笑話史』秋田実、編集工房ノア、1984年
- 『私説おおさか芸能史』香川登枝緒、大阪書籍、1986年
- 『道頓堀　川／橋／芝居』三田純市、白川書院、1975年
- 『オーケストラ、それは我なり　朝比奈隆四つの試練』中丸美繪、文藝春秋、2008年
- 『ぜんぶ大阪の映画やねん』武部好伸、平凡社、2000年
- 『新潮日本文学辞典』新潮社、1988年
- 『近世文学研究事典』桜楓社、1986年
- 『織田作之助文芸事典』浦西和彦編、和泉書院、1992年
- 『大阪づくし私の産声　山崎豊子自作を語る　人生編』山崎豊子、新潮文庫、2012年
- 『回想の大阪文学　明治・大正・昭和の大阪文学を語る』藤沢桓夫、ブレーンセンター、1983年
- 『大阪詩情　住吉日記・ミナミ――わが街』石濱恒夫、朋興社、1983年
- 『大阪漫画史　漫画文化発信都市の300年』清水勲、ニュートンプレス、1998年
- 『手塚治虫と路地裏のマンガたち』中野晴行、筑摩書房、1993年
- 『日本の食生活全集27　聞き書大阪の食事』農山漁村文化協会、1991年
- 『近畿の衣と食』堀田吉雄ほか、明玄書房、1974年
- 『花の下影　幕末浪花のくいだおれ』岡本良一監修、朝日新聞阪神支局執筆、清文堂出版、1986年
- 『上方食談』石毛直道、小学館、2000年
- 『にっぽん洋食物語大全』小菅桂子、講談社＋α文庫、1994年
- 『日本の民俗27　大阪』高谷重夫、第一法規、1972年
- 『上方叢書第２篇　大阪の夏祭』上田長太郎、上方郷土研究会、1937年
- 『大阪の祭』旅行ペンクラブ編、東方出版、2005年
- 『特別展　大阪の祭り　描かれた祭り・写された祭り』大阪歴史博物館編、大阪府神社庁、2009年
- 『大阪府民俗地図　大阪府民俗文化財分布調査報告書』大阪府教育委員会、1984年
- 『綜合日本民俗語彙』全５巻、民俗学研究所編、平凡社、1955～56年
- 『大阪の民謡』右田伊佐雄、柳原書店、1978年
- 『まちに住まう　大阪都市住宅史』平凡社、1989年
- 『大阪の長屋』寺内信、INAX、1992年
- 『建築大辞典　縮刷版』彰国社、1976年
- 『近代建築ガイドブック　関西編』石田潤一郎ほか、鹿島出版会、1984年
- 『大阪府近代建築ガイドブック　水都の風景と記憶』日本建築家協会近畿支部、2004年
- 『大阪府の近代化遺産　大阪府近代化遺産（建造物等）総合調査報告書』大阪府教育委員会、2007年
- 『大阪府の近代和風建築　大阪府近代和風建築総合調査報告書』大阪府教育委員会、2000年
- 『日本建築協会80年史　1917－1996』日本建築協会、1999年

さくいん

▶や

▶ら

▶わ

●監修者……………………………………………………………………………………………

橋爪紳也（はしづめ・しんや）

1960年大阪市生まれ。大阪府立大学大学院経済研究科教授、大阪府立大学観光産業戦略研究所長。大阪商工会議所都市活性化委員会副委員長。京都大学工学部建築学科卒業、大阪大学大学院工学研究科博士後期課程修了。建築史・都市文化論専攻。工学博士。著書『大阪の教科書』『大阪万博の戦後史』（創元社）、『大京都モダニズム観光』『瀬戸内海モダニズム周遊』（芸術新聞社）ほか多数。

●解説執筆（五十音順）…………………………………………………………………………

明尾圭造（あけお・けいぞう）

1961年大阪府布施市（現・東大阪市）生まれ。大阪商業大学総合経営学部准教授・商業史博物館主席学芸員。関西大学大学院博士前期課程修了。専攻は日本近世近代文化史・大阪画壇。共著書『モダニズム出版社の光芒』（淡交社）、『モダン道頓堀探検』（創元社）、企画担当展覧会「阪神間モダニズム」「伊勢物語と芦屋」「菅楯彦の世界」など。

伊藤　純（いとう・じゅん）

1956年東京亀有生まれ。元大阪歴史博物館学芸員。大阪市立大学卒業。専攻は日本史・日本考古学。著書『歴史探索のおもしろさ』（和泉書院）、共著書『森琴石と歩く大阪』（東方出版）、『大阪の橋ものがたり』『大大阪イメージ』『モダン道頓堀探検』（創元社）など。

澤井浩一（さわい・こういち）

1962年兵庫県生まれ。大阪歴史博物館学芸員。関西大学大学院博士前期課程修了。専攻は日本民俗学・芸能史。共著書『天神祭　火と水の都市祭礼』（思文閣出版）、『モダン道頓堀探検』（創元社）、企画担当展覧会「芝居おもちゃ絵の華麗な世界」「大阪の祭り」など。

新谷昭夫（しんたに・あきお）

1954年大阪府生まれ。元大阪くらしの今昔館副館長。京都大学大学院博士前期課程修了。専攻は日本建築史。工学博士。編著書『モダン都市大阪　近代の中之島・船場』（大阪市立住まいのミュージアム）、共著書『森琴石と歩く大阪』（東方出版）など。

船越幹央（ふなこし・みきお）

1964年京都市生まれ。大阪歴史博物館学芸員。同志社大学大学院博士後期課程中退。専攻は日本近代史。著書『看板の世界』（大巧社）、共著書『大阪の橋ものがたり』『大大阪イメージ』『大阪力事典』（創元社）、企画担当展覧会「大阪／写真／世紀」「阪神タイガース展」など。

古川武志（ふるかわ・たけし）

1971年大阪府泉大津市生まれ。大阪市史料調査会調査員。佛教大学大学院博士後期課程中退。専攻は日本近現代史。共著書『モダン道頓堀探検』『大大阪イメージ』（創元社）、『戎橋とともに400年　なんば戎橋筋商店街100周年記念誌』（戎橋筋商店街振興組合）など。「大阪樂団」顧問兼指揮者。なにわ大賞特別賞「学術文化賞」受賞。

●試験問題部分の写真・図版出典……………………………………………………………

大阪商工会議所／創元社編集部

●協力　大阪商工会議所
●装丁　濱崎実幸

「なにわなんでも大阪検定」公式ホームページ

https://www.osaka-kentei.jp/

「大阪検定公式テキスト」特設ホームページ

https://www.sogensha.co.jp/osaka-kentei/

大阪の問題集ベスト選　＋要点集　第2版
——大阪検定公式精選400問と出題傾向・対策

2017年8月10日　第1版第1刷発行
2021年6月20日　第2版第1刷発行

監修者　橋爪紳也
編　者　創元社編集部
発行者　矢部敬一
発行所　株式会社 創元社
〈本　　社〉〒541-0047 大阪市中央区淡路町4-3-6
電話 06-6231-9010㈹
〈東京支店〉〒101-0051 東京都千代田区神田神保町1-2 田辺ビル
電話 03-6811-0662㈹
〈ホームページ〉https://www.sogensha.co.jp/
印刷　図書印刷　　**組版**　はあどわあく

ISBN978-4-422-25091-5 C0026

本書の感想をお寄せください
投稿フォームはこちらから ▶▶▶▶